»Industriekultur und Alltagsleben« ist eines der bedeutendsten Bücher von Hermann Glaser; der Autor hat es für diese Taschenbuchausgabe überarbeitet und durch Hinzufügen eines Kapitels auf den neuesten Stand gebracht.

An Herrschaftsgeschichte besteht kein Mangel. Hermann Glasers Geschichtsbegriff ist jedoch ein anderer, umfassenderer: Er wendet sich der Geschichte und den Geschichten der kleinen Leute zu. An einer Fülle von Beispielen schildert er höchst anschaulich das Leben der Menschen im Maschinenzeitalter und zeigt, wie Maschinen den Menschen zum Schicksal wurden. Er lenkt unseren Blick auf die arbeitenden und die feiernden, auf die leidenden und die erfolgreichen Menschen im 19. und 20. Jahrhundert.

Hermann Glaser sucht und sichert Spuren von Lebensformen in der Epoche der Industrialisierung, von Vorgängen und Ereignissen in der Zeit des Aufstiegs, des Niedergangs und des Neubeginns nach 1918 und 1945.

Im Zentrum seiner Betrachtungen steht das Dingliche; vor allem aber die Wechselbeziehungen zwischen den Dingen und dem Bewußtsein, zwischen Empfindungen und Handeln, zwischen Denken und Umwelt. Wie tritt das Bewußtsein dinglich in Erscheinung, wie wird es von seiner Umwelt geprägt, wie prägt es seinerseits die Umwelt?

Die Maschinenzeit war voller Widersprüche, Gegensätze, sozialer Ungerechtigkeiten. Ihr Fortschrittsglaube war vielfach fatal. Am Beispiel dieser Epoche läßt sich am besten zeigen, was es heißt, Modernität zu erfahren und zu erleiden, sie zu gestalten und an ihr zu scheitern. Indem wir uns dem unmittelbaren Ursprung unserer hochentwickelten Industriegesellschaft zuwenden, indem wir die Probleme und Konflikte unserer direkten Vorfahren nachvollziehen, erfahren wir, warum wir so sind, wie wir sind.

Hermann Glaser, geboren 1928, studierte Germanistik, Anglistik, Geschichte und Philosophie (Dr. phil.). Er war von 1964 bis 1990 Schul- und Kulturdezernent der Stadt Nürnberg. Er arbeitet in zahlreichen kulturpolitischen Gremien West- und Ostdeutschlands, ist Vorsitzender des Deutschen Werkbundes e.V. und lehrt als Professor für Kulturvermittlung am Institut für Kommunikationswissenschaften der Technischen Universität Berlin und ist einer der bekanntesten Publizisten Deutschlands.

Hermann Glaser hat sich mit einer Vielzahl von Büchern immer wieder zu kulturgeschichtlichen und -politischen Themen geäußert. – Bei Fischer erschienen u. a. ›Sigmund Freuds Zwanzigstes Jahrhundert‹, ›Bundesrepublikanisches Lesebuch‹, ›Maschinenwelt und Alltagsleben‹, ›Die Kultur der Wilhelminischen Zeit‹.

Hermann Glaser

Industriekultur und Alltagsleben

Vom Biedermeier zur Postmoderne

Fischer Taschenbuch Verlag

Überarbeitete und erweiterte Neuausgabe
Veröffentlicht im Fischer Taschenbuch Verlag GmbH,
Frankfurt am Main, Januar 1994

Die Originalausgabe erschien 1981 unter dem Titel
»Maschinenwelt und Alltagsleben. Industriekultur in Deutschland
vom Biedermeier bis zur Weimarer Republik«
im Wolfgang Krüger Verlag GmbH, Frankfurt am Main.
Lektorat: Walter H. Pehle
Lizenzausgabe mit freundlicher Genehmigung
des S. Fischer Verlages GmbH, Frankfurt am Main

Umschlaggestaltung: Buchholz/Hinsch/Hensinger
Gesamtherstellung: Clausen & Bosse, Leck
Printed in Germany
ISBN 3-596-11751-8

Gedruckt auf chlor- und säurefreiem Papier

Inhalt

Die Lust am Untergang

Kontinuität und Neuanfang

sammen; sie können so zugleich als Vademekum durchs relevante Sachschrifttum dienen. Das Zitat, meint *Walter Benjamin*, hat als ›Denkbruchstück‹ vor allem die Aufgabe, den Fluß der Darstellung mit ›transzendenter Wucht‹ sowohl zu unterbrechen als auch das Dargestellte in sich zu versammeln.

Die Abbildungen sind nicht nur Pendant zum Text, sie sind eigenständige Dokumente im Rahmen der Absicht, die Geschichte der Leute im Maschinenzeitalter sowohl ›zum Sprechen‹ als auch durch Bildbeispiele ›zum Ansehen‹ (und damit auch zu Ansehen) zu bringen.

Weichenstellung

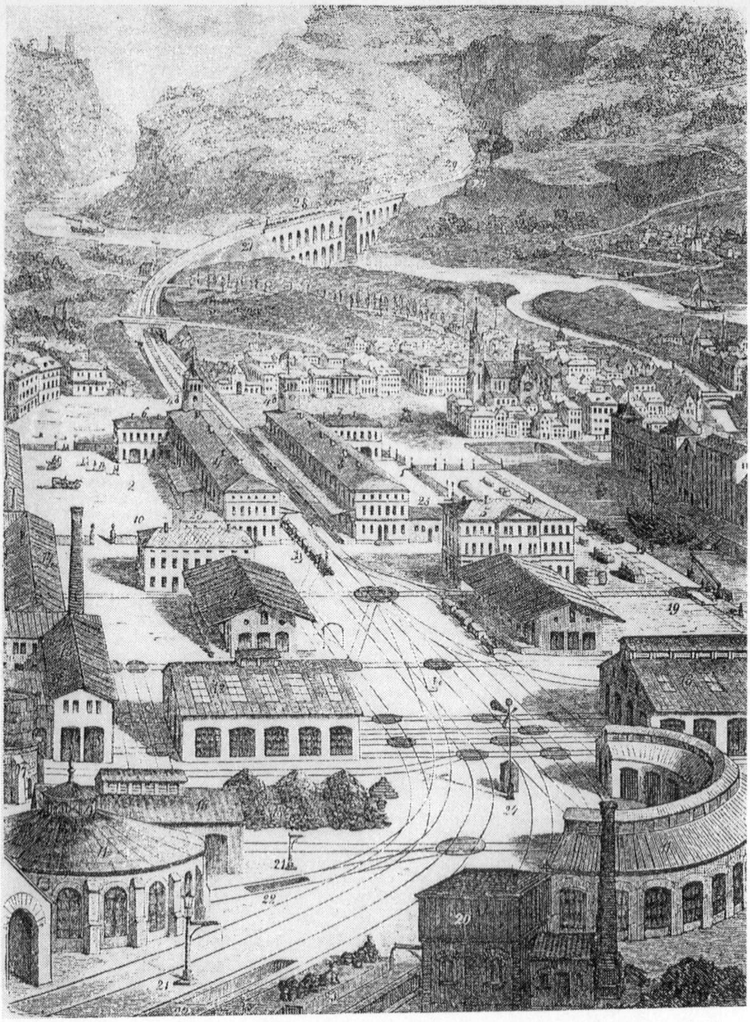

1. Modellhafte Darstellung einer Eisenbahnanlage mit Umgebung. Die einzelnen Nummern markieren typische Elemente: u. a. Bahnkörper mit Durchstich (26), Viadukt (28), Felseneinschnitt (29), Tunnel (30).

Das Eisenbahnwesen als Vernetzungstraum

Als der dänische Dichter *Hans Christian Andersen* 1840 auf einer Reise nach Nürnberg kommt, ist er von der ersten Eisenbahn, die in Deutschland angelegt wurde, tief beeindruckt: »Das alte Nürnberg war die erste Stadt, die in den gigantischen Gedanken der jungen Zeit miteinstimmte, die Städte durch Dampf und eiserne Bänder zu verbinden.« In einer Postkutsche war er von Leipzig auf holprigen Straßen durch Oberfranken über Hof und Bayreuth in die alte Reichsstadt gefahren. Hier ergriff ihn das Eisenbahnfieber. Die Schienen waren ihm Zauberfäden, die der menschliche Scharfsinn gezogen hatte. In einem Triumphgefühl sondergleichen genießt der Dichter den Rausch der Geschwindigkeit; die Fahrt erscheint ihm als Wolkenflug: »Oh, welche Großtat ist doch diese Erfindung! Man fühlt sich so mächtig wie ein Zauberer der alten Zeit! Wir spannen unser magisches Pferd vor den Wagen, und der Raum entschwindet; wir fliegen wie die Wolken im Sturm, tun es den Zugvögeln nach! Unser wildes Pferd schnaubt und prustet; aus seinen Nüstern quillt der schwarze Rauch. Schneller konnte Mephistopheles nicht mit Faust auf seinem Mantel fliegen!«[1]

Am 7. Dezember 1835 hatte zwischen Nürnberg und Fürth die erste deutsche Eisenbahn, die Ludwigsbahn, auf einer sechs Kilometer langen Strecke ihren Betrieb aufgenommen.[2] Die Anregung dazu war von dem Geheimen Oberbergrat Professor Dr. med. *Joseph Ritter von Baader* (1763–1835) gekommen. Er hatte in Ingolstadt und Göttingen Medizin, Mathematik und Mechanik studiert und war danach für mehrere Jahre in Frankreich und England gewesen, wo er sich reiche Kenntnisse im Berg- und Maschinenbau erwarb.

»Die Erfindung der Eisenbahn mit Dampfkraft ist für den materiellen Verkehr der Staaten und für die Verbindung der Völker von einer ebenso unberechenbaren Wichtigkeit als die Erfindung der Buchdruckerkunst für ihren geistigen Verkehr«, heißt es im Aufruf *Johannes Scharrers*, des damaligen 2. Bürgermeisters von Nürnberg (1785–1844), dem vor allem die Verwirklichung des Projekts zu verdanken war.

Die kleine Strecke zwischen den beiden fränkischen Städten, welche die ›Feuermaschine‹ mit ihren neun angehängten Wagen (auf Schienenfahrgestelle gesetzte Postkutschen) im Dezember 1835 in etwa 13 Minuten bewältigte, war der Beginn eines Weges, auf dem auch für Deutschland der große ›Vernetzungstraum‹ des 19. Jahrhunderts Wirklichkeit werden sollte. Die Eisenbahn half die Kleinstaaterei überwinden und die nationale Einheit erreichen (auf der Schiene des technischen Fortschritts). »Mir ist nicht bange«, sagte *Goethe* zu *Johann Peter Eckermann*, »daß Deutschland nicht eins werde; unsere guten Chausseen und künftigen Eisenbahnen werden schon das ihrige thun.«[3]

Daß der Verkehr das Rückgrat der künftigen wirtschaftlichen und politischen Entwicklung in Deutschland sein werde, propagierte vor allem *Friedrich List*. Im Eisenbahnbau wie in dem von ihm geforderten Zollverein sah er die Grundlagen für einen glanzvollen Aufstieg Deutschlands. Solche weiträumigen Perspektiven hatte *List*, 1789 in Reutlingen geboren, in Nordamerika kennengelernt, wohin der junge Tübinger Professor für Staatspraxis seiner liberalen Anschauungen wegen hatte auswandern müssen (als Gründer des ›Deutschen Handels- und Gewerbevereins‹ war er zu Festungshaft verurteilt worden).

Ein Jahr, nachdem *List* aus Amerika zurückgekehrt war, veröffentlichte er seine Abhandlung ›Über ein sächsisches Eisenbahnsystem als Grundlage eines allgemeinen deutschen Eisenbahnsystems‹ (1833); sie blieb wie das 1841 erschienene Werk ›Das nationale System der politischen Ökonomie‹ weitgehend unverstanden. Die politischen Streitigkeiten und vergeblichen Anstrengungen zermürbten List so, daß er 1846 bei Kufstein Selbstmord verübte.

»Was wir zur Zeit«, schrieb *Friedrich List* 1841, »in Deutschland an Eisenbahnen besitzen, ist gut als Spielzeug für die Städte und um dem deutschen Publikum einen Begriff von der Sache zu geben; der eigentliche Nutzen dieses Transportmittels aber, sein Einfluß auf die Agrikultur, die Industrie, den Bergbau, auf den innern und äußern Handel kann in großartiger Weise erst hervortreten, wenn der Osten mit dem Westen, der Norden mit dem Süden Deutschlands durch wenigstens vier Nationallinien verbunden sein wird. Allein die wichtigste Seite eines allgemeinen Eisenbahnsystems ist für uns Deutsche nicht die finanzielle, nicht einmal die nationalökonomische, sondern die politische. Für keine andere Nation ist es von so unschätzbarem

Wert als Mittel, den Nationalgeist zu wecken und zu nähren und die Verteidigungskräfte der Nation zu stärken.«[4]

Die Nürnberger Lokomotive, der ›Adler‹ (bis 1852 im Dienst der Ludwigsbahn, dann nach Augsburg verkauft und wahrscheinlich dort verschrottet), die im Dezember 1835 nicht nur zweihundert Personen von Nürnberg nach Fürth transportierte, sondern ein neues kulturelles, wirtschaftliches, politisches wie gesellschaftliches Bewußtsein »beförderte«, war aus England bezogen worden. Seit *Thomas Newcomens* erster ›atmosphärischer Dampfmaschine‹ 1712 war dort die Nutzung der Dampfkraft systematisch weiterentwickelt worden, wobei sich besonders das Modell von *James Watt* als wichtig erwies. 1769 bekam er ein Patent auf eine »neue Methode zur Senkung des Dampf- und Brennstoffverbrauchs bei Feuermaschinen« – eines der bedeutendsten Patente in der Geschichte der Technologie.[5] *Watt* und *Matthew Boulton* gründeten 1775 die Firma Boulton & Watt, deren Fabrik als erste Antriebsmaschinen industriell herstellte. Der Handel blühte; den besonderen Erfolg bewirkte eine kluge Geschäftsidee: die frühe Form des ›Leasing‹. Die Maschinen wurden nicht verkauft, sondern an die Kunden unter der Bedingung gegeben, daß die Gesellschaft als Miete den Preis für die Menge Kohle bekam, die im Vergleich zu einer Newcomenmaschine vergleichbarer Größe eingespart werden konnte.

Zahllose Einzelerfindungen waren notwendig, bis zu Beginn des 19. Jahrhunderts eine sich bewegende Dampfmaschine auf Schienen vorgestellt werden konnte; sie war für den Transport in Bergwerken gedacht. *George Stephenson* löste die Eisenbahnen aus dem Grubenbereich und machte sie zum öffentlichen Verkehrsmittel. 1814 wurde die Lokomotive ›Mylord‹ gebaut, am 17. September 1825 fuhr die erste öffentliche Eisenbahn mit Dampfkraft auf der Strecke von Stockton nach Darlington.

Die Fabrik von *Stephenson* in Newcastle/England war auch mit dem Bau des Nürnberger ›Adlers‹ beauftragt worden. In 19 Kisten verpackt, gelangte die Lokomotive per Schiff bis Köln und von da ab per Fuhrwerk nach Nürnberg. Ein *William Wilson*, Mitarbeiter der Firma Stephenson & Co, der nach Nürnberg per Postkutsche reiste, hatte den Auftrag, die in rund hundert Einzelteile zerlegte Lokomotive wieder zusammenzubauen. Dies erfolgte in der Nürnberger Maschinenfabrik J.W. Spaeth. Der ›Adler‹ hatte drei Achsen, sechs Räder, zwei Zylinder; seine Leistung betrug 25 PS; die größte zuläs-

2. Die Eröffnung der Ludwigs-Eisenbahn zwischen Nürnberg und Fürth am 7.12.1835.

sige Geschwindigkeit war 23 km/h; bei Probefahrten erreichte er 40 km/h; er kostete 850 Pfund Sterling.

Wilson blieb übrigens in Nürnberg; er bildete bei der Ludwigsbahn-Gesellschaft neue Kräfte zu Lokomotivführern aus und arbeitete als Konstrukteur am Zeichentisch wie als Praktiker in der Werkstätte. Nach seinem Tod 1862 wurde er auf dem Nürnberger Johannisfriedhof beigesetzt.[6]

Die kleine Bahn Nürnberg–Fürth hatte ein Gleis, insgesamt zwei Weichen und sieben Drehschreiben; die letzteren waren von der Firma Spaeth hergestellt worden. Die Schienen sollten ursprünglich aus England bezogen werden – die Regierung verweigerte jedoch die zollfreie Einfuhr, weshalb eine deutsche Firma im Rheinland die Fertigung übernahm. Die Bescheidenheit im Technischen läßt uns dennoch in einem symbolischen Sinne von einer ungemein wichtigen ›Weichenstellung‹ sprechen. Nach einem Wort von *Max Weber* ist die Eisenbahn das revolutionärste Mittel gewesen, das die Geschichte für die Wirtschaft, nicht nur für den Verkehr verzeichnete. Sie war Wegbereiterin der Industrialisierung, ›Motor‹ des umfassenden gesellschaftlichen Wandels (Gegenkraft zum feudalen vorindustriellen Gesellschafts-, Herrschafts- und Wirtschaftssystem). Der Eisenbahnbau veränderte die Infrastruktur aller Länder und forderte darum die staatliche Wirtschaftspolitik heraus, die lange zwischen merkantilistischen und liberalistischen Konzepten und Maßnahmen schwankte. Der Eisenbahnbau als ursprünglich private Angelegenheit brachte sehr deutlich die Spannungen zwischen dem monarchisch-bürokratischen Staatsapparat und dem erstarkenden Wirtschaftsbürgertum zum Ausdruck und zum Ausbruch; das aber war ein bedeutsamer Konflikt bürgerlicher Gesellschaften auf der Stufe des Hochkapitalismus.[7]

Der Mythus vom Dampf

Als man 1875 bei dem Stiftungsfest des preußischen ›Vereins für Gewerbefleiß‹ die Hundertjahrfeier der Erfindung der Dampfmaschine durch *James Watt* beging, brachte der Direktor des preußischen Statistischen Büros, Dr. *Ernst Engel*, einen Trinkspruch aus, in dem er die Vereinigung von Technik und Natur als ›Familienbild‹ allegorisierte: »Die im Jahr 1775 vollzogene Ehe ist, trotz der großen Verschiedenheiten von Mann und Frau, eine der glücklichsten auf dem ganzen Erdenrunde und besteht noch heute. Sie ist aber auch die fruchtbarste. Ihre Sprößlinge zählen nach Hunderttausenden. Mit sehr wenigen Ausnahmen sind diese die wohlerzogensten, fleißigsten und willigsten Geschöpfe. Sie kennen keine Ruhe bei Tag und Nacht und sind wahre Muster von Fügsamkeit und Genügsamkeit. ... Wo man ihnen Hütten baut und sie richtig zu nehmen weiß, folgt Glück und Segen ihrem Einzuge auf dem Fuße.«[8] Der aufbrausende, unmanierliche Gatte ›Dampf‹ bedürfe freilich stets der bezähmenden, freundlichen, harmonisierenden Gattin ›Maschine‹.

Der ›Mythus vom Dampf‹ rekurrierte auf den Mythus vom gefesselten Prometheus, vom bezwungenen Herkules. ›Des Vaters Zorn, der Mutter Kraft‹ waren zweckvoll gebändigt. Der Dampf, der ›Feuergeist‹, durfte nicht mehr in die Wolken greifen, »nicht spielen mit des Blitzes Loh'n / in Lüften nicht die Welt durchschweifen, / ein freigeborner Königssohn«.

»Nein, wo der Mensch von Eisenschienen
sein unabsehbar Netz gespannt,
da muß in harter Fron er dienen,
ein Herkules im Knechtsgewand,
da muß er mit des Windes Flügel,
wettlaufen in erglühter Hast
und über Heide, Strom und Hügel
dahinziehn die getürmte Last...«

Am Ende dieses Gedichts von *Emanuel Geibel*, das die Stimmungslage prometheischer Technikgläubigkeit widerspiegelt, steht freilich die eschatologische Angst vor dem »Tag des Zorns«, vor dem »Trümmersturz der Dinge« – vor dem Weltenbrand, da alles im Nichts vergeht.[9]

Die Lokomotive, das »zwanzigmeterlange Tier, / die Dampfmaschine, / auf blankgeschliffener Schiene / voll heißer Wut und sprungbereiter Gier«[10], vermittelte nicht nur individuelle und kollektive Ich-Stärke, gespeist aus dem Bewußtsein vom Sieg des Menschen über die Natur, sondern auch ein besonders ästhetisches Glücksgefühl. Wenn *William Turner* (1775–1851) davon sprach, daß er einen blühenden Birnbaum ebenso liebe wie eine Dampflokomotive, die Kathedrale von Reims ebenso wie eine Ölraffinerie, dann bekundete sich darin eine neue Weltsicht, die sich die Perspektive vibrierender, ›schnaubender‹, ›siedender‹ Schönheit erschloß. *Turners* Bild ›Rain, steam and speed – The Great western railway‹, 1844, ist charakteristisch für solche künstlerische Grundbefindlichkeit, die, gipfelnd im Impressionismus, die Kompaktheit der bisherigen Welt in Bewegung auflöste. Die Geschwindigkeit des neuen Transportmittels versetzte den Menschen in einen Zustand der Exorbitanz; es ergriff ihn gleichermaßen der Taumel der Freude wie der Schwindel der Angst, er raste einem Ziele zu und fühlte sich doch dem Ungewissen ausgesetzt. Was Maler und Dichter artikulierten, war nicht nur Ausdruck von Artistik; wiedergegeben wurde damit auch das alltägliche Lebensgefühl, das bis heute, bewußt oder unbewußt, die Freunde der Dampflokomotive nostalgisch prägt: ein Verlangen nach Auflösung, Ent-hebung, Entfernung. Wer sich dem Bahnhof nähert, den Pfiff des ankommenden Zuges hört, erwartungsvoll den Bahnsteig und dann das Abteil betritt, der löst sich aus der Enge seiner Verhältnisse, er ergreift Besitz von der Ferne, er ist versetzt in eine transitorische Welt.

3. Johann Adam Kleins »Eisenbahn-Szene bei München« (1842) spiegelt die Angst vor der ›Teufelsmaschine‹.

Der ›Wirbel des Lebens‹[11], der Bahn und Bahnhof zum Topos des Aufbruchs macht, charakterisierte den ›Zug der Zeit‹. Überall, in allen Ländern und Kontinenten, da die Eisenbahnstrecken die Grenzen der Provinzen und des Provinziellen aufsprengten, skandierte der dampfende, zischende Maschinentakt der ›Dampfrösser‹ mit den Stakkatoschlägen der Schieneneinschnitte, über die die Wagen dahinstürmten, die Melodie eines dunklen, furchtbaren Hungers nach Welt. Die Länder verfliegen, die Städte versinken, Stunden und Tage verflattern im Flug...

»Quer durch Europa von Westen nach Osten
rüttert und rattert die Bahnmelodie.
Gilt es die Seligkeit schneller zu kosten?
Kommt er zu spät an im Himmelslogis?

FortfortfortFortfortfort drehn sich die Räder
rasend dahin auf dem Schienengeäder,
Rauch ist der Bestie verschwindender Schweif,
Schaffnerpfiff, Lokomotivengepfeif...«

Der ›Blitzzug‹, den dergestalt *Detlev von Liliencron* als Rhapsodie der Bewegung in die Ferne rasen läßt, zerschellt an seinem ›Gegenbild‹:

»Halthalthalthalthalthalthalthalthaltein
ein anderer Zug fährt schräg hinein.«[12]

Das neue Transportmittel Eisenbahn bewirkte Panik: Stunden der Enthebung wie Sekunden des Schreckens gleichermaßen. Auf der einen Seite ein unbestimmter Glückszustand, wie ihn *Hippolyte Taine* in ›Carnet de voyage‹ beschreibt: »Ich befand mich allein in meinem Wagen... Die Räder rotierten unermüdlich mit einem gleichförmigen Geräusch, wie der Nachhall einer großartigen Orgel. Alle Gedanken an Irdisches und Gesellschaftliches verschwanden. Ich sah nur noch die Sonne und die Erde, die geschmückte Erde, lachend, ganz in Grün, und zwar einem vielfältigen Grün, aufgeblüht unter diesem süßen Regen von warmen Sonnenstrahlen, die sie liebkosten.«[13] Auf der anderen Seite die ständige Gegenwärtigkeit des Todes, die Angst vor dem Entgleisen des Zuges, die Ahnung von den dem Eisenbahnwesen immanenten Katastrophen (medizingeschichtlich bewirkte dies neue Formen der Hysterie und bei Überlebenden von Unglücken eine besondere Art traumatischer Schocks, wobei Sigmund Freud Eisenbahnangst und Eisenbahnlust psychoanalytisch deutete).

»Wir sind«, heißt es in einem Gleichnis von *Franz Kafka* – und dieses ist existentiell wie zeitgeschichtlich zu verstehen –, »mit dem irdisch befleckten Auge gesehen, in der Situation von Eisenbahnreisenden, die in einem langen Tunnel verunglückt sind, und zwar an einer Stelle, wo man das Licht des Anfangs nicht mehr sieht, das Licht des Endes aber nur so winzig, daß der Blick es immerfort suchen muß und immerfort verliert, wobei Anfang und Ende nicht einmal sicher sind. Rings um uns aber haben wir in der Verwirrung der Sinne oder in der Höchstempfindlichkeit der Sinne lauter Ungeheuer und ein je nach der Laune und Verwundung des Einzelnen entzückendes oder ermüdendes kaleidoskopisches Spiel. Was soll ich tun? oder: Wozu soll ich es tun? sind keine Fragen dieser Gegenden.«[14]

Es gehört zum Verblendungszusammenhang der durch das Eisenbahnwesen inaugurierten Epoche der Industrialisierung, daß deren Gesellschaft, zumindest in ihren ›Spitzen und Stützen‹, die Sinnfrage nicht nachdrücklich genug stellte; fasziniert vom ›Mythus des Dampfes‹ blieb Reflexion auf der Strecke.

Die Zeit rollt – manchmal auch langsam

Angesichts der Erschütterung, welche die beiden Eisenbahnen von Paris nach Orleans und nach Rouen bewirkten, erkannte *Heinrich Heine*, daß die Elementarbegriffe von Zeit und Raum schwankend geworden seien; die Zeit rolle rasch vorwärts, unaufhaltsam auf rauchenden Dampfwagen; die abgenutzten Ideale und Helden der Vergangenheit werde man rasch aus den Augen verlieren. »Während aber die große Menge verdutzt und betäubt die äußere Erscheinung der großen Bewegungsmächte anstarrt, erfaßt den Denker ein unheimliches Grauen, wie wir es immer empfinden, wenn das Ungeheuerste, das Unerhörteste geschieht, dessen Folgen unabsehbar und unberechenbar sind.«[15] Da man in viereinhalb Stunden jetzt nach Orleans und in ebensoviel Stunden nach Rouen reisen könne, sei das natürliche Zeitgefühl ver-setzt. Berge und Wälder aller Länder rückten auf Paris an; »vor meiner Tür brandet die Nordsee«.

Das neue Zeitgefühl bedeutete eine Ablösung vom Lebensrhythmus der statischen Agrargesellschaft. Angesichts der Verkürzung beziehungsweise Eliminierung des Zwischen-Raums, des Raumes zwischen den Orten, des ›Reiseraumes‹ (auch wenn dieser am Anfang aufgrund der geringen Geschwindigkeit der Eisenbahnen noch verhältnismäßig groß war – doch kam es nicht auf die objektive Zeitmessung, sondern auf das psychologische Zeitempfinden an!) –, angesichts solcher Erfahrung bedeutete Unterwegssein vorwiegend Start und Ziel. Die Bahnen kannten nur Abfahrt, Aufenthalt und Ankunft als Orte, und diese lagen gewöhnlich weit voneinander entfernt. Mit den Räumen dazwischen, die sie voller Geringschätzung durchquerten und die nur einen nutzlosen Anblick böten, verbinde sie nichts, heißt es in einem französischen Text aus dem Jahre 1840.[16] Nach einem Wort von *John Ruskin* würden die Reisenden nun wie Pakete an ihren Bestimmungsort verschickt. Die Identifikation mit der Landschaft gehe verloren.

Zugunsten eines geregelten Verkehrs vereinheitlichte man die Ortszeiten; eingeführt wurde die Eisenbahnzeit, die zunächst nur mit der Fahrplanzeit identisch war und erst gegen Ende des 19. Jahrhunderts zur allgemeinen Standardzeit avancierte. 1852 hatte man sich, obgleich jede längere Zugfahrt mit einem ständigen Regulieren der Uhren verbunden war, bei den Eisenbahnverwaltungen noch gegen die ›Normalzeit‹ gewehrt.[17]

Die Ungleichzeitigkeit im Gleichzeitigen spiegelte sich nicht nur in der Unterschiedlichkeit von Eisenbahnzeit und Ortszeit; die Eisenbahn selbst nahm in sich agrargesellschaftliche Lebensformen auf, sie mehr bewahrend denn vernichtend. Während sie als Schnellzug der Industrialisierung den Rhythmus vorgab, erwies sie sich als Lokalbahn oder Vizinalbahn lediglich als Verlängerung des Kutschenzeitalters. Auf den vielen Nebenstrecken in Deutschland waren Standardisierung und Normierung zugunsten regionaler Besonderheit aufgehalten; die Uhren etwa auf der ›schwäb'schen Eisenbahn‹ schlugen eben anders, zeit-loser, un-regel-mäßiger. In Bayern war, wenn man *Ludwig Thoma* trauen kann, die gleichermaßen feudale wie ländliche gemütliche Eigensinnigkeit nicht nur bei Lokalbahnen, sondern sogar bei Schnellzügen gang und gäbe: »Dann Moching. Seine Königliche Hoheit fahre dorthin, um ihr Rindvieh zu sehen, der Hofveterinärarzt fahren hin, um es zu kurieren, der Verwalter fahren herein, um vom Rindvieh einen Abend wegzukommen...«[18]

Die Blütezeit der Kleinbahnen fiel auf das Ende des 19. Jahrhunderts. Die wesentlichen Hauptbahnen waren geschaffen; nun mußten kleine Nebenbahnen die Aufgabe übernehmen, Gebiete, die noch abseits lagen, aber am wirtschaftlichen Aufschwung teilhaben wollten, verkehrsmäßig zu erschließen. Im Deutschen Reich kostete 1910 ein Tonnenkilometer Ware beim Fuhrwerksbetrieb durchschnittlich 30 Pfennig gegenüber 13 Pfennigen auf Kleinbahnen; beim Reiseverkehr waren 10 gegenüber 4 Pfennig je Personenkilometer zu bezahlen. Dazu kam auch noch die Zeitersparnis. – Von den deutschen Ländern förderte Bayern mit einem Gesetz vom 19. April 1869 den Bau von Kleinbahnen; in Preußen begünstigte der Staat durch eine Reihe von Spezialgesetzen den Bau von Kleinbahnen (so durch das Preußische Kleinbahnengesetz vom 28. Juli 1892). – In Deutschland gab es 1909 250 Kleinbahnen mit einem Streckennetz von 7565 Kilometern. (Die Durchschnittslänge einer Strecke der preußischen Kleinbahn betrug 34,15 km.) Damit stand Deutschland nach Ungarn und vor Frankreich an zweiter Stelle in Europa.[19]

Solche Zahlen machen deutlich, daß die vielfach ironisierte (und später romantisierte) ›Bimmelbahn‹ wie die Vollbahn von großer Bedeutung für die Industrialisierung war. Die Kleinbahn, hieß es im Berliner Tageblatt Nr. 201 von 1902, sei ein durchaus vollwertiges Glied in der Reihe der öffentlichen Verkehrsmittel. Sie unterscheide sich von den Vollbahnen dadurch, daß sie nur die Bedürfnisse eines beschränkten Verkehrsgebietes abzudecken habe. Ihr Streben gehe dahin, »durch tunlichstes Vereinfachen ihrer Einrichtungen zu ermöglichen, daß auch entlegene Gegenden in den Genuß eines Bahnanschlusses gelangen«.

Eisenbahnbau

Das Schienennetz der deutschen Eisenbahnen, deren Bau von Börsenspekulationen beflügelt wurde und einen enormen Eisenbedarf einschloß (was wiederum einen Boom bei der Stahlindustrie bewirkte), hatte 1845 eine Länge von etwa 2200 km, 1850 von rund 7500 km und zur Jahrhundertwende von mehr als 50000 km. 1917 erreichte das Schienennetz eine Ausdehnung von 65000 km.

Der Eisenbahnbau forderte den Einsatz gewaltiger Armeen von Arbeitern; beim Bau der Thüringischen Eisenbahn waren zum Beispiel 15000 Menschen beschäftigt. Ein Teil von ihnen ging zur Ernte und im Winter ins Heimatdorf zurück; die anderen waren Wanderarbeiter, die jahrelang von Strecke zu Strecke zogen. *Carl Fischer*, ein gelernter Bäcker, war über sechs Jahre als Erdarbeiter beim Eisenbahnbau beschäftigt. In seinen ›Denkwürdigkeiten und Erinnerungen eines Arbeiters‹, einer der wenigen Arbeiterautobiographien aus dem 19. Jahrhundert, berichtet er, wie er, als die Halle-Kasseler Bahn gebaut wurde, »nach der Bahn ging«:

»Da stellten sich bald viele fremde Leute ein: Ost- und Westpreußen, Polen und Schlesier, Pommern und Mecklenburger, Brandenburger und Sachsen, Hessen und Hannoveraner, auch einzelne Österreicher, Süddeutsche und aus der Eifel, und alle bekamen sie da Arbeit... Auch viele Einheimische aus der Umgebung waren dabei.«

Man arbeitete mit zweirädrigen Kippkarren, vor die jeweils zwei Mann gespannt waren. Das Karrenband, das man über die Schulter nahm, und der damit verbundene Strick wurden ›Zottel‹ genannt. Statt ziehen sagte man ›zotteln‹; die Männer, die paarweise einen Wagen zogen, hießen ›Zottelleute‹. Wer etwas verdienen wollte, mußte einen passenden, verträglichen Partner haben; es handelte sich um Akkordarbeit; sie wurde wagenweise bezahlt. »Ich habe in 2 Jahren da hauptsächlich nur 4 bis 5 Kameraden gewechselt und habe mich mit allen gut vertragen, bis auf einen, und mit dem habe ich grade am

4. Bahnarbeiten bei Remtershofen (Carl Herrle, 1853).

längsten gezottelt, der wollte mirs manchmal zu verstehen geben und nahm eine Miene an, als ob er mehr thäte als ich; aber ich wußte das besser, denn grade dieser war der Ungeschickteste von allen, die ich da gehabt habe, und als er mir das einmal zu arg machte, da wars vorbei.«[20]

Die Arbeitsmittel waren primitiv; für die gewaltigen Erdarbeiten standen hauptsächlich nur Hacke, Schaufel und Karren zur Verfügung. Die Arbeitermassen wurden rigoros diszipliniert. Die technischen Schwierigkeiten waren groß; in den Lehrbüchern und in der Fachliteratur gab es Beschreibungen bereits fertiggestellter Strecken im Ausland, aber sonst kaum systematische Informationen; die leitenden Bautechniker mußten meist selbst die optimalen technischen Lösungen finden.

Beim Eisenbahnbau unterschied man Unterbau (Dämme, Einschnitte, Stütz- und Futtermauern, Böschungsbefestigungen, Entwässerungen, Brücken, Durchlässe, Tunnels, Wegübergänge) und Oberbau (Bettung, Schienenunterlagen, Schienenbefestigung, Schienen).[21] Erst wurde die Ackerkrume beziehungsweise der Rasen abgetragen und zur späteren Befestigung der Böschungen in Haufen bereitgestellt. In Waldungen wurden die Bäume und das Buschwerk gefällt, die Wurzelstöcke gerodet und etwaiger guter Boden abgeschält und ebenfalls zur Seite gekarrt. Leichte Bodenarten wurden mit Spaten und Schaufel, mittlere mit Spitzhacke, Breithacke, Erdkeil, Schlägel und Brechstange gelockert und abgetragen. Bei festem Fels setzte man Sprengmittel ein. Die übliche Abbaumethode bei flachen und kurzen Einschnitten war der Kopfbau: Der Einschnitt wurde in voller Breite »vor Kopf« ausgehoben und in Richtung Bahnachse vorangetrieben. Größere Einschnitte wurden »in Terrassen und Banketts« angelegt. Konnten die für die Dammschüttung benötigten Massen nicht durch den Abtrag gewonnen werden, hob man Füllgruben neben der Trasse aus. Das Aufschütten erfolgte lagenweise; der Erdkörper wurde mit zwei- und vierhändigen Handrammen gestampft; dies war äußerst anstrengend und konnte nur von den kräftigsten Arbeitern verrichtet werden. Bevor der Oberbau auf die Dämme gesetzt wurde, bekamen diese »zwei Winter zum Setzen«; in dieser Zeit sollten die Dämme, wann immer möglich, als Fuhrwege benutzt werden, um das Festwerden zu beschleunigen.

Zur Organisation des Arbeitsablaufs, im besonderen was die Karrenbeförderung des Erdreichs betraf, schrieb die Eisenbahn-Zeitung vom 31. August 1845: »Es ist wohl nicht ganz ohne Interesse zu erwähnen, daß sich die Ameisen eines ganz ähnlichen Transportsystems, versteht sich ohne Schubkarren, bedienen, wenn sie ihre unterirdischen Gänge bauen.«

Die Herstellung des Oberbaus brachte für die Bahnbauer weitaus größere Probleme als die Herstellung des Unterbaus mit sich. Oft richteten die einzelnen Privat- und Staatsbahnen ihre Oberbaukonstruktion nach dem zu erwartenden Eisenbahnbetrieb aus; plante man, wenige oder leichte Züge verkehren zu lassen, sparte man sich einen stabilen und damit teuren Oberbau. Bei der Verknüpfung der einzelnen Linien mußten dann häufig in späteren Jahren die Strecken völlig erneuert werden. 1850 traten die Techniker sämtlicher deutscher Eisenbahnen in Berlin zusammen und beschlossen »Grundzüge für die Gestaltung der Eisenbahnen Deutschlands«. Seitdem konnte eine gleichmäßige Konstruktion des Bahnbaus erreicht werden.

Das Fundament des Gleises, die Querschwellen, waren am Anfang meist aus Stein; die Holzschwellen setzten sich erst durch, als man sie durch das Tränken mit Kupfervitriol, in Bayern ab 1853, haltbarer machen konnte. Sowohl Roheisen wie Stabeisen (fertige Schienen) mußten importiert werden; die deutsche Produktion konnte mit dem raschen Zuwachs des Streckennetzes nicht Schritt halten. Die belgischen und vor allen Dingen die englischen Eisenwerke waren aufgrund »ihrer fortschrittlichen Technik, der Größe ihrer Produktionsanlagen und ihrer gut ausgebildeten Arbeiter im Gegensatz zur deutschen Eisenindustrie in der Lage, ...die Massenaufträge der deutschen Eisenbahn für Schienen schnell und in quantitativer wie qualitativer Hinsicht in befriedigender Weise zu erfüllen«. (*H. Wagenblaß*) Die Situation der Eisenbahnarbeiter im 19. Jahrhundert spiegelt im besonderen den mit der Industrialisierung einhergehenden ›Pauperismus‹ wider; in ihm trat die Not der übermäßig stark angewachsenen Unterschicht zutage, das Massenelend mit seiner Bindungslosigkeit, der Verlust an Heimat und familiärer Geborgenheit. Immerhin bot der Eisenbahnbau dem häufig arbeitslosen Stadt- wie Landproletariat eine Verdienstmöglichkeit.

Eine besondere technische Leistung stellte der Tunnel- und Brükkenbau sowie die Anlage von Bergstrecken dar. Unfälle waren häufig, die Strapazen bei der Arbeit besonders groß. Die Bahn von Frankreich nach Italien durch den Mont Cenis war die erste Alpenbahn, die in geringer Höhe ein Massiv durchstieß; der Tunnel war 12 km lang; die Bauarbeiten dauerten vierzehn Jahre (1857–1871). Neun Jahre brauchte man für den Bau des 15 km langen Gotthardtunnels (1872–1881). Bis zu 2500 Menschen arbeiteten hier. Es gelang nie zufriedenstellend, die Dynamitabgase vollständig aus dem Stollen zu befördern, obwohl die zahlreich vorhandenen Wasserkräfte der Umgebung zur Drucklufterzeugung herangezogen wurden. 177 Personen verloren ihr Leben, 403 Männer wurden verletzt – oft verknüpft mit lebenslanger Invalidität. Tunnels, die ja bei vielen Strecken notwendig waren und somit zur Alltagserfahrung des Eisenbahnbenutzers gehörten, bewirkten dennoch besondere Ängste. Als *Peter Rosegger* mit seinem Paten die Wallfahrtskirche Mariaschutz am Semmering besucht, schauen sie sich auch die dortige Bahnstrecke an; sie beobachten dabei die Einfahrt eines Zuges »schnurgerade in den Berg hinein«:

»Schon war das Ungeheuer mit seinen hundert Rädern in der Tiefe; die Rückseite des letzten Wagens schrumpfte zusammen, nur ein Lichtlein davon sah man noch eine Weile, dann war alles verschwunden, blos der Boden dröhnte und aus dem Loche stieg still und träge der Rauch.

Mein Pate wischte sich mit dem Ärmel den Schweiß vom Angesicht und starrte in den Tunnel.

Dann sah er mich an und fragte: ›Hast Du's auch gesehen, Bub'?‹

›Ich hab's auch gesehen.‹

›Nachher kann's keine Blenderei gewesen sein‹, murmelte der Jochem.

Wir gingen auf der Fahrstraße den Berg hinan; wir sahen aus mehreren Schachten Rauch hervorsteigen. Tief unter unsern Füßen im Berge ging der Dampfwagen.

›Die sind hin wie des Juden Seel'!‹ sagte mein Pate und meinte die Eisenbahn-Reisenden. ›Die übermüthigen Leut' sind selber in's Grab gesprungen!‹«[22]

Die Amerikaner hatten gezeigt, wie man mit Viadukten aus Holzstämmen kilometerweite Täler überbrücken konnte. In Europa bevorzugte man Eisen- und Steinkonstruktionen. Fünf Jahre lang baute man an dem Viadukt über das Göltzschtal im Vogtland; 78 m hoch führte der Weg der Bahn mehr als einen halben Kilometer weit auf steinernen Gewölben in drei Stockwerken dahin (1850). Die höchste deutsche Eisenbahnbrücke, über die Wupper, überspannte in ihrem Mittelbogen 170 m, 100 m über dem Fluß. Zur Furcht vor Entgleisung und Zusammenstoß gesellte sich die vor dem Absturz. Als am 28. Dezember 1879 bei einem Orkan der Mittelteil der Brücke über den Firth of Tay in Schottland brach und ein Zug mit etwa 200 Personen in den Strom stürzte, wurde dies als furchtbares Menetekel empfunden. Die Natur hatte der Technik getrotzt. »Tand, Tand / ist das Gebilde von Menschenhand!«[23]

Bei den Gebirgsstrecken vereinigten sich die Ingenieurskünste des Eisenbahnbaus in besonders eindrucksvoller Weise. Die Semmeringbahn, die erste Gebirgsbahn Österreichs, führte von Wien nach Triest; sie war doppelt so lang wie die Luftlinie zwischen den beiden Orten; die Steigungen wurden durch das Ausfahren von Seitentälern, durch Tunnels, Viadukte, Galerien überwunden; die Bahn wurde kühn, von Mauern und Pfeilern gestützt, an den Berghängen entlanggeführt.

Bahnhöfe – Kathedralen der Technik

Bahnhöfe: *Kasimir Malewitsch* nannte sie »Vulkane des Lebens«, *Blaise Cendrars* die »schönsten Kirchen der Welt«. *Théophile Gautier* sprach davon, daß in ihnen, den »Kathedralen der neuen Humanität«, die Religion des Zeitalters, nämlich die der Eisenbahnen, zelebriert werde; sie seien Trefforte der Nationen, Zentren, wo alles zusammenfließe, Kerne riesiger Sterne, deren Eisenstrahlen sich bis zu den Enden der Erde erstreckten. Es gibt kaum einen Topos des 19. Jahrhunderts, in dem der Geist der Zeit derart grandios (behaftet mit dem Hautgout des Kitsches) ›versteinerte‹. Ihre volle Pracht entfalteten die Bahnhöfe in den letzten beiden Jahrzehnten des 19. Jahrhunderts. »Überall in der Welt nahmen sie die Gestalt von Basiliken, Palästen an, dekoriert mit Putz, Plüsch und Prunk. Ihre Hallen, Wartesäle und Speiselokale glichen Ballsälen mit Kassettendecken, Karyatiden, Keramiklandschaften, Wandgemälden, vergoldeten Säulen und Bronzelampen.«[24]

Auf den Lockruf der Lokomotiven antwortete man mit einem Ambiente, das in seiner Mischung aus Funktionalismus und Kulissenarchitektur, technischem Pragmatismus und überschäumendem Dekor surrealistisch anmutet (und auch immer wieder im besonderen surrealistische Maler inspirierte). In der Ausgestaltung der Bahnhöfe trat das nationale Sendungsgefühl in den Vordergrund; sie wurden zu Monumenten patriotischen Stolzes und Selbstgefühls. Man nutzte sie für historische Zwecke; sie waren Orte der internationalen Begegnung, Zielpunkte der Expreßzüge aus fernen Städten und Ländern, Sammelplätze für Truppentransporte; ihnen entquoll jeden Tag das Heer der vom Lande herbeitransportierten Industriearbeiter. Bahnhöfe waren auch Treffpunkt und Auffangstelle der Entwurzelten, derer sich Bahnhofspolizei und Bahnhofsmission annehmen mußten.

»Dokumentierte sich in den geteilten Abteilen deutlich die in Klassen geschiedene bürgerliche Ordnung, so traten doch an keinem anderen Ort die einzelnen Gruppen in eine so enge Berührung wie auf diesem Forum, das von der alles bändigenden industriellen Kultur beherrscht wurde, obschon sie sich vorerst noch nach den Bedürfnissen der eleganten Gesellschaft ausrichtete. Alle Schichten nahmen hier erstmals an einer gemeinsamen Kultur teil, auch wenn es nicht zum Bruderkuß zwischen Unternehmer und Arbeiter kam, den ein Kapitell im Bahnhof zu Metz zeigt.« (*Eberhard Straub*)[25]

Technisch gesprochen teilte man die Bahnhöfe je nach ihrer Verkehrsbedeutung in solche der ersten bis fünften Klasse ein; man baute Kopf- und Durchgangsbahnhöfe; der normale ›Wald- und Wiesenbahnhof‹, vor allem bei Nebenstrecken und als Haltepunkt für Personenzüge in kleineren Orten, bestand aus den durchgehenden Hauptgleisen und ein paar zum Rangieren, Abstellen und Beladen notwendigen Nebengleisen, aus dem Bahnhofsgebäude mit Schaltern, Diensträumen, Eingangshalle, Wartesaal und dem etwas abseits davon stehenden Güterschuppen.

Von besonderer Bedeutung für die Sicherheit war das Stellwerk, von dem aus die Weichenverbindungen und die Signalanlagen bedient wurden. Um die Züge zu erklettern, waren früher Holztreppen und Podeste montiert, bis die Engländer den Bahnsteig als durchgehende Plattform erfanden, demgegenüber das ursprünglich höhere Gleisniveau in der Tiefe lag. Wegen der Rauchentwicklung geleitete man die Reisenden früher erst nach Zugankunft auf den Bahnsteig. Auch die Bahnsteighallen wurden in England entwickelt: große, weitgespannte, an den Giebelfronten freie Eisenkonstruktionen auf dünnen Säulen, dem Licht oben mit langen Glasbahnen Eingang bietend. Die Empfangsgebäude wurden dem technischen Bereich als Riegel vorgeschoben und zum Stadtzentrum hin geöffnet. Kopfbahnhöfe hatten ›Schauseiten‹ nach drei Seiten hin; bei Durchgangsbahnhöfen war der vom Stadtzentrum abgewandte Teil, der auf die industriell bestimmten und in ihren Wohnverhältnissen häufig verelendeten Vororte blickte, weniger schmuckvoll gestaltet. In zahlreichen Städten entstanden ganze Bahnhofslandschaften, vor allem dann, wenn die einzelnen, zunächst privat betriebenen Strecken in Kopfbahnhöfen endeten. In Dresden etwa wurden in Betrieb genommen: 1839 der Leipziger Bahnhof, 1851 der alte Böhmische, 1847 der Schlesische, 1855 der Albert-Bahnhof (spätere Kohlenbahnhof), 1875 der Berliner Bahnhof; der Güterverkehr hatte sich in Dresden in der Zeit von 1888 bis 1892 um 17% gesteigert; von 1883 bis 1893 nahm der Personenverkehr von 2300000 auf 4600000 beförderte Fahrgäste zu. Der Vorortverkehr stieg von 1847 bis 1892 von 40000 auf 400000 Personen.

In Berlin begann der Eisenbahnbau 1838; vor den Toren der alten Akzisemauer des 18. Jahrhunderts, an denen Zöllner immer noch Abgaben für hereinkommende Waren erhoben, entstanden Kopfbahnhöfe der zunächst eingleisigen Privatbahnen. Vom Anhaltischen Tor fuhr eine Bahn ab 1841 über Jüterbog nach Köthen, später weiter nach Leipzig, Dresden, Wien und Prag. Von dem Bahnhof in der Nähe des Potsdamer Tors reiste man über Potsdam nach Magdeburg und über Hannover in Richtung Köln. Ein Berliner Reiseführer von 1861 stellt fest, daß »jene eisernen Schienenstraßen«, auf welchen der Zeitgeist hastig und ungestüm über die Erde brause, auch nach Berlin neue und wirksame Bildungsstoffe gebracht hätten. Aber erst die Reichsgründung, der industrielle Aufschwung und die explosionsartige Zunahme der Bevölkerung machten die Eisenbahn zum dominanten Verkehrsmittel. 1879 begann die Verstaatlichung der Eisenbahnen; es entstanden Stadtbahnhöfe, so 1874–1880 der Anhalter Bahnhof mit einer eindrucksvollen Hallenkonstruktion, die von dem Ingenieur und Schriftsteller *Heinrich Seidel* entworfen war. Der Anhalter Bahnhof war im besonderen ein Bahnhof der Prominenz; von hier aus fuhr man nach Paris, Basel, München oder Wien. Er war entsprechend prunkvoll ausgestaltet.

Aber auch kleine Bahnhöfe zeichneten sich durch eine großbürgerliche oder feudale Aura aus. 1856 wurde wenige Kilometer südlich von Bonn, an einer der schönsten Stellen des Rheins, gegenüber dem Siebengebirge, der Bahnhof Rolandseck gebaut; hier, an der sogenannten Riviera des Rheinlandes, hatten sich im 19. Jahrhundert Kölner Patrizier niedergelassen; die Privatbahn beförderte sie am Morgen rasch zu ihren Kölner Geschäften und abends in ihre Wohndorados zurück. Als Wohnortbahnhof für den Industrieadel war dieser Bahnhof von vorneherein ein »großer Bahnhof«, »Stätte der festlichen Repräsentation einer selbstbewußten gründerzeitlichen Besinnung. Deren fortschrittlich dahineilende Symbolmaschine, das Dampfroß, erhielt in Rolandseck seinen feudalen Stall. Es führte die königlich-preußische Prominenz heran zu den Festen der Schnitzlers, Guillaumes, Mevissens. Mit den Spitzen der Gesellschaft kamen die Fürsten der Künste...«[26]

Die vornehmsten Bereiche des Bahnhofsareals waren die Wartesäle erster Klasse mit den entsprechenden Restaurationsbetrieben. Hier waren die oberen Schichten, die ansonsten die im Bahnhof sich vollziehende soziale Mischung als ästhetisch reizvolles Aphrodisiakum goutierten, unter sich. Die Struktur solcher privilegierten Abkapselung im Bahnhofsbereich wurde auf die Züge selbst übertragen, die mit ihren Wagenklassen (erste bis anfänglich vierte, später dritte Klasse) die Klassengesellschaft spiegelten. Aus der Frühzeit der Ei-

5. »Perspectivische Ansicht im Innern des Bahnhofs zu München«.

senbahnentwicklung berichtet *Hans Christian Andersen*: »Die Wagenreihe hier bildet drei Abteilungen, die beiden ersten sind bequeme, geschlossene Wagen, ganz wie unsere Diligencen, nur viel breiter, die dritte ist offen und unglaublich wohlfeil, so daß selbst der ärmste Bauer damit fährt, denn das kommt ihn weniger teuer, als wenn er den langen Weg gehen und sich unterwegs im Wirtshaus stärken oder übernachten müßte.«[27]

Heizung und Toilette fehlten in den Wagentypen der ersten Jahrhunderthälfte fast immer; in den 40er Jahren wurden die offenen Wagen aufgegeben, ab 1850 die Wagen verglast. Sonderabteile gab es für Damen; Nichtraucherabteile nur in der ersten und zweiten Klasse. 1837 erhielten die Polsterklassen Kerzenbeleuchtung und Rüböllampen, ab 1860 Gasbeleuchtung.

George M. Pullmann entwickelte in den USA besonders komfortable Wagentypen, unter anderem auch den Schlafwagen. Er und seine Konkurrenten schufen weitere Luxustypen, so den Speisewagen, den Hotelwagen (eine Verbindung von Schlaf- und Speisewagen), den Gesellschaftswagen. Auf dem europäischen Kontinent lief der erste

Schlafwagen nach 1870, der erste deutsche Speisewagen etwa um die gleiche Zeit. Bis dahin hatte man beim Bahnhofswirt einen Speisekorb kaufen können, der eine kalte Mahlzeit, Wein, Teller, Besteck etc. enthielt.[28] Besonders luxuriös waren die ›Salonwagen‹ der Regierenden, etwa der Salonwagen des Fürsten *Bismarck*, der ihm 1871 von den deutschen Ländern zur unentgeltlichen Benützung geschenkt wurde (Mahagoni und grüne Seide, Gasbeleuchtung), oder der Salonwagen des Hofzuges *König Ludwigs II. von Bayern* (Holz und Stuck vergoldet, rote Seide, Deckenbild und zentrale Gasbeleuchtung). »Demokratisch möchte man die Eisenbahnen nennen, und wohl waren sie dies nach der einmaligen wirtschaftlichen und Arbeitsleistung beim Eisenbahnbau wie dank der Tatsache, daß jedermann mit dem neuen Gefährt nicht nur fahren durfte, sondern auch fahren konnte! Doch allenthalben schaute der aristokratische Zipfel der konstitutionellen Monarchien unter dem bürgerlichen Mantel der Eisenbahnen hervor.« (*Wulf Schadendorf*)[29]

Durch die Eisenbahn veränderte sich die Wirtschaftsstruktur der Stadt. Neue Käuferschichten wurden herbeitransportiert. Im Umfeld des Bahnhofs entstanden viele Ladengeschäfte, zunehmend auch Kaufhäuser. Die Bahnhofstraße zog Wirtschaften und Hotels an; die Fabriken suchten Standorte, die eine gute Bahnverbindung aufwiesen – sowohl für den Güterverkehr als auch für die Beförderung der Arbeiterschaft.

Parallel zur Aufwertung des Bahnhofs als Wirtschafts- und Kommunikationszentrum vollzog sich seine ästhetische Auratisierung. Der Bahnhof, nach *Justinus Kerner* noch dafür verantwortlich, daß die Romantik aus den Städtchen wich, wird zum Ort neuer Romantik. Als »Inbegriff von Handlung« erweist er sich als schlechthin »literarische Gegend«. Der Bahnhof – so *Gerd Mattenklott* in seinem Essay ›Reisezeit‹ – sei der Ort der großen Verwandlung: Arbeitszeit schlage um in Reisezeit; hier gingen die Namen verloren, würden die tausend kleinen Tode des Abschieds gestorben; das Glück des Abschieds habe selbst keinen Namen, könne keinen haben; es liege in der Erfahrung, sich verlorenzugehen und doch noch zu sein, wiedergeboren als reine Möglichkeit. Unsere Individualität erlösche in der beschleunigten Zeit, und wir fänden uns wieder als Teil eines choreographischen Arrangements, als Bestandteil eines Ornaments, eines Rätsels, das uns selbst zur Lösung aufgegeben.[30] Auf den Bahnsteigen werden Menschen und Schicksale zusammengewürfelt; es sind Topoi des Ab-

6. Walter Ophey: Nachts im Wartesaal (Kaltnadelradierung, um 1923).

schiednehmens und Wiedersehens, des Flüchtens und Zurückkommens, der Fremdheit und der Zuneigung. »Über den ganzen Bahnsteig hin riefen die Beamten aus, die Fahrgäste sollten einsteigen, und sofort kam mehr Bewegung – schnelles Gedränge, eiliges Gestrudel – in die wartenden Freundesgruppen. Man sah Leute einander umarmen, sich küssen, sich innig die Hände drücken, weinen, lachen, sich schnell noch einmal zu einem letzten Kuß umdrehen und dann hastig in den Wagen klettern. Und der junge Ausländer hörte nun in der fremden Sprache Ausrufe, Gelübde und Versprechungen, hörte Späße und flüchtige Anspielungen, wie sie überall einzelnen Menschengruppen geheim und teuer sind und hier lautes Gelächter hervorriefen, hörte Lebewohlworte, wie sie auf der ganzen Welt die gleichen sind« – so erfährt *Thomas Wolfe* den Münchner Hauptbahnhof.[31]

Die Poesie des Hauptbahnhofes ist oft die des Herbstes. Unter bleiernem, herunterhängendem Himmel die grauen, weißen Dampfwolken der zischenden und schnaubenden Lokomotiven. In ihre Kapuzen tief verhüllt, laufen die Schaffner mit trüben Handlaternen den Zug entlang; Pfiffe gellen durch die nebligdunstige Atmosphäre; hinter regenbetropften Abteilfenstern die Gesichter der Abreisenden;

draußen die Wartenden, fröstelnd, mit hochgeschlagenen Kragen. »Ich will, ich will vergehn in einer / Melancholie, die mich endlos einspinnt.« (*Paul Heyse*)[32]

Doch dann werden die Türen zugeschlagen; das Abfahrtssignal leuchtet grün; der Stationsvorsteher hebt den Stab; das Gefühl der Erleichterung, daß der Abschied überstanden ist, breitet sich aus; die quälenden Augenblicke sind vorüber; die Weichen sind gestellt; ›action‹ hat uns wieder.

Zwischen den Bahnhöfen, im Niemandsland des ›Reiseraums‹, kaum wahrgenommen, liegen die Bahnwärter- bzw. Streckenwärterhäuschen – fern der weiten Welt, die aber ständig, Zug um Zug, an ihnen vorüberrollt. »Rauch, Gestampf, Geröll, Geschrill... / alles wieder totenstill.«[33]

Das Bahnwärterhaus ist ein Ort des Idylls, dem industriellen Kreislauf ganz nahe – und doch abseits. Inmitten der rasenden Zeit ein Stückchen Beharrlichkeit. Der kleine Garten. Augenblicke panischer Ruhe. In der Stille die Gefahr: Gefährdungen muß der Bahnwärter, der die Strecke abgeht und für deren Sicherheit sorgt, abwenden; und er ist selbst ständig gefährdet, kann leicht vom Zug erfaßt und zerschmettert werden. Neben den vielen anderen Berufen, die das Bahnwesen mit sich bringt (Lokomotivführer, Heizer, Schaffner, Stationsvorsteher, Rangierer, Weichensteller, Ladearbeiter), ist der Bahnwärter im besonderen Maße einer, der sich der dämonischen Kraft und Schönheit der Eisenbahn ›ausgesetzt‹ sieht (so in *Gerhart Hauptmanns* Novelle ›Bahnwärter Thiel‹).[34]

Industrielandschaft

7. »Vorwärts wandeln, wiederkehren, und das Rohe neu gestalten, Ordnung in Verwirrung schalten, wird auf Erden immer währen.« (*Ludwig Tieck*)

Wer entfesselte Prometheus?

1885 besang *Arno Holz*, einer der wichtigsten Vertreter des deutschen Naturalismus, in seinem ›Buch der Zeit‹ die Poesie der industriellen Epoche. Eine Schlacht sah er gewonnen, »wie sie kein Feldherr noch erstritt«. Inmitten von Dampf und Kohlendunst schwoll ihm die Brust, »und mir ins Auge schießt der Tropfen / hör' ich dein Hämmern und dein Klopfen / auf Stahl und Eisen, Stein und Erz«. Fortschritt und Technik erklangen ihm als süße Melodie, voll zukunftsschwangerer Töne.[35]

Als *Arno Holz* diese begeisterten Verse schrieb, hatte sich der Übergang Deutschlands vom Agrarstaat zum Industriestaat endgültig vollzogen. Der jährliche Verbrauch von Roheisen pro Kopf der Bevölkerung betrug 1893 etwa 99 Kilogramm, 1899 waren es 155 Kilogramm. Der Steinkohleverbrauch stieg im gleichen Zeitraum von 1940 auf 2740 Kilogramm an; die Roheisen- und Eisenproduktion nahm von weniger als 5 Millionen auf mehr als 8 Millionen Tonnen zu; die Kohlenproduktion steigerte sich von 95 auf 136 Millionen Tonnen. Am Ende des 19. Jahrhunderts lebten von 67 Millionen Deutschen kaum mehr 17 Millionen von der Landwirtschaft. »Jedes Jahr kehrten zahllose Bauern dem Lande den Rücken und strömten in die riesigen Fabriken.

Die Städte wuchsen ganz im amerikanischen Tempo, und 45 davon hatten bereits zu jener Zeit mehr als 100000 Einwohner, ganze Armeen von Arbeitern stellten sich unter das Kommando der Industriekapitäne – 15000 bei Mannesmann, mehr als 30000 bei Thyssen und 73000 bei den verschiedenen Werken Krupps.« Der französische Beobachter (*Henri Hauser*), der diese Zahlen 1913 mit Besorgnis angesichts der europäischen Wirtschaftskonkurrenz auflistet, konstatiert, daß das bis dahin arme Deutschland mit einem Schlag reich geworden sei. Sein Gesamtaufkommen, 1895 auf 21 Milliarden Mark geschätzt, bewegte sich 1913 zwischen 40 und 50 Milliarden. In Frankreich dominiere ökonomische Kurzsichtigkeit; die Deutschen dagegen hätten seit 1880 in einer breiten und weitsichtigen Weise vorausgeblickt. »Wenn sie ein Postamt, einen Bahnhof oder eine Schule errichteten, so zogen sie nicht nur die Erfordernisse des Augenblicks in Betracht,

8. Gustav Kampmann: Eisenbahn am Abend (Lithographie, 1899).

sondern planten gemäß den möglichen Bedürfnissen von fünfzig Jahren später.«[36]

Im Rückblick schrieb *Johannes Haller* in seinem 1922 erschienenen Buch ›Epochen der deutschen Geschichte‹ über die mit dem Jahr 1837 anhebende Epoche der Industrialisierung: »Das Zeitalter der Kohle und des Eisens begann. Deutschland bekam Gelegenheit, einen seiner größten Schätze, die reichen Steinkohlelager, nutzbar zu machen – die deutsche Großindustrie entstand, eine neue Quelle des Wohlstandes eröffnete sich. Wie reich sie dereinst strömen werde, konnte damals niemand ahnen, freilich auch nicht, welche Wandlungen in Leben und Art des Volkes sie hervorrufen würde.«[37]

Im Vergleich zu England hatte sich in Deutschland der Industrialisierungsbeginn um fünf bis sieben Jahrzehnte verspätet. Das bewirkte freilich, daß sich die industrielle Revolution in Deutschland gleich auf besonders zukunftsträchtigen Gebieten (wie etwa der Elektroindustrie) voll entfalten konnte. Was mit Biederkeit im Biedermeier begonnen hatte, veränderte die Lebensweise der Menschen auf eine so revolutionäre Weise wie nie zuvor in der Menschheitsgeschichte. Auf die Frage, warum es gerade im England des 18. Jahrhunderts zur industriellen Revolution gekommen war (»Wer entfesselte Prometheus?«), läßt sich keine eindeutige Antwort geben; immerhin gibt es viele Gründe, deren Beschreibung zugleich das Grundmuster der Industrialisierung in allen Ländern verdeutlicht.

»Die Naturwissenschaft ist die Mutter der Erfindungen, das Kapital ist ihr Vater«, schreibt *T. H. Marshall* in seinem Buch ›James Watt‹.[38] *I. S. Ashton* bemerkt in seinem Werk ›The industrial revolution‹, daß das Zusammentreffen von wachsendem Angebot an Land, Arbeit und Kapital die Expansion der Industrie ermöglichte. Kohle und Dampf lieferten Brennstoff und Energie für die Massenproduktion; niedrige Zinssätze, steigende Preise und hohe Gewinnaussichten wirkten als Anreiz. Aber hinter all diesen nachweisbaren materiellen Faktoren habe eine geistige Revolution gestanden. Der Handel mit fernen Gegenden habe das Weltbild des Menschen und die Wissenschaft sein Verständnis des Universums erweitert. Vor allem *Adam Smiths* bahnbrechendes Werk ›Inquiry into the nature and causes of the wealth of nations‹ (›Untersuchungen über die Natur und die Ursachen des Nationalreichtums‹, 1776) zerstörte die alte Welt und errichtete eine neue.[39]

Smith geht von zwei Produktionsfaktoren aus: erstens Arbeit, zweitens Boden und Klima. Der Wert der Güter sei durch das Maß der Arbeit bestimmt, das auf sie verwendet werde und ihren natürlichen Preis bilde; dieser sei nicht identisch mit dem Marktpreis, der noch von anderen Umständen, hauptsächlich vom Verhältnis zwischen Angebot und Nachfrage, abhänge. *Smith* unterscheidet ferner Gebrauchswert und Tauschwert (Wasser habe zum Beispiel einen hohen Gebrauchswert, aber fast keinen Tauschwert; umgekehrt besäßen Diamanten und Straußenfedern einen sehr bedeutenden Tauschwert, doch nur einen sehr geringen Gebrauchswert). Die Größe des Volksvermögens hänge ab von der Menge der Güter, die einen Tauschwert hätten, und dieser wiederum von dem Maß der investierten Arbeit: Die Arbeit sei der wahre Preis der Waren, das Geld nur ihr Nominalpreis. Als Idealmittel zur Hebung der Produktivität erschien *Smith* die strengste Arbeitsteilung, die Mechanisierung der Arbeit; ein Arbeiter könne am Tage zehn Stecknadeln erzeugen, in einer Manufaktur vermöchten jedoch zehn spezialisierte Handfertige, die richtig ineinander arbeiteten, in derselben Zeit 49000 Stecknadeln herzustellen.[40]

1769 hatte *Richard Arkwright* die Spinnmaschine erfunden; in demselben Jahr erhielt *James Watt* das Patent auf seine Dampfmaschine; 1786 gelang dem englischen Geistlichen *Edmund Cartwright* die Herstellung des mechanischen Webstuhls; das ›Puddeln‹, die Gewinnung von Stahl aus Roheisen, das 1784 patentiert wurde, schuf die wichtigste Vorbedingung für exakten Maschinenbau. Gegen Ende des 18. Jahrhunderts waren Maschinen in England bereits weit verbreitet; auf dem Kontinent zogen sie erst erheblich später ein.

Die seit Beginn der Neuzeit einsetzende experimentelle, naturwissenschaftlich orientierte Weltsicht, welche die meditative Haltung des Mittelalters ablöste, traf in England auf ein besonders günstiges Innovationsklima.[41] Der naturwissenschaftliche und technologische Fortschritt, sowohl was Zufallsentdeckungen wie systematische Entdeckungen betraf, entwickelte sich dort in einer Gesellschaft, die in zunehmendem Maße neugierig war, Fragen stellte, in Bewegung geriet, Vorstöße unternahm, zu Neuerungen sich bekannte. Die Enzyklopädien und Einrichtungen wie die ›Society of Arts‹ (1754 gegründet), die ›Royal Institution‹ (1796), ›Lunar Society‹ und weitere lokale philosophische bzw. naturwissenschaftliche Gesellschaften popularisierten die Erkenntnisse; es kam zu interessanten Verbindungen zwischen radikalen, nonkonformistischen naturwissenschaftlichen Gruppen, Geschäftsleuten und religiösen Strömungen. Puritanisch-protestantische Ethik interpretierte das wirtschaftliche Vorankommen als Gunstbeweis Gottes. Nach *Max Weber* hat die vom Calvinismus geprägte Lebensführung des asketischen Protestantismus entscheidenden Einfluß auf die Herausbildung der modernen Berufs- und Wirtschaftsgesinnung und des modernen Kapitalismus gehabt. Stete, systematische Arbeit wurde als der von Gott vorgeschriebene Selbstzweck des Lebens verstanden. Dies entsprach optimal den normativen Prinzipien des modernen Betriebskapitalismus im Sinne einer rational-betriebsmäßigen Kapitalverwertung und kapitalistischer Arbeitsorganisation.[42]

Das englische Innovationsklima war auch dafür verantwortlich, daß die mittelalterlichen und merkantilistischen Beschränkungen für Handel und Industrie abnahmen; verbesserte Verkehrswege erleichterten den Transport von Menschen und Material. Großbritannien bildete innerhalb Europas das größte Freihandelsgebiet; dies wie-

9. »Der Pfiff ertönt, die Glocke schlug. Fort schlängelt sich der Bummelzug.« (Wilhelm Busch, »Balduin Bählamm«)

derum förderte die Entwicklung des Unternehmertums; an die Stelle traditioneller Auffassungen traten Risikobereitschaft und Gewinnstreben; man gab sich mit dem herkömmlichen Lebensstandard nicht mehr zufrieden und versuchte, zusätzliche Einkommen und Konsummöglichkeiten zu erschließen. Dazu kam eine günstige »Faktorenausstattung«; reichlich vorhanden waren Kohle, Eisenerz und andere Mineralien sowie vorteilhafte Standorte für den Handel mit entwicklungsfähigen Märkten. Aufgrund der Bevölkerungsvermehrung stand ein Heer von Arbeitern, die auf Einsatz warteten und entsprechend ausgebeutet werden konnten, bereit. Dies förderte die Kapitalakkumulation, wobei die erzielten Gewinne zu vermehrten Investitionen führten.

In Deutschland hatte sich die Eisenbahn als Wegbereiterin der ersten Phase der Industrialisierung, die im Vergleich zu England um Jahrzehnte ›versetzt‹ erfolgte (etwa 1835–1873), erwiesen; sie wirkte besonders stimulierend für die Eisenindustrie, den Maschinenbau und andere Branchen der Grundstoff- wie Produktionsgüterfabrikation. Ab 1870/71 wurde die Industrialisierung von der

Hochkonjunktur angeheizt, die durch die 5 Milliarden Goldfranken, die das besiegte Frankreich nach dem verlorenen Krieg an das Deutsche Reich zu zahlen hatte, hervorgerufen worden war. In dieser Spekulations- und Gründerzeit wuchs der Anteil der jährlichen Investitionen am jährlichen Volkseinkommen, der in den 50er Jahren noch weniger als 9% betragen hatte, auf über 17%. Das Nominalkapital der Aktiengesellschaften verdoppelte sich in drei Jahren.[43]

Dem Gründerboom folgte die Gründerkrise, der Zusammenbruch von Unternehmungen mit der Folge von Massenarbeitslosigkeit. Der Glaube an wirtschaftsliberale Ideen, an das ›Laisser-faire‹ und an konkurrenzwirtschaftliche Prinzipien ging zurück; das Bewußtsein von der Notwendigkeit gesellschaftlicher Integration und Kontrolle nahm zu.

Den sozialistischen Emanzipationsbestrebungen suchte man mit »Zuckerbrot und Peitsche«, in Form eines »organisierten Kapitalismus«, zu begegnen. »Die organisierte, kollektive Aktion der Unternehmer ergänzte beziehungsweise verdrängte in einer zunehmenden Zahl von Branchen das ›Spiel der freien Marktkräfte‹ und zielte auf Steuerung der Produktion, auf Regulierung der Preise, auf Sicherung der Profite (und zum Teil auch auf die Existenz der Unternehmer) durch Absprachen und Zusammenschlüsse verschiedenster Art. Organisationen – seitens der Gewerkschaften, dann auch der Arbeitgeber – kennzeichneten zudem zunehmend die Auseinandersetzung auf dem Arbeitsmarkt, den Klassenkonflikt und die Durchsetzung soziopolitischer Interessen mit Hilfe von Verbänden überhaupt.«[44]

Der Fortschrittsglaube war nach wie vor ungebrochen; vor allem das Bürgertum erwartete sich vom beschleunigten Übergang aus veralteten und überlebten Betriebssystemen zu höherstehenden Manufakturen und Fabriken ein Paradies auf Erden (ein anderes freilich, als es *Karl Marx* durch die Expropriation der Expropriateure erhoffte).

Werkstatt: Vorort, Beharrungsort und verlorener Posten

Die Werkstatt erweist sich als Vor-ort der Industrialisierung, da sich aus ihr – vor allem im mechanischen Bereich – Fabriken entwikkeln. Der Handwerker bringt in den Prozeß der Industrialisierung innovatorische und ingeniöse Mentalität ein; die Fähigkeit des ›Tüftelns‹ macht den handwerklichen Erfinder zum Ahnherrn großer Industrieanlagen.

Der Aufstieg des alten Handwerks nach dem Dreißigjährigen Krieg hatte am Ende des 18. Jahrhunderts in einer Depression, einer Knappheits- und Umverteilungskrise, geendet (mit einer Riesenzahl von Eigentumslosen in Stadt und Land, die nichts als ihre Arbeitskraft zu verkaufen und deshalb wenig zu kaufen hatten). Das Gleichgewicht von Löhnen und Preisen, das lange Zeit gegolten hatte, ging seit 1775 verloren. »Zum sinkenden Reallohn kamen der Aufstieg der Manufaktur, Überbesetzung der Handwerke, fehlende Massenkaufkraft, der traditionelle Verzicht der Landbevölkerung auf städtische Güter und, was Seidenkleider, aufwendige Möbel und Innenausstattung anlangte, die durch die klassizistische Zeitmode geförderten Leitvorstellungen von der edlen Einfachheit.« (*Michael Stürmer*)[45]

Aus der Misere ergeben sich aber auch spiegelbildlich die Tugenden, die dem Handwerker im Rahmen der Industrialisierung besondere Chancen des Aufstiegs eröffneten. Er hatte gelernt, seine Produkte anzupreisen; er war sehr darauf aus, Erfahrungen von anderen nutzbringend zu verwerten (von der obligatorischen Wanderschaft brachte er manche Kenntnisse mit nach Hause!); er mußte, um überleben zu können, seine Arbeit ständig, nicht zuletzt durch Erfindungen, verbessern; er verstand es, »seine Sach'« zusammenzuhalten. Dementsprechend ist die anfängliche Form der Fabrikunternehmung (wie im Handwerk) der Familienbetrieb, in dem höchstens einige Freunde oder Verwandte als stille Teilhaber das Betriebsvermögen verstärken. Die erste Unternehmergeneration bestimmt eiserne Sparsamkeit; denn um konkurrenzfähig zu bleiben, ist die Anschaffung teurer Maschinen neuester Konstruktion, die Unterhaltung immer größerer Vorräte an Rohstoffen, Brennstoffen, Halbfabrikaten und Ersatzteilen notwendig. Man konnte sich mit großer Zähigkeit »hinaufarbeiten«.

Johann Sigmund Schuckert zum Beispiel wurde als Sohn eines Büttnermeisters am 18. Oktober 1848 in Nürnberg geboren.[46] Beim Vorrücken in die Oberklasse der Lorenzer Volksschule für Knaben schrieb er mit Schönschrift in sein Heft: »Ich will mit allem Fleiße dafür sorgen, daß meine Schrift in jedem Monat besser wird. Fleiß und Ausdauer führen stets zum sicheren Ziel.« Das von den Eltern übernommene handwerkliche Tugendsystem verband sich bei *Schuckert* mit einem starken Innovationstrieb, wobei das »physikalische Kabinett« seines Lehrers *Bauer* (Elektrisiermaschine, große und kleine Leydener Flaschen, eine Luftpumpe mit Magdeburger Halbkugel) bei ihm ein frühes Interesse an Elektrotechnik förderte. Auf der Sonntagsschule konnte *Schuckert* sich im Maschinenzeichnen, in Arithmetik, Geometrie, Physik, Chemie weiterbilden. Auf Wanderschaft arbeitete er in Hamburg in einer optisch-astronomischen Werkstätte, dann bei der auf dem Gebiet der Telegraphie führenden Firma Siemens & Halske. *Schuckert* begann Englisch zu lernen; 1869 schloß er sich dem Auswandererstrom aus Deutschland an und ging in die USA. Dort arbeitete er unter anderem in der Telegraphenbauanstalt von *Thomas Edison*. Als 1873 in Wien eine große Weltausstellung stattfand, zog es ihn nach Europa zurück. Angesichts des schlechten Gesundheitszustandes seiner Eltern blieb er in Nürnberg und ließ sich als selbständiger Mechaniker nieder; 1873 eröffnete er seine Werkstätte in einem bescheidenen zweifenstrigen Raum in der Schwabenmühle. Mit Hilfe neuer Erfindungen und Demonstrationen auf dem Gebiet der Kraftübertragung wie der elektrischen Beleuchtung (neben Nähmaschinenreparaturen und dem Bau von optischen Geräten) setzte sich seine Firma immer mehr durch. 1875 gelang es *Schuckert*, das Kriegerdenkmal bei dessen Enthüllung zu beleuchten; 1878 illuminierte er das königliche Schloß Linderhof in Bayern; 1882 installierte *Schuckert* die erste elektrische Straßenbeleuchtung in Nürnberg. Für seine »elektrodynamische Maschine« erhielt er 1876 den mit einer Subvention von 50000 Mark verbundenen König-Ludwig-Preis; 1885 wurde ihm der Titel eines Kommerzienrates verliehen.

Mit der Aufhebung der alten Zunftprivilegien und der Verkündigung der Gewerbefreiheit, in Frankreich im Zug der Revolution von 1789, in Deutschland ab der Napoleonischen Zeit (hundert Jahre später als in England), erlebte der Handwerkerstand einen enormen quantitativen Aufschwung. Nun konnten sich viele Handwerksgesellen selbständig machen; früher hatten sie dazu, wenn sie keine Meistersöhne waren, keine Gelegenheit gehabt. Vor allem Werkstätten der Metallverarbeitung, des Maschinen-, Apparate- und Instrumentenbaus, Berufe wie Rotschmiede und Rotgießer, Zirkelschmiede, Drahtzieher, Feilenhauer, Flaschner, Schlosser, Goldschmiede, Heftlein-(Nadel-)Macher, Zinngießer, Nagelschmiede waren gefragt.

Da das Kapital meist fehlte, gelang dem Handwerker der Sprung in die größere Produktionskapazität nicht zu oft. Seine Werkstatt blieb dann klein und begrenzt; er versuchte, in ihr als einem ›Beharrungsort‹ auszuhalten und im Konkurrenzkampf mit den größeren Betrieben und Großunternehmern zu bestehen. Zu verschiedenen Zeiten, zum Beispiel begünstigt durch den Boom der Gründerjahre, erfolgte aus der Werkstatt dann immer wieder der Vorstoß zu lukrativeren Gefilden. Mit der Erfindung des Elektromotors konnte man zudem in der handwerklichen Werkstatt industrieähnlich arbeiten; eine solche Maschinenanwendung erforderte nicht zu großen Aufwand, weder was die Räumlichkeiten noch die Größe der Belegschaft betraf; reduziert wurden die Nachteile des Handwerks, erhalten blieben dessen Vorteile, zum Beispiel seine geringere Krisenanfälligkeit.

In einem kulturellen Sinne bedeutete die Werkstatt als Beharrungsort zugleich ›Rückzugsort‹: Inmitten der Stürme der Zeit, die oft rasch aufgeblühte Unternehmungen in den Niedergang trieben, wie sie auch immer wieder für turbulente Neuentwicklungen sorgten, erwies sich die Werkstatt als Hort der Beständigkeit und Redlichkeit. Sie vermittelte inmitten entfremdeter Massenproduktion handwerkliche Solidität.

Da die Handwerker vom allgemeinen wirtschaftlichen Florieren ausgeschlossen waren oder nur sehr begrenzt daran teilhatten, versuchten sie mit Hilfe geistig-seelischer wie kultureller Werte das materielle Defizit zu kompensieren. In einem positiven Sinne hat so der Handwerkerstand viele Werte des Bürgertums tradiert, die nach dem Biedermeier unter der Sogkraft der Industrialisierung und des Großhandels verlorengingen. Er hielt an Werten fest, während andere oft genug nur noch an Preise dachten.

Das handwerkliche bürgerliche Tugendsystem schloß bei allem Bemühen um wirtschaftliche, kulturelle und politische Eigenständigkeit eine Anlehnung an die ›Spitzen und Stützen‹ der Gesellschaft, an die oberen Schichten, nicht aus; nach 1848 verstärkte sie sich zunehmend. Der Titel ›Hoflieferant‹ galt als eine ganz besondere Auszeichnung. Bei den Regional- und Landesmessen (beziehungsweise -ausstellungen) spielte die fürstliche oder königliche Auszeichnung eine ganz besondere Rolle. Wenn – etwa bei dem Nürnberger Metzgermeister *Robert Bauer* – die von seinem Vater erfundene »Wunderburger Knackwurst« eine besondere königliche Belobigung erhielt (ein Schreiben im »Allerhöchsten Auftrag«, die Knackwurst betreffend, die dem hohen Wittelsbacher Herrn, dem Prinzregenten *Ludwig* nebst Frau, bestens gemundet, beigefügt eine goldene Krawattennadel mit Krone), so bedeutete dies für den Betrieb eine wichtige Aufwertung.

Im Handwerkerhaus rutschten freilich mit der Zeit die bürgerlichen Tugenden immer mehr ins sekundäre Tugendsystem ab: Ideelle Überzeugungskraft und Standfestigkeit verkehrte sich in machtorientierte Anpassung, in weltanschauliche Verkrampfung. Industrie und Großhandel bewirkten weltweite Öffnung, großzügige Urbanität; der Handwerkerstand regredierte auf Provinzialimus, Engstirnigkeit, Spießertum; Mittelstandsideologie war vielfach in Seldwyla beheimatet.

Die Industrialisierung setzte beim Handwerk einen Prozeß der Proletarisierung in Gang – was nicht immer Folge einer direkten wirtschaftlichen Notlage war, sondern auch dem Wunsch entsprang, durch Fabrikarbeit materiell besser voranzukommen und sich im größeren oder großen Betrieb freier entfalten zu können.

Anhand von drei Photos aus der Maschinenfabrik Rüsselsheim (den späteren Opelwerken) hat *Peter Schirmbeck* symptomatische Phasen des Weges vom individualistischen zum nivellierten Arbeiterbewußtsein aufgezeigt.[47] Beim ersten Bild haben sich die Arbeiter, jeder für sich, in Positur gestellt: Sie sind Einzelpersönlichkeiten, tragen eine unterschiedliche Kleidung, Kopfbedeckung und Barttracht. Aus ihrer Haltung spricht der traditionelle Handwerker- bzw. Meisterstolz. Beim zweiten Bild ist an die Stelle des kunstvollen Gruppenaufbaus eine einfache Reihung getreten; die Arbeiter nehmen keine individuelle Haltung ein; persönliche Dinge (Bierglas, Pfeife etc.) sind verschwunden; die ›Uniformierung‹ der Kleidung spiegelt die arbeitsmäßige ›Disziplinierung‹ wider; einige Arbeiter halten Teilprodukte in den Händen; darin drückt sich die arbeitsteilige Produktionsweise aus. Beim dritten Bild spricht die Monotonie des Ar-

10. Schuhmacherwerkstatt um 1900.

beitsprozesses besonders stark aus den Gesichtern; die Arbeiter wirken völlig angepaßt, die Zeit-Not des Produktionsaktes, durch die Fabrikordnung oktroyiert, absorbiert ganz ihre geistig-seelischen Kräfte.

Dem Handwerkerstand drohte nicht nur das Herabsinken ins Proletariat, die Industrialisierung verstärkte auch die Proletarisierung innerhalb des Handwerkertums: Die wirtschaftliche und soziale Situation der Lehrlinge wie Gesellen, die sich sowieso seit eh und je in einer besonderen Abhängigkeit vom Meister befanden, verschlechterte sich; der zunehmende Konkurrenzdruck wurde eben vielfach an den Schwächsten weitergegeben. Auch hinderte den Handwerkermeister meist seine mißliche wirtschaftliche Lage, Lehrlinge und Gesellen partnerschaftlich zu behandeln. Deren Ausbeutung war somit weniger Willkür denn Folge der Verhältnisse. Zudem erhielten sich im Handwerkerstand patriarchalische und autoritative Erziehungsvorstellungen besonders gut (so wie das Kind mußte auch der Lehrling geschunden werden!) – während in der Industrie ein System der Gratifikationen neben dem der Sanktionen (nach dem Motto ›Zuckerbrot und Peitsche!‹) entwickelt wurde.

»Es gab keine Arbeit, die so gering war, daß sie nicht auch der Lehrling hätte tun müssen«, heißt es in den Lebenserinnerungen eines Buchbinders. »Eine normierte Arbeitszeit gab es nicht. Im Sommer nominell um fünf Uhr aus dem Bette im Haus des Meisters. Eine Mittagspause war eine unbekannte Sache, dagegen war um acht Uhr Feierabend, wenn nicht ›etwas dazwischen kam‹. Und doch war gerade diese Zeit, von der ich sagen kann, sie gefiel mir nicht, eine der besten Schulungen für das Leben. Nie in späterer Zeit ist mir etwas zu schwer geworden oder zuviel gewesen. Ich kannte alles und konnte alles, was in einer Haushaltung erforderlich ist, von allen Dingen konnte ich beurteilen, was der Mensch mit einigem guten Willen zu leisten imstande ist. Das ist im Leben nicht hoch genug anzuschlagen, das ist wertvoll für einen Feldzug und auch für eine Ehe, die immerhin etwas anderes ist wie ein Feldzug.«[48]

Da die Situation oft von ernüchternder Brutalität war, versuchte man, sie ideologisch zu verbrämen. Hatte man es später einigermaßen zu etwas gebracht, blickte man mit Stolz auf die gemachten Erfahrungen zurück; man fühlte sich durch sie vor den Widrigkeiten des Lebens gefeit. Dazu kam die Romantisierung beziehungsweise Idyllisierung des Lehrlings- und Gesellentums, nicht zuletzt in den Lesebüchern der Schulen – Alibi fürs schlechte Gewissen. Der Abschied eines Lehrjungen vom Vaterhause, wie ihn zum Beispiel der Kreisschulinspektor *G. Fischer* in seinem ›Kleinen Lesebuch für Sonntags- und Fortbildungsschulen‹ beschreibt, ist zwar schwer – die Mutter weint, die Kameraden sind traurig, auch der Vater ist bedrückt (er begleitet den Sohn zum Lehrherrn und gibt ihm viele Lebensregeln mit auf den Weg) –, aber dann wird doch alles gut:

»Meine Seele wanderte mit dem Vater heim, und als die Dämmerstunde kam, brach mir schier das arme, wunde Herz. Doch nach einigen Tagen verlor sich das Heimweh; ich lernte meine neue Heimat liebgewinnen, richtete mich in meine neuen Verhältnisse so gut wie möglich ein, und blickte wieder mit Freudigkeit in die Zukunft.«[49]

Der Lehrling war der »väterlichen Zucht des Lehrherrn unterworfen« und entsprechend »zur Folgsamkeit verpflichtet«. Der Lehrherr wiederum war verpflichtet, den Lehrling »in den bei seinem Betrieb vorkommenden Arbeiten des Gewerbes in der durch den Zweck der Ausbildung gebotenen Reihenfolge und Ausdehnung zu unterweisen«. Er mußte den Lehrling zur Arbeitsamkeit und zu guten Sitten anhalten und vor Ausschweifungen bewahren.[50]

Die aufgrund der Handwerkertradition beibehaltene obligatorische Wanderschaft des Handwerksgesellen war vorwiegend ein Instrument zur Reduzierung von Konkurrenz. Solange der Handwerker wanderte, konnte er sich nicht niederlassen. Der in den Liedern besungene heitere Handwerksgesell, der immer frisch und fröhlich sein Ränzlein schnürt und von Ort zu Ort zieht, war gerade wegen des aufgezwungenen Vagantentums besonders gut ausbeutbar. Allerdings vermittelten diese Wanderschaften auch wichtige Informationen und Erfahrungen, gerade auf technischem Gebiet. Die Schwäche des Informations- und Kommunikationssystems, vor allem in der Frühphase der Industrialisierung, konnte so ausgeglichen werden. Mancher Geselle brachte von draußen Erkenntnisse mit zurück, die es ihm ermöglichten, die Werkstatt, die er dann einrichtete, so fortschrittlich zu gestalten, daß daraus eine Fabrik wurde.

Die Ausnutzung der Lehrlinge und Gesellen führte dazu, daß der Handwerksbetrieb von sozialistisch bzw. republikanisch gesonnenen Kräften als Ort der Reaktion und Restauration empfunden wurde. Der sozialdemokratische Historiker und Journalist *Wilhelm Blos* hat in seiner Geschichte der deutschen Bewegung von 1848 und

1849, ›Die deutsche Revolution‹ (1893 in Stuttgart erschienen), in diesem Sinne eine harte Auseinandersetzung mit dem Stand der Handwerksmeister vollzogen. Von allen Klassen hätten die »zopftragenden Handwerks- und Innungsmeister« im Jahre 1848 die Zeitbewegung am wenigsten verstanden. Wohl hätten sie sich in den vormärzlichen Tagen häufig gegen Polizei und Bürokratie aufgelehnt; »als aber die ersehnte Freiheit kam, blieben sie mit der hergebrachten Engherzigkeit in ihren Kirchthurminteressen hängen. Sie glaubten sogar die Revolution dazu benützen zu können, um alte, längst abgestorbene Einrichtungen neu zu beleben.«[51]

Als in Frankfurt am Main 1848 ein allgemeiner Handwerkerkongreß zusammentrat, sei der Geist dieser Versammlung so reaktionär, seien Anmaßung und Dünkel so groß gewesen, daß die Zulassung von Gesellendelegierten verweigert wurde. »In dem Spießbürgerthum des Handwerkerkongresses war das kleinbürgerlich-reaktionäre Element repräsentiert, welches jedem entschiedenen Fortschritt mit aller Macht widerstrebte und der großen Freiheitsbewegung wie eine Kugel am Bein hing. Den Arbeitern versperrten diese beschränkten Innungs-Zopfträger den Weg mit der ganzen Angst und Wuth, deren solche schöne Seelen fähig sind, wenn sie ihren Besitz und ihr ›Standesinteresse‹ bedroht glauben.«[52]

Da die meisten Handwerksgesellen jedoch auch nicht reüssierten, bedeutete für sie der Übergang zur Fabrikarbeit keineswegs Abstieg. Der Fabrikarbeiter hatte nicht viele, aber doch gesicherte Rechte, zudem ermöglichte die Anonymität der Maschinenhalle mehr Freiheit als das direkte Unterordnungsverhältnis in der Werkstatt. Schließlich konnte der frühere Geselle teilhaben an der zunehmenden Solidarität der sich organisierenden Arbeiterschaft.

In den Arbeiterorganisationen waren die Gesellen dementsprechend ein besonderes Ferment der Unruhe, keineswegs immer zum Nutzen dieser Bewegungen – wollten sie doch oft weniger nach vorne stürmen, als vielmehr die vorindustrielle Form des Handwerks wiederhergestellt sehen. Der erste Arbeiterverein, der sich nach der Zeit der Reaktion in Nürnberg konstituierte, war der im Dezember 1860 unter der Leitung des Stadtkaplans *Keck* gegründete ›Katholische Gesellenverein‹; er sah seinen Zweck in der »Fortbildung und Unterhaltung der katholischen Gesellen Nürnbergs zur Anregung und Pflege eines kräftigen religiösen und bürgerlichen Sinnes und Lebens, um dadurch den Grund zu einem tüchtigen ehrenwerten Meisterstand zu legen«.[53] Solche Zielsetzungen fanden offiziell Billigung, weil sie letztlich das ständisch gegliederte Gesellschaftssystem stabilisierten. 1860 stellt der Stadtmagistrat von Bayreuth fest:

»Hinsichtlich der Lehrlinge und Gesellen hat leider schon lange bei den Gewerben die frühere Zucht und Ordnung aufgehört. – Die jungen Burschen machen mehr Aufwand, vergeuden mehr Zeit als sonst die Meister. Darum die Sucht junger Leute, ihr eigener Herr zu werden, weniger um das Erlernte und zu Erlernende mit allem Fleiß und aller Intelligenz zu betreiben und zu vervollkommnen, als zu heirathen und ein gemächliches Leben zu führen, darum der wilde Appetit so Vieler, sich in den verschiedensten Geschäftszweigen zu versuchen, ohne auch nur Einen mit Eifer und Umsicht zu treiben, bis Verarmung, von solchen Leuten Unglück genannt, die Familie zwingt, Fabrik- und Lohnarbeiter zu werden oder der Gemeinde zur Last zu fallen.«[54]

Viele brachten es nie zum Meister; sie verblieben im erzwungenen Gesellenstand (die Bevölkerung wuchs, die Zahl der Gehilfen und Lehrlinge gleichermaßen; die Zahl der Meister aber ging zurück). Der Gesellenstau hatte schlimme soziale Auswirkungen; ein Geselle, der ein Leben lang nicht selbständig wurde, teilte das Los ungelernter Fabrikarbeiter, Tagelöhner und sonstiger ›freier‹ Gewerbe. »Denn eine Verehelichung kam nur bei gleichzeitiger Ansässigmachung in Frage, diese war aber auf Lohnerwerb sehr schwer zu erhalten. Infolgedessen befanden sich die depravierten Gesellen praktisch jahrelang mehr oder weniger außerhalb der bürgerlichen Gesellschaft, lebten ohne geordnete Familienverhältnisse und unterhalb des erstrebten Sozialprestiges. Häufig hatten sie illegitime Kinder, waren demoralisiert und vergeudeten ihre Ersparnisse in unablässigen Konzessionsgesuchen.« (*Gerhard Schwarz*)[55]

Zum Beispiel Ruhrrevier

Die Teilung der Arbeit zwischen den verschiedenen Stätten habe das Entstehen der Manufakturen (= Anstalten zur Anfertigung von Zeugwaren, Gewirken, Gewinden im großen) als dem Zunftwesen entwachsene Produktionszweige zur Folge gehabt – so *Karl Marx*. »Diejenige Arbeit, die von vornherein eine Maschine, wenn auch

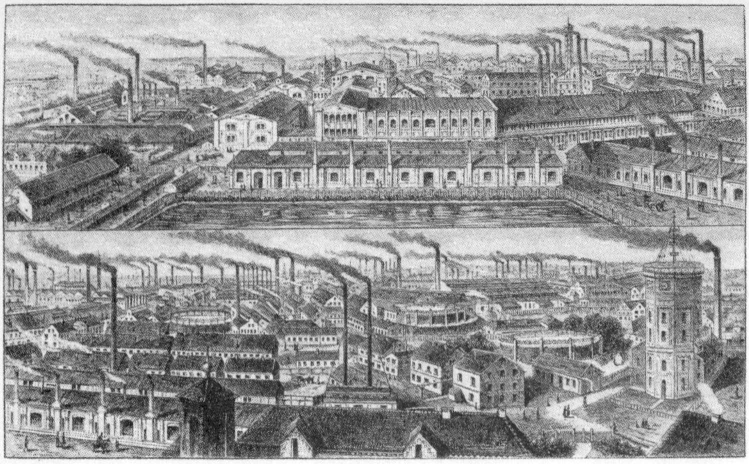

11. Krupp-Werke, Essen.

noch in der rohsten Gestalt, voraussetzte, zeigte sich sehr bald als die entwicklungsfähigste. Die Weberei, bisher auf dem Lande von den Bauern nebenbei betrieben, um sich ihre nötige Kleidung zu beschaffen, war die erste Arbeit, welche durch die Ausdehnung des Verkehrs einen Anstoß und eine weitere Ausbildung erhielt. Die Weberei war die erste und blieb die hauptsächlichste Manufaktur.«

In den Zünften jedoch existierte weiterhin das patriarchalische Verhältnis zwischen Gesellen und Meistern; in der Manufaktur trat an seine Stelle das Geldverhältnis zwischen Arbeitern und Kapitalisten; »ein Verhältnis, das auf dem Lande und in Kleinstädten patriarchalisch fingiert blieb, in den größeren, eigentlichen Manufakturstätten jedoch schon früh fast alle patriarchalische Färbung verlor«.[56]

In der Tat verhalf der automatische Webstuhl, zusammen mit der ›Spinnmaschine‹, der Manufaktur zum Durchbruch – vor allem, als die Form des Antriebs geändert wurde: An die Stelle des Wasserrades (typisch für die vorindustriellen Manufakturen, wie etwa Papiermühlen, Drahtzieh- und Eisenhämmer) trat die Dampfmaschine.

Ein immer rascher werdender Kreislauf setzte ein: Die Bedürfnisse der zunehmenden Bevölkerung führten zur Massenproduktion in Fabriken; deren Bau wurde meist von Kaufleuten finanziert; sie verfügten über mobiles Kapital, das, im Gegensatz zum naturwüchsig-ständischen Kapital, Kapital im modernen Sinne war.

So wie die Industrialisierung ohne Kapitalakkumulation nicht auskam, brauchten die Maschinenhallen, topographisch gesprochen, freies Gelände zur Expansion. Dafür kamen vor allem Gebiete außerhalb der Stadtmauern in Frage (Dörfer, Vororte, die im Laufe der Zeit meist eingemeindet wurden). Die Industrie erwies sich als Städtegründer (*Werner Sombart*); die Bürgerstadt entwickelte sich zur Regionalstadt. Ohne Industrie wäre die Stadt nicht Großstadt geworden: »Der Weg zur modernen Stadt, die Urbanisierung, war nur mit der Industrie als bedeutendem Arbeitgeber und Steuerzahler möglich.«[57]

Aber auch viele kleine Orte wurden wichtige Fabrikzentren (vor allem in Gegenden mit günstigen Verkehrsbedingungen, zum Beispiel mit schiffbaren Flüssen, und mit Bodenschätzen: Kohlen, Erzen). Oft entwickelten sich im Gefolge der Fabrikanlagen Siedlungen: Fabrikstädte im wahrsten Sinne des Wortes. Alle erwähnten Faktoren trafen zum Beispiel für das Ruhrgebiet zu; die Entwicklung dort wurde bestimmt von der Expansion alter Städte und der Gründung neuer, von der Expansion bestehender Handwerkerbetriebe und der Gründung neuer Produktionsstätten. Steinkohle, Stahl und Eisen bildeten die Grundlage für die Entwicklung der Großindustrie im Ruhrgebiet, einem Wirtschaftsraum (begrenzt durch den Rhein im Westen, die Ruhr im Süden, die Lippe im Norden), der hauptsächlich durch die Entwicklung der Schwerindustrie im 19. Jahrhundert seine Identität gewann.[58]

Arbeitskräfte aus allen Teilen Deutschlands und dem Ausland mit unterschiedlicher kultureller, nationaler und religiöser Prägung strömten ins Ruhrgebiet – häufig, um verelendeten ländlichen Verhältnissen zu entkommen, oder mit der Hoffnung, besser und rascher als zu Hause voranzukommen. Einzelschicksale illustrieren diese Immigration in eine entstehende Industrielandschaft. »Käthe Podgorskis Großvater z. B. kommt 1896 aus Gerolstein ins Ruhrgebiet. Die Thyssenhütte schickte um die Jahrhundertwende Werber in die Eifel, um Arbeitskräfte ins Revier zu locken. Die Arbeitsangebote wurden ›ausgeschellt‹. ›Eifeler und Polen wurden damals geworben‹, erzählt Frau Podgorski. Italiener gab es auch in Duisburg. Sie fielen auf: ›In der Heinrichstraße gab es besonders viele. Da traute sich keiner durch.‹ Schon um die Jahrhundertwende kennt Hamborn Ausländeranteile an der Bevölkerung von 22 %.«[59]

Bahnbrechend für den Bergbau waren Dampfmaschinen und Dampfpumpen sowie die Entwicklung des aus Eisendrähten geflochtenen Förderseils anstelle der bis dahin üblichen schweren eisernen Ketten und der schnell abgenutzten Hanfseile. 1838/39 wurde der erste Tiefbauschacht an der Ruhr niedergebracht.

Das rheinische Großbürgertum und neue Banken nahmen reges Interesse an der Erschließung des Ruhrgebiets. 1912 entfielen von 175 Millionen Tonnen Kohlenförderung im Deutschen Reich 114 Millionen auf das Ruhrrevier. Die Entwicklung der größten Zeche, Neumühl, kann das rasante Wachstumstempo illustrieren:

1895 hatte sie 69, 1900 schon 1872 und 1904 dann 4895 Mann Belegschaft. 1897 betrug die Fördermenge 19894 Tonnen, 1904 1641470 Tonnen. »Auch die Belegschaft zeigte deutlich den Stempel der hypertrophischen Entwicklung. Als im Jahre 1904 an einem Tage die Zusammensetzung der Belegschaft festgestellt wurde, setzte sie sich aus 3108 Deutschen, von denen 1340 aus den östlichen Provinzen stammten und polnisch als Muttersprache redeten, ferner aus 1095 Österreichern aus Krain und Steiermark, Slovener oder Cuditsche genannt, aus 240 Holländern, 156 Italienern, 53 Russen, 33 Belgiern und 4 sonstigen Ausländern zusammen. Aber diese Zahlen sind noch nicht das Entscheidende für die Beurteilung des Geistes der Belegschaft. Wenn solche Menschenmengen in kurzer Zeit zusammenkommen, drängen sich auch alle jene nach dieser Stelle hin, die aus irgendeinem Grunde untertauchen wollen, und Neumühl gab jedem Arbeit. So beschäftigte die Zeche mehr ehemalige Zuchthäusler, als in einem großen Zuchthause untergebracht sind.

Der Schnapsausschank in der an der Zeche gelegenen Wirtschaft Ostrop betrug monatlich zirka 300 hl. Neumühl war ›Wild-West‹. Allmonatlich wurde mindestens ein Mensch totgeschlagen. Die Steiger hatten jeder einen Waffenschein und trugen Revolver bei sich.«[60]

Eng verbunden mit dem Bergbau war die Entwicklung der Schwerindustrie; ohne ausreichende Steinkohlen- bzw. Koksversorgung wäre ihre Expansion nicht möglich gewesen. Einer der frühen Wegbereiter im Bereich der Eisen- und Stahlindustrie im Ruhrgebiet war *Friedrich Harkort* (1793–1880); er stammte von einem westfälischen Bauernhof, mit dem ein altes Hammerwerk verbunden war; Messer,

Sicheln und Sensen wurden dort geschmiedet.[61] 1818 eröffnete er in der Burg Wetter an der Ruhr eine Maschinenbauanstalt. Da der Markt jedoch nicht groß war, stellte er alles an Eisenguß her, was verlangt wurde: Treppengeländer, Öfen, Grabkreuze, Bügeleisen, Zahnräder, Textilmaschinen, Maschinenteile. 1820 begann er mit dem Bau von Dampfmaschinen; 1826 nahm er den ersten Puddelofen des Ruhrgebiets, den er samt einem Walzwerk im alten Wallgraben der Burg errichten ließ, in Betrieb.

Zu Anfang des 19. Jahrhunderts bestand die Eisenindustrie Westfalens noch aus handwerklichen Unternehmungen, die mit ein paar Hammerknechten betrieben wurden. 1811 baute *Friedrich Krupp* in Essen (damals eine Stadt von 3480 Einwohnern) seinen ersten Eisenschmelzofen. Er hatte ein neues Verfahren zur Herstellung von Gußstahl erfunden, den er in einer dem englischen Stahl gleichwertigen Qualität in kleinen Mengen fabrizierte. *Alfred Krupp*, der älteste Sohn, machte aus dem kleinen Unternehmen eine bedeutende Gußstahlfabrik.

»Die Pionierleistung dieses großen Industriellen war die rechtzeitige Erkenntnis der Bedeutung des Qualitätsstahls für die künftige industrielle Entwicklung. Als er begann, ahnte noch niemand, daß Stahl einmal das wichtigste Material des Jahrhunderts sein würde und daß Städte wie Essen, Sheffield und Pittsburgh mit der Stahlproduktion zu großen Industriezentren heranwachsen würden. Die Stahlveredlungstechnik, Grundlage der Sicherheit aller Verkehrsmittel und der Präzision aller Maschinen, verdankt *Alfred Krupp* entscheidende Förderung. Kurz vor dem Ausbruch des Ersten Weltkrieges beschäftigte die Firma über 100000 Arbeitnehmer.« (*Rudolf Rübberdt*)[62]

In seinem Gedichtband ›Die singende Stadt‹ (1913) hat der Arbeiterdichter *Karl Bröger* die Atmosphäre eines Walzwerkes eingefangen. Die Strophen muten an wie ein verbales Pendant zu *Adolf von Menzels* Gemälde ›Eisenwalzwerk‹. Werksgebäude und Schlackenhalden. Qualmender Kühlturm. Nackte Leiber. Glostende Öfen, brodelnde Eisenglut.

»Weithin gähnende Hallen, darinnen es dunstet und raucht,
und ein Brodem sich braut, aus Öl und Schweiß gemischt.
Rundum siedet es auf, quarrt es, knattert und faucht,
während kochendes Eisen in flammendem Zorne zischt.

Von den harten Kiefern der Walzenstrecke gepackt.
plättet sich Eisen zu bläulich gleißendem Stahl.
Jetzt gehoben, wird es gedreht, geschweißt, gezwackt.
Kreischend winselt und heult es auf aus solcher Qual.«[63]

In der Fabrik

Die Menschen, die in Fabrikhallen (›Maschinenhallen‹) arbeiteten, sahen sich völlig neuen Verhältnissen gegenüber. Zeittakt – Zeitnot bestimmten die mechanisierte Produktion, Disziplin war die wichtigste Tugend. Die Fabrik- bzw. Werkstattordnung kodifizierte die erwartete Arbeitsmoral: Es waren Regeln der Repression.

Die 1844 erlassenen Vorschriften für die Arbeiter in der Eisengießerei und Maschinenfabrik von Klett & Comp. seien als symptomatisches Beispiel angeführt. »...Die festgesetzten Arbeitsstunden sind von 6 bis 12 Uhr vormittags und von 1 bis 6 ½ Uhr nachmittags. Von 8 bis 8 ½ Uhr früh wird eine halbe Stunde zum Frühstück freigegeben, zu welchem Endzweck sämtliche Arbeiter die Werkstätten zu verlassen haben. Wer außer dieser Zeit Bier oder geistige Getränke sich verschafft, verfällt in eine Strafe von ½ Tag Abzug. Den Gießern ist gestattet, wenn dieselben über die Zeit mit Gießen beschäftigt sind, und die Fabrik nicht verlassen dürfen, von 6 ½ bis 7 Uhr durch einen dazu bestimmten Handlanger sich bis 1 Maß Bier holen zu lassen. ... Sämtliche Arbeiter müssen sich pünktlich zur bestimmten Arbeitszeit in der Fabrik einfinden; 10 Minuten nach Glockenschlag 6 Uhr morgens wird die Tür geschlossen und kein Arbeiter mehr eingelassen. Wer öfter als 2mal fehlt, wird mit Abzug gestraft. Wer ¼, ½ oder 1 Tag fehlt, verliert nicht nur den verhältnismäßigen Lohn, sondern wird auch noch um ebensoviel gestraft; besondere Ausgänge sind nur dann gestattet, wenn gültige Beweise für deren Notwendigkeit beigebracht werden, Täuschungen haben augenblickliche Entlassung zur Folge. Wer blauen Montag hält, wird der Polizei angezeigt.«

In insgesamt 19 Paragraphen wurden die Pflichten des Arbeiters festgelegt; von seinen Rechten war nicht die Rede.

In dem Maße, in dem der Arbeitsprozeß mechanisiert wurde, nahm auch die Bedeutung der Zeit zu. Ländliche Arbeit, Heimarbeit, die Arbeit in kleinen Werksätten, folgten einer individuellen Zeitenteilung. Man richtete sein Leben nach natürlichen Bedürfnissen (und wie der einzelne Tag es forderte) ein. Die Arbeitsorganisation vor dem Aufkommen der ›Maschinenhallen‹ ist unregelmäßig, aber sinnvoll, danach regelmäßig, aber in Widerspruch zu den persönlichen Intentionen; sie kann nur durch Kontrolle bewirkt werden. Der Arbeiter wird in ein strenges, rationelles und geschlossenes Organisationssystem eingespannt.

»Zeit zum Aufstehen«: Das bedeutete, meist noch vor der Morgendämmerung sich zur Arbeit auf den Weg machen; nur in Ausnahmefällen befanden sich die Wohnungen unmittelbar bei den Fabriken. Die Arbeitskluft hatte man bereits an oder man trug sie in Beuteln mit sich. Dort war auch das Vesper und, soweit man nicht – was am Anfang häufiger war – zum Essen nach Hause ging, die Mittagsmahlzeit verstaut (später im ›Henkelmann‹). Szenen aus dem Fabrikalltag schildert *Georg Weerth* um 1847:

»Wir treten zur Mittagszeit in das Innere des Hofraumes. Auf kleinen Bänken, die an den Seiten der Fabrik angebracht sind, bemerken wir eine Arbeitergruppe neben der andern. Manche haben sich gegenüber auf einige Leitern und Holzstöße gesetzt, einige sogar auf die bloße Erde. Alle Arbeiter, die wir hier sehen, sind am Morgen vom Lande herübergekommen; in Tüchern und Töpfen führten sie ihr Mittagsmahl mit sich, zu dessen Erwärmung ihnen die Seiten des siedenden Dampfkessels die beste Gelegenheit gaben. Jeder hat sich dazu seine Stelle ausgewählt – wenige Augenblicke sind hinreichend, um diesen genügsamen Menschen ein spärliches Mahl schmackhaft und erquicklich zu machen, denn sie bringen ja den besten Appetit dazu mit. Wir sehen, wie einer nach dem andern sein Töpfchen von dem Rande des Kessels herunterlangt, wie er es in den Schoß oder zwischen die Knie stellt und mit dem Löffel in seine Suppe fährt, indem er zuerst das Dünne oben abschöpft, um erst zu guter Letzt auf den substantiellen Teil seines Mahles zu kommen.«[64]

Was das Leben in den Fabriken wirklich bedeutete, kam weiten Teilen der Gesellschaft überhaupt nicht zum Bewußtsein. Der vierte Stand war lange Zeit stumm; da er sich nicht artikulieren konnte, blieben die Arbeits- und Lebensverhältnisse unbekannt. Die »praktische Studie« ›Drei Monate Fabrikarbeiter und Handwerksbursche‹ von *Paul Göhre* (1891), die *Theodor Heuss* »die erste deutsche Sozialreportage aus dem vierten Stand« genannt hat, brachte da eine Wende; sie erschloß kirchlichen und bürgerlichen Kreisen eine gänz-

12. Siemens-Schuckert-Werke, Nürnberg: Wickelei für Gleichstrom-Maschinen.

lich unbekannte Welt, an der man bisher achtlos vorübergegangen war, obwohl sie dicht neben der eigenen lag. *Göhre*, Student der Theologie, wollte »die volle Wahrheit über die Gesinnung der arbeitenden Klassen, ihre materiellen Wünsche, ihren geistigen, sittlichen, religiösen Chrakter« herausfinden. Er begab sich deshalb als Arbeiter in eine Fabrik.

»In Chemnitz, dem Mittelpunkt der ausgedehnten sächsischen Großindustrie, habe ich fast drei Monate unerkannt als einfacher Fabrikarbeiter und beinahe ohne jeden Verkehr mit meinesgleichen gelebt, habe in einer großen Maschinenfabrik mit den Leuten täglich elf Stunden gearbeitet, mit ihnen gegessen und getrunken, als einer der ihrigen unter ihnen gewohnt, die Abende mit ihnen verbracht, mich die Sonntage mit ihnen vergnügt und so ein reiches Material zur Beurteilung der Arbeiterverhältnisse gesammelt, das mitzuteilen ich im Folgenden versuchen will.«[65]

Das dritte Kapitel des Buches widmet sich der Arbeit in der Fabrik (es handelt sich um eine Eisenfabrik). »War's nicht auch ein Gotteswerk, ein Gottesdienst«, was die schwarzen blaukitteligen Männer in der Maschinenhalle da schafften? Gewaltige Töne durchbrausen die Halle: »das Gehämmer und Gefeile der Schlosser, das Ächzen und Dröhnen der Maschinen, das Quietschen und Schlagen der Räder«. *Göhre* befindet sich in der »Kirche des industriellen Zeitalters«:

»Unter den durch die Emporen gebildeten Decken liefen die langen Wellen hin, die durch die Dampfmaschine in rasender Drehung gehalten wurden und durch Riemenscheiben und die verbindenden Treibriemen die allerhand kleinen und großen Arbeitsmaschinen mit der Kraft nie ruhender Bewegung speisten.«[66]

Göhre spricht von der Poesie eines grandiosen ineinander greifenden Getriebes, das ruhelos und doch in gleichmäßiger Bewegung sich auswirke; er spricht vom Adel menschlicher Arbeit, die hier an einer einzigen Stelle von mehr als hundert Menschen im Kampfe ums Brot, ums Leben tagein, tagaus getan werde. Die Zusammensetzung der Arbeiterschaft spiegle den Charakter der großkapitalistischen Produktionsweise; die verschiedensten Berufe seien vertreten und in Tätigkeit, alte, von den Vätern, aus der Zeit der Zünfte her bewährte und berühmte, und junge, die die großen Erfindungen und die veränderten Bedürfnisse unserer Tage neu geschaffen hätten.

Nach einer ausführlichen Schilderung der Arbeitsvorgänge und der Fabrikordnung kommt *Göhre* zu dem Ergebnis, daß sich alle diese großartigen Fabrikbetriebe ganz einseitig nur als Institute zur Schaffung ausschließlich materieller Werte repräsentierten. Was von sittlichen Kräften in ihnen wirke, sei die Folge rein zufälliger günstiger Verhältnisse und nicht eine bewußte Absicht dazu. Ihnen allen fehle der sittliche Adel, der ihnen zukommen würde, sobald man sie zugleich auch als Stätten einrichte und ausnutze, die als die modernsten und großartigsten Bildungen menschlicher Lebens- und Arbeitsgemeinschaft dazu bestimmt wären, allen in ihnen Beschäftigten, hoch und niedrig, durch ihre Arbeitsteilung und Arbeitsleistung gleich günstige Gelegenheit zu einer freudigen Betätigung ihrer geistigen Fähigkeiten und einer harmonischen Ausgestaltung auch ihrer sittlichen Persönlichkeit zu bieten.[67]

Was hier *Paul Göhre*, der Theologe, als sittliches Defizit der Fabrikarbeit konstatiert, hatte *Karl Marx* als den ausbeuterischen Charakter entfremdeter Arbeit beschrieben. In den Maschinenhallen vollzog sich die Einschmelzung des Individuums ins funktionierende Kollektiv. In einer Enquete aus den Jahren 1907 bis 1911 sagte ein 25jähriger Stanzer (9 Stunden tägliche Arbeitszeit, 31 Mark durchschnittlicher Wochenverdienst): »Ich gleiche der Maschine, die durch Kraft angetrieben wird.« Die »Seele im technischen Zeitalter« zeigt einen sozialpsychologischen Befund, der durch Anpassung, Erfahrungsverlust bzw. Erfahrung aus zweiter Hand charakterisiert ist. Das »Prinzip der vorbereiteten Vollzüge«, an den Schienen der Eisenbahnen ablesbar, erweist sich als Grundsatz maschinenzeitlicher Rationalität.[69]

Im Maschinensaal wird der Mensch zum Rädchen einer mechanisierten und automatisierten Produktionsweise. Das bedeutet freilich keineswegs automatisch Bewußt-losigkeit. Sozialistisches Engagement bewirkte, daß man nicht nur im Takte der Maschinen fronte, sondern der Maschinenwelt ihre eigene Melodie vorzuspielen begann – um, wie es *Karl Marx* formulierte, die erstarrten Verhältnisse zum Tanzen zu zwingen.

Die Strahlkraft des Geldes

»Man sieht jetzt mehrfach die Kultur einer Gesellschaft im Entstehen, für welche das Handeltreiben ebensosehr die Seele ist, als der persönliche Wettkampf es für die ältern Griechen und als Krieg, Sieg und Recht es für die Römer waren«, schreibt *Friedrich Nietzsche* 1881 in ›Morgenröte, Gedanken über die moralischen Vorurteile‹. Der Handeltreibende verstehe, alles zu taxieren, ohne es zu machen, und zwar zu taxieren nach dem Bedürfnisse der Konsumenten, nicht nach seinem eigenen persönlichsten Bedürfnisse. »Wer und wieviele konsumieren dies?« sei seine Frage der Fragen. Diesen Typus der Taxation wende er nun instinktiv und immerwährend an: auf alles, und so auch auf die Hervorbringung der Künste und Wissenschaften, der Denker, Gelehrten, Künstler, Staatsmänner, der Völker und Parteien, des ganzen Zeitalters; er frage bei allem, was geschaffen wird, nach Angebot und Nachfrage, um für sich den Wert einer Sache festzusetzen. »Dies zum Charakter einer ganzen Kultur gemacht, bis ins Unbegrenzte und Feinste durchgedacht, und allem Wollen und Können aufgeformt: Das ist es, worauf ihr Menschen des nächsten Jahrhunderts stolz sein werdet: Wenn die Propheten der handeltreibenden Klasse recht haben, dieses in euren Besitz zu geben!«[70]

Für die Wirtschaft und den Handel im Zeitalter der Industrialisierung war das mobile Kapital, das Geld, der entscheidende Faktor. Das Geld, indem es die Eigenschaft besitze, alles zu kaufen und alle Gegenstände sich anzueignen, bedeutet – nach *Karl Marx* – eine besondere Form des »Genusses«. Die Universalität seiner Eigenschaft sei die Allmacht seines Wesens; es gelte daher als allmächtiges Wesen. Das Geld erweise sich als Kuppler zwischen dem Bedürfnis und dem Gegenstand, zwischen dem Leben und dem Lebensmittel des Menschen. »Was durch das Geld für mich ist, was ich zahlen, das heißt was das Geld kaufen kann, das bin ich, der Besitzer des Geldes selbst. So groß ist die Kraft des Geldes, so groß ist meine Kraft. Die Eigenschaften des Geldes sind meine – seines Besitzers – Eigenschaften und Wesenskräfte.«[71]

Marx, der unerbittliche Kritiker des industriellen Kapitalismus, dekuvrierte das Geld als die »wahre Scheidemünze«, als das »wahre Bindungsmittel«, als die »galvanochemische Kraft der Gesellschaft«; es sei die sichtbare Gottheit, welche die Verwandlung aller menschlichen und natürlichen Eigenschaften in ihr Gegenteil, die allgemeine Verwechslung und Verkehrung der Dinge ermögliche. Geld sei die allgemeine Hure, der allgemeine Kuppler der Menschen und Völker.

War eines der großen Ereignisse, das die Neuzeit heraufführte, der Untergang der Naturalwirtschaft gewesen, an deren Stelle die Geldwirtschaft trat – und zwar die Goldwirtschaft –, so wird im 19. Jahrhundert die Bedeutung des Goldstücks durch die des Bankzettels ersetzt. Das Papiergeld wird nun (so formuliert es *Egon Friedell* in seiner ›Kulturgeschichte der Neuzeit‹) zum Helden des Tages und der Zeit. »Und alsbald erheben sich in den Städten mächtige Hauptheiligtümer namens Börsen und Scharen kleiner Tempel, Banken genannt; in ihnen wird etwas Magisches, Allmächtiges, Allgegenwärtiges, aber Unsichtbares angebetet; vorgeblich eingeweihte Priester (meist freilich Ignoranten oder Betrüger) verkünden ihren Willen; zahllose Gläubige bringen opferfroh ihre Habe dar, in heiliger Scheu, unverständliche Beschwörungsformeln einer fremden Sprache murmelnd. Das Credo ist zum Credit geworden.«[72]

Übersetzt man solchen agrarstaatlich-konservativ eingefärbten Kulturpessimismus, der vom bäuerlichen Mißtrauen gegenüber dem ›Papierschwindel‹ getragen wird bzw. mit ihm sympathisiert – dabei viel Richtiges erkennt, freilich die nicht nur nivellierende, sondern demokratisierende, nicht nur plebejisierende, sondern sozialisi-

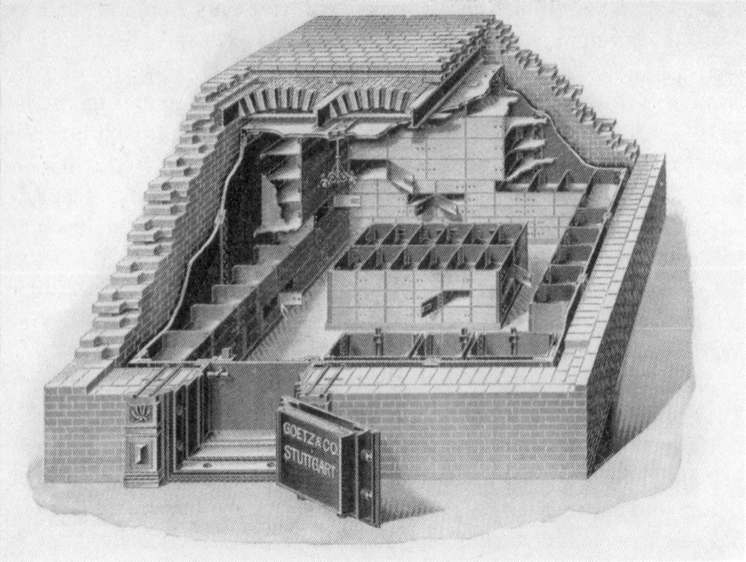

13. »...eine große Bank, welche Millionen aufbewahrt, muß natürlich andere Anforderungen stellen als ein Privatmann, der nur seine Couponsbogen bei sich aufhebt und die Titel seiner Wertpapiere bei einer Bank deponiert hat...«

rende Kraft des Geldes verkennt –, übersetzt man solche Geldkritik in die statistische Analyse, so ergeben sich für Deutschland folgende Fakten (hier zitiert nach *Werner Sombart*, ›Die deutsche Volkswirtschaft im 19. Jahrhundert‹):

Die Zahl der Erwerbstätigen in Geld- und Kredithandel nahm allein in der Zeit von 1882 bis 1895 von 22673 auf 36175, also um 13502 Personen, zu, das waren annähernd 60 %, während die Bevölkerung sich unterdessen nur um 14 % vermehrte. Von 1895 bis 1907 stieg die Zahl der Erwerbstätigen in dieser Berufsart auf 67282, was in 12 Jahren einer nochmaligen Steigerung um 86 % gleichkam. Hauptaufgabe der Banken war die Erteilung von Produktionskrediten, also von solchen, die es einem Unternehmer ermöglichten, den zur Verfügung stehenden Wertbetrag auszuweiten, also das Kapital zu vermehren. »Diesem Interesse der Banken und Bankiers für die produktive, wirtschaftliche Tätigkeit, so hinderlich es für die Entwicklung mancher Zweige des eigentlichen Bankgeschäfts auch gewesen sein mag, ist zweifellos ein guter Anteil an dem Aufschwung des deutschen Wirtschaftslebens zuzuschreiben. Die Banken sind in Deutschland geradezu Beförderer des Unternehmungsgeistes geworden, Schrittmacher für Industrie und Handel. Aber sie sind vielfach dabei noch nicht einmal stehengeblieben, sie sind mit einem beträchtlichen Teil ihres Vermögens selbst zu industriellen oder kommerziellen Unternehmern geworden.«[73]

Der Materialismus des Maschinenzeitalters war »gespalten«, widersprüchlich: Geld und Kapital faszinierten, waren vom Realitätsprinzip her gesehen das »Eigentliche«, das zählte; zugleich aber war solche Werktagsgesinnung vom kulturaffirmativen schlechten Gewissen (angesichts von soviel Nüchternheit und Wirklichkeitssinn) überschattet: Dem Höheren war doch der Mensch geweiht; ihn zog es himmelan. Eine Aura vorgegebener Tragik überglänzt industriellen Fortschrittsglauben; ihm gab irisierender Pessimismus die entsprechenden Weihen. Die Kosmogonie solcher Weltjubel- und Weltendzeitstimmung hat *Richard Wagner* im ›Ring des Nibelungen‹ (Gesamtaufführung 1876), einem imposanten Kunstwerk hochkapitalistischer Mythenbildung, vorgelegt – sowohl fasziniert als auch bedrückt von der Strahlkraft des Goldes:

»Ein Tand ist's
in des Wassers Tiefe,
lachenden Kindern zur Lust:
doch, ward es zum runden
Reife geschmiedet,
hilft es zu höchster Macht,
gewinnt dem Manne die Welt....«[74]

Der Zweiteilung der Welt in pragmatisches Handeln und symbolische Überhöhung, in geldraffende Realität und kulturelles Transzendieren, in das Wirkliche und das »Wunderbare« entspricht die Deutung des Materialismus zu dieser Zeit. *Friedrich Albert Lange* hat in seinem Werk ›Geschichte des Materialismus und Kritik seiner Bedeutung in der Gegenwart‹ (erstmals erschienen 1866; in der zweiten verbesserten und endgültigen Fassung, 1873, bis zum Weltkrieg eine der meistgelesenen und entsprechend einflußreichen philosophischen Abhandlungen) davon gesprochen, daß zwar das Wissen ausschließlich durch die Sinne und die dem Verstand vermittelten Erfahrungen bestimmt werde, daß aber auch der Idealismus seine Berechtigung habe, da in ihm die von der Natur aus gegebenen Erfahrungstatsachen fiktiv zu größeren und höheren Einheiten zusammengefaßt würden, etwa in der Kunst oder in der Religion. Das Wirkliche wurde damit vom Wertvollen abgegrenzt. Realistisch sei die Handlungspraxis; die Kultur basiere auf der Spekulation. Der Realismus konzentriere sich vor allem auf die Kapitalbildung.[75]

Kapital als Selbstzweck, als sich ständig selbst reproduzierende, letztlich irrational gesteuerte Sucht, Geld anzuhäufen, ist die Philosophie oder Manie der Zeit. *Max Weber* (›Die protestantische Ethik und der Geist des Kapitalismus‹, 1905) versuchte diesen Irrationalismus des ökonomischen Lebens aus einer religiösen Grundhaltung heraus zu deuten. Dem Kapitalismus werden hier puritanisch motivierte Gründe unterlegt. »Ein spezifisch bürgerliches Berufsethos war entstanden. Mit dem Bewußtsein, in Gottes voller Gnade zu stehen und von ihm sichtbar gesegnet zu werden, vermochte der bürgerliche Unternehmer, wenn er sich innerhalb der Schranken formaler Korrektheit hielt, sein sittlicher Wandel untadelig und der Gebrauch, den er von seinem Reichtum machte, kein anstößiger war, seinen Erwerbsinteressen zu folgen und sollte dies tun. Die Macht der religiösen Askese stellte ihm überdies nüchterne, gewissenhafte, ungemein arbeitsfähige und an der Arbeit als gottgewolltem Lebenszweck klebende Arbeiter zur Verfügung. Sie gab ihm dazu die beruhigende Versicherung, daß die ungleiche Verteilung der Güter dieser Welt ganz spezielles Werk von Gottes Vorsehung sei, der mit diesen Unterschieden ebenso wie mit der nur partikulären Gnade seine geheimen, uns unbekannten Ziele verfolge.«[76]

Die stetige, systematische Arbeit gilt dem Protestanten als ein von Gott vorgeschriebener Selbstzweck des Lebens; was vom Kulturpessimismus aus gesehen als Raffgier und Hektik (insgesamt Nervosität) denunziert wird, erscheint bei *Weber* als Folge eines asketischen Sparzwangs, der die Anhäufung von Reichtum als Nebenwirkung, aber auch als Bestätigung erfolgreicher religiöser Lebensführung bewirke.

Bei *Georg Simmel* (›Philosophie des Geldes‹, 1907) ist das Geld bzw. die Ökonomie nicht nur Unterbau, sondern Ausdruck des Irrationalen, trotz seiner Materialität ein fundamental ideeller Faktor. »In methodischer Hinsicht kann man diese Grundabsicht so ausdrücken: dem historischen Materialismus ein Stockwerk unterzubauen, derart, daß der Einbeziehung des wirtschaftlichen Lebens in die Ursachen der geistigen Kultur ihr Erklärungswert gewahrt wird, aber eben jene wirtschaftlichen Formen selbst als das Ergebnis tieferer Wertungen und Strömungen psychologischer, ja metaphysischer Voraussetzungen erkannt werden.«[77]

Die philosophische Bedeutung des Geldes bestünde darin, daß es innerhalb der praktischen Welt die entschiedenste Sichtbarkeit, die deutlichste Wirklichkeit der Formel des allgemeinen Seins sei, nach der die Dinge ihren Sinn aneinander finden (die Gegenseitigkeit der Verhältnisse, in denen sie schweben, ihr Sein und Sosein). Auf der einen Seite habe das Geld als Substanz gewordene Relativität (den Relativismus sowohl spiegelnd wie befördernd) Qualität auf Quantität zurückgeführt, den Wertbegriff auf den Preisbegriff reduziert (man kenne von allem den Preis, aber von nichts mehr den Wert – meinte *Oscar Wilde*); auf der anderen Seite werde das Geld zum transzendierenden Symbol, den Sinn der Zeit inkorporierend und damit ihren Pragmatismus aufhebend.

Das Geld ermöglicht die Expansion von Stofflichkeit, entpersönlicht die Beziehungen der Menschen und lädiert in Form des Materialismus die Kultur in ihrer Idealität; es erweist sich aber auch, indem es in seinem Symbolcharakter von der Hautnähe der Dinge entfernt, materielles Ausgeliefertsein abstrahiert, durch Distanzierung von direkten subjektiven Bezügen (wie sie der Tauschhandel impliziert) die Verbindung zur ›objektiven‹ Gattung Mensch verstärkt, als ein Medium, das der Kultur auf eine ganz neue Weise ihre Idealität zurückgibt. ›Geldkultur‹ ist nicht mehr ein von der Wirklichkeit abgelöster Ideenhimmel, sondern immanente Transzendenz (so wie das Blut den Körper durchpulst); verdinglichter Geist; vergeistigte Dinglichkeit. »Dieses formale Sich-selbst-Gehören, dieser innere Zwang, der die Kulturinhalte zu einem Gegenbild des Naturzusammenhanges einigt, wird erst durch das Geld wirklich: Das Geld funktioniert einerseits als das Gelenksystem dieses Organismus; es macht seine Elemente gegeneinander verschiebbar, stellt ein Verhältnis gegenseitiger Abhängigkeit und Fortsetzbarkeit aller Impulse zwischen ihnen her. Es ist andererseits dem Blute zu vergleichen, dessen kontinuierliche Strömung alle Verästelungen der Glieder durchdringt, und, alle gleichmäßig ernährend, die Einheit ihrer Funktionen trägt.«[78]

Simmels »Geldphilosophie« markiert die »Bruchstelle«, an der sozial-darwinistische, brutal-expansive Stofflichkeit mit geistig-introspektiver Sinnhaftigkeit verkittet (versöhnt) werden sollte.[79] – Das

Zeitklima war durch eine »Naturalisierung« des politischen Denkens und eine Enthumanisierung des politischen Stils charakterisiert. Dies drückt sich in den Schriften sozialdarwinistischer Autoren mit besonderer Schärfe aus. Was eben noch als freie Konkurrenz der Individuen um den Preis des Tüchtigsten und sittlich Besten hatte verstanden werden können, wird nun im wortwörtlichen Sinne als »Kampf ums Dasein« aufgefaßt – als Ringen um Selbstbehauptung durch Machtsteigerung, und zwar nicht mehr primär zwischen Individuen, sondern zwischen Kollektiven: sozialen Interessengruppen, Völkern und Rassen.[80] – Dort freilich, wo die Reflexion oder Selbstreflexion in die Mystik geldorientierter Innerlichkeit bzw. verinnerlichter Profitmaximierung einbrach, also das philosophisch mühsam »geschiente‹ Gelenksystem des kapitalistischen Organismus zerbrach (oder dieses zumindest ›angekratzt‹ war), zersetzte sich affirmatives Kulturbewußtsein, trat die Identitätskrise, als Neurose ›maskiert‹, individuell wie kollektiv zutage. »Wir haben seit langem gemerkt, daß jede Neurose die Folge, also wahrscheinlich die Tendenz hat, den Kranken aus dem realen Leben herauszudrängen, ihn der Wirklichkeit zu entfremden ... Der Neurotiker wendet sich von der Wirklichkeit ab, weil er sie – ihr Ganzes oder Stücke derselben – unerträglich findet«, schreibt *Sigmund Freud* 1911 in ›Formulierungen über die zwei Prinzipien des psychischen Geschehens‹.[81]

Unerträglichkeit (Unverträglichkeit) dieser Art führte freilich zu höchster Sensibilität, die, indem sie am Sosein scheiterte, vom Sein Wesentliches ›ergriff‹. *Thomas Manns* Roman ›Buddenbrooks‹ (1900) gibt die Diagnose solcher ›Décadence‹. Statt einer die Stofflichkeit zusammenhaltenden, ihr das Blut der Innerlichkeit spendenden »Philosophie des Geldes« finden wir hier die Anämie einer ästhetischen Welterfassung, die allerdings trotz oder gerade wegen ihrer reduzierten Lebenskraft zu erspüren vermag, was bourgeoise Flachlandaktivität nie zu erraffen vermochte: Sinn statt Zweck, Wert statt Preis! – Urgroßvater Johann Buddenbrook repräsentiert das ungebrochene Lebensgefühl eines selbstsicheren und tatkräftigen, ›gesunden‹ Bürgertums; die Nachfahren verfallen zunehmend, in Abkehr vom Willen zum Leben, der seelischen Kompliziertheit. Sie sind in der angestammten Wirklichkeit nicht mehr heimisch. Modernität bedeutet Fragwürdigkeit; doch entwickeln sich mit dem Zerfall der ›Standfestigkeit‹ auch künstlerische Phantasie und Intuition. Der letzte Sproß der Familie, Hanno – zart, sensibel, ganz der Musik anheimgegeben – stirbt an Typhus, aber noch mehr an dekadenter ästhetischer Empfindsamkeit; ›Künstlertum‹ bedeutet eben Lebensuntauglichkeit angesichts bourgeoiser Vitalität. Die Musik, der Hanno geradezu süchtig verfallen ist, erweist sich als Ausdruck solcher Erlebnisfähigkeit und Lebensuntauglichkeit.

»Es lag etwas Brutales und Stumpfsinniges in dem fanatischen Kultus dieses Nichts, dieses Stücks Melodie, dieser kurzen, kindischen, harmonischen Erfindung von anderthalb Takten... etwas Lasterhaftes in der Maßlosigkeit und Unersättlichkeit, mit der sie genossen und ausgebeutet wurde, und etwas zynisch Verzweifeltes, etwas wie Wille zu Wonne und Untergang in der Gier, mit der die letzte Süßigkeit aus ihr gesogen wurde, bis zur Erschöpfung, bis zum Ekel und Überdruß, bis endlich, endlich in Ermattung nach allen Ausschweifungen, ein langes, leises Arpeggio in Moll hinrieselte, um einen Ton emporstieg, sich in Dur auflöste und mit einem wehmütigen Zögern erstarb.«[82]

Der »Mammonismus« bewirkte individuelle wie kollektive Angstzustände. Die Sicherheit, die Land- und Goldbesitz (bzw. andere ›werthaltige‹ Anlagen) garantierten, war dahin – angesichts einer Wirtschaft, die sich ihre jeweiligen Booms mit Baissen erkaufen mußte, bei der Liquidität und Falliment eng beisammenlagen. Das Soll und Haben stimmte oft nicht; Spekulationen, Transaktionen, Prozesse, Prozente, Gewinne, Verluste – das Geld hatte nicht nur einen transzendierenden Glanz; es war vor allem ein transitorisches Element. Kein Wunder, daß in einem Zeitalter gewaltiger wirtschaftlicher Expansion, aber gleichzeitiger gewaltiger wirtschaftlicher Erschütterungen der Drang nach Sicherheit zur Obsession wurde. War das Geld als neuer Weltgeist auch trügerisch, man versuchte, sich seiner zu versichern, indem man es sicher anlegte.

Eine der wichtigsten Sicherheiten bot die Versicherung. In seinen Erinnerungen ›Die Welt von gestern‹, schreibt *Stefan Zweig*: »Das Jahrhundert der Sicherheit wurde das goldene Zeitalter des Versicherungswesens. Man assekurierte sein Haus gegen Feuer und Einbruch, sein Feld gegen Hagel und Wetterschaden, seinen Körper gegen Unfall und Krankheit, man kaufte sich Leibrenten für das Alter und legte Mädchen eine Police in die Wiege für die künftige Mitgift. Schließlich organisierten sich sogar die Arbeiter, eroberten sich einen normalisierten Lohn und Krankenkassen. Dienstboten sparten sich eine Altersversicherung und zahlten im voraus ein in die Sterbekasse für ihr eigenes Begräbnis. Nur wer sorglos in die Zukunft blicken konnte, genoß mit gutem Gefühl die Gegenwart...

Heute, da das große Gewitter sie längst zerschmettert hat, wissen wir endgültig, daß jene Welt der Sicherheit ein Traumschloß gewesen.«[83]

Handel und Wandel

War der Kaufmannsstand in der ersten Hälfte des 18. Jahrhunderts in seiner kulturellen Identität noch ganz in das geschlossene religiöse Weltbild eingebettet – der Erfolg der geschäftlichen Unternehmungen wurde gerade in seinen Unwägbarkeiten und Gefährdungen als von göttlichem Segen bestimmt gesehen –, so dringen mit der verstärkten industriellen Entwicklung zunehmend vernünftige Erklärungsmuster, rationale, auf Ursachen und Wirkung zurückgeführte Begründungen in alle Erfahrungsbereiche der Existenz vor und schieben die Gültigkeit religiöser Erklärungen zurück. »Je mehr Kaufleute sich ›nützliches‹ Wissen, Wissen mit Erklärungswert für ihre Erfahrungen, aneigneten, desto größer wurde die Chance richtiger Beurteilung und, daraus resultierend, erfolgreiches Handeln.«[84]

Der Markt übte zweifellos eine ›rationalisierende‹ Funktion aus, indem er die alten ständischen, religiösen und traditionellen Schranken durchbrach. Interessen wurden geweckt und auf eine geregelte Weise zur Geltung gebracht: durch sachliches Kalkül, methodische Organisation der Arbeit und Einschränkung irrationaler Elemente. »Der Mensch, der entweder über Eigentum verfügt oder hofft, es zu erlangen, ist an langfristige Kalkulationen und Verträge gewöhnt und weiß die Einhaltung fester Spielregeln zu schätzen. Der Markt, meint Sombart, tendiert zur Aufgabe von Zwangsmitteln und zur Verwendung von Argumenten: In den Vordergrund treten Mittel der Überzeugung, eine Art »›Ringkampf mit geistigen Waffen‹. Die ökonomische Rationalität ist aber nur eine Komponente der Zivilisationsmechanismen und verträgt keine Verabsolutierung. ›Obgleich die wirtschaftlichen Ambitionen gute Diener sind‹, meint Tawney, ›sind sie schlechte Herren.‹« (*Bedrich Loewenstein*)[85]

In seinen ›Humoristischen Skizzen aus dem deutschen Handelsleben‹ (entstanden ab 1845) hat *Georg Weerth*, nach *Heinrich Böll* der Erfinder des marxistischen Feuilletons, ein negatives Bild des Kaufmannsstandes gezeichnet. Nur das Geld bestimme dessen Bewußtsein; Heuchelei und Scheinheiligkeit, Lug und Trug dominierten; der Handel sei Religionsausübung, die Morgenandacht bestünde in der Lektüre des ›Amsterdamer Handels- und Börsenblatts‹. »Wir müssen bei dieser Gelegenheit ausdrücklich bemerken, daß es unter den Kaufleuten Sitte ist, stets über schlechte Zeiten zu klagen. Und wären die Zeiten noch so brillant, wie sie sich ein einigermaßen ehrlicher Mann nur denken kann, ja, wälzte sich die halbe Kaufmannschaft in Gold herum: die ehrenwerten Ritter von der Bank und Börse, wenn man sie nach ihrem Verdienste fragt, würden sie dennoch die Hände ringen und wie Nilpferde, die an Zahnweh leiden, jammernd erwidern, daß die Welt sich mit jedem Tag verschlechtere, daß man kaum das Salz verdiene, geschweige das liebe, tägliche Brot.«[86]

Da entsprach *Gustav Freytags* Roman in drei Bänden ›Soll und Haben‹ (1855 erschienen) viel mehr dem bürgerlichen Selbstverständnis. Der Roman solle das deutsche Volk da suchen, hieß es im vorangestellten Motto (einem Wort des zeitgenössischen Literaturkritikers *Julian Schmidt*), wo es in seiner Tüchtigkeit zu finden sei, nämlich bei seiner Arbeit. Versucht wird eine Typologie des Kaufmannsstandes, was sein Tugendsystem und dessen Gefährdungen betrifft; dabei stehen vor allem zwei Männer im Mittelpunkt: Anton Wohlfart, der Sohn eines kleinen Beamten, tritt in ein angesehenes Handelshaus ein, wo Tüchtigkeit, Fleiß und eherne Grundsätze ebenso florieren wie die weltweiten Geschäfte und wo der Lehrling bald erfährt, was das arbeitende Bürgertum zum ersten Stand im Staat prädestiniert, nämlich, »daß die freie Arbeit allein das Leben der Völker groß und sicher und dauerhaft macht«. Wohlfart gelangt zu bürgerlichem Glück und Ansehen. – Der arme Judensohn Veitel Itzig jedoch, ohne Moral und Ideale, besessen von Habgier und Ehrgeiz, der bei einem reichen Makler und Spekulanten in die Lehre geht, richtet sich und seine Karriere zugrunde.[87] *Gustav Freytags* in Schwarzweißmanier gestaltete, mit antisemitischen Vorurteilen durchsetzte Schilderung der bürgerlichen Lebens- und Ideenwelt steht im Bezugssystem affirmativer Kultur: Solidität sucht sich mit Hilfe von Kulturgütern selbst zu ›bestätigen‹, die höheren Werte sind mit denen des Nützlichkeitsstrebens amalgamiert; das geliebte Geschäft und die idealistisch Geliebte gehen ineinander über.

»Sabine drückte seine Hand und sprach leise und bittend: ›Und der neue Kompagnon sollen Sie sein, mein Freund.‹

14. Laden, vor 1914.

Anton stand regungslos, aber sein Herz pochte laut, und hell stieg die Röte auf seine Wangen. Noch immer hielt Sabine ihn an der Hand, er sah ihr Antlitz nahe an dem seinen, und wie einen Hauch fühlte er ihren leisen Kuß auf seinen Lippen. Da schlang er den Arm um die Geliebte, und lautlos hielten die Glücklichen einander umfaßt.«[88]

Die weltoffenen Kräfte des Handels, die im Sinne von *Bedrich Loewenstein* das aufklärerische, urbane Element des Kommerzes darstellen, erfuhren gerade im 19. Jahrhundert durch den Aufschwung der Wirtschaft eine besondere Verstärkung; sie wirkten nicht nur in den großen Handelshäusern und im Großhandel, sondern traten auch in den kleinen Ladengeschäften, die sich trotz aller Konkurrenz erhalten und ausbreiten konnten, zutage. »Eine besonders merkwürdige Erscheinung ist, daß wir heutzutage ein geradezu erstaunliches Aufblühen und Zunehmen von Zwergläden beobachten«, heißt es in einer zeitgenössischen Betrachtung; »in jedem Mietshaus, das um- oder neugebaut wird, entsteht ihrer mindestens einer. Und alle Arten von Waren bieten sie zum Verkauf. Auch sind sie eine Wirkung des modernen Kapitalismus, der vielen, die sonst nicht unter- oder vorwärtskommen können, die freilich meist trügerische Aussichten zu bieten scheint, mit diesem Mittel schneller ihre Lage zu verbessern. Vielfach sind sie auch eine Parallelerscheinung zu der modernen Form der Hausindustrie insofern, als hier wie dort es die Ehefrau und die halberwachsenen Kinder irgendeines Handwerkers, kleinen Beamten oder Arbeiters sind, die ein solches Zwergladengeschäft betreiben und so wenigstens einen Zuschuß zum Verdienst des Gatten und Vaters erzielen.«[89]

Der Kolonialwarenladen nahm dabei eine besondere Stellung ein. Das häufig unscheinbare Äußere dieser Gemischtwarengeschäfte widersprach ihrem etwas hochtrabenden Namen, der den Duft der großen weiten Welt ins Tante-Emma-Milieu hineinzunehmen suchte. Die Atmosphäre dieser kleinen Läden an der Ecke, über denen in steifer Schrift ›Colonialwarenhandlung‹ oder ›f.f. Delicatessengeschäft‹ stand, förderte die nachbarschaftliche Begegnung. Um die Tonnen mit Sauerkraut und eingelegten Heringen, Gläsern mit Soleiern, vor den mit vielerlei einheimischen und fremdländischen Waren vollgestopften Regalen trafen sich Hausfrauen, Dienstmädchen, Köchinnen und Kinder.

»Ein ausgestopfter Wildschweinkopf hängt über der Tür. Ein langer, schmaler Laden ist es, in dem es nach Ananas riecht und auch nach Gänseschmalz. Wenn Anna den Laden betritt, dann schiebt sich der alte Krüger mit seiner blutigen Schürze aus dem Hintergrund nach vorn. Man sieht ihm an, daß es ihm selbst gut schmeckt: den herrlichsten Käse hat er und die wunderbarsten Landmettwürste. ›Die ist aus Groß-Viegeln‹, sagt er, ›und die aus Hohen-Sprenz.‹

Anna probiert Würste und auch die Buttersorten. Auch vom Obst werden Proben genommen, obwohl man das Obst nicht von Krüger bezieht, sondern von ›landein‹.
Was sie sich aussucht, wird gebracht, und wenn es nur ein Viertelpfund Salami ist. (Meistens ist es mehr.) Vom Bezahlen kann keine Rede sein, alles wird angeschrieben, und zu Neujahr kommt die Rechnung ins Haus, und auf der Rechnung steht: ›S. H.‹ oder ›I. H.‹, je nachdem: ›Seiner Hochwohlgeboren‹ oder ›Ihrer Hochwohlgeboren‹.« (*Walter Kempowski*)[90]

In dieser kleinen Welt der großen Sehnsucht, verdinglichter ›einverleibter‹ Exotik und landstämmiger Idylle gediehen die Tagträume einer ›großen Zeit‹ und einer Gesellschaft, die zwischen Extraversion und Intraversion hin- und hergerissen war und die in sich nostalgisches Heimatbewußtsein mit Fernweh, Seßhaftigkeit mit Aufbruchstimmung vereinigte.

Die Einzelhandelsgeschäfte erblühten freilich nicht nur im Rahmen des allgemeinen wirtschaftlichen Aufschwungs und der damit verknüpften Steigerung der Konsumbedürfnisse; sie sahen sich auch – und zwar vor allem dann, wenn sie nicht nur wie Bäckerei, Metzgerei, Milchgeschäft den täglichen Bedarf bedienten – einer zunehmenden Konkurrenz durch Warenhäuser gegenüber, derer sie sich unter anderem durch die Bildung von Einkaufsgenossenschaften zu erwehren suchten.

In den zu Ende des 19. Jahrhunderts aufkommenen prunkhaften Warenhäusern fand die industrielle Massenproduktion ihren adäquaten Distributionsort. In einer der ersten größeren, zusammenhängenden Arbeiten über das moderne Warenhaus (von *Paul Göhre*, 1907) heißt es am Beispiel der Firma Wertheim/Berlin:

»Was für Waren verkauft nun Wertheim? Sie hier aufzuzählen, wäre natürlich Wahnsinn, unmöglich und ist auch absolut unnötig. Es genügt, die Anzahl der Verkaufsabteilungen, Läger genannt, hier aufzuführen. Schon diese bilden eine sehr stattliche Liste. Es gibt fünfundsechzig solcher Läger. In der Reihenfolge einer gewissen sachlichen Zusammengehörigkeit sind es folgende: Damenkonfektion, Trikotagen, Handschuhe, Weißwaren, Kleiderstoffe, Pelzwaren, Damenhüte und Putz, Herrenartikel, Leinenwaren, Futterstoffe, Seidenstoffe, Schuhwaren, Tischzeug, Wäsche, Taschentücher, Hemdenblusen, Herrenkonfektion, Korsetts, Jupons, Schirme, Posamenterie, Liberty, Kissen, Gardinen, Teppiche, Lederwaren, Möbelstoffe, Tapisseriewaren, Tapeten, Lampen, Japanwaren, Korbwaren, Möbel, Kunstmöbel, Kunstgewerbe, Bilder, Antiquitäten, Uhren, Silberwaren, versilberte Waren, Galanteriewaren, Holzgalanterie, Bijouterie, Nippes, Kurzwaren, Kämme, Parfümerie und Seifenartikel, Drogerie, photographische Artikel, photographisches Atelier, Malerartikel, Schreibwaren, Bücher, optische Instrumente, Nähmaschinen, Musikwerke, Noten, Ansichtskarten, Sportwaren, Spielwaren, Glas und Porzellan, Wirtschaftsartikel, Lebensmittel, Zigarren, zoologische Abteilung, Bankabteilung.«[91]

Da es im Wesen der kapitalistischen Produktion begründet sei, daß sie mit ihrem Angebot an Waren der Nachfrage vorauseile, ergebe sich die besondere Notwendigkeit von Werbung. Diese versuchte, im Zeichen eines sich als »wissenschaftlich-positivistisch« begreifenden

Zeitalters über das zu verkaufende Produkt zu informieren (so wurden zum Beispiel nun Preise bekanntgemacht, während früher das Feilschen zum Handel dazugehörte). Die Werbung mußte freilich vor allem, eben wegen des zunehmenden Konkurrenzdrucks, das Produkt mystifizieren und mythifizieren, um es so attraktiver zu machen.

Mit dem Aufschwung des Zeitungswesens wurde die Anzeige (auch die Kleinanzeige) zum wichtigsten Werbemittel. Sinnliches und Sittliches, Zweckhaftes und Sinnträchtiges gingen variantenreiche Verbindungen ein.

»Undeutsch und gefährlich ist das Pariser Korsett. Es zerstört die Gesundheit und vernichtet die Aussicht auf gesunde Nachkommenschaft, welche die wichtigste Grundlage für den Fortbestand des deutschen Volkes in seiner Größe und Kraft bildet. Weg damit aus unserem Kulturkreis! Echt deutsch und schönheitsbildend sind der Thalysia-Büstenhalter und der Thalysia-Edelformer; sie begünstigen alles, was das Pariser Korsett zerstört. An Schönheit und Wirkung sind sie ihm überlegen, an hygienischen Eigenschaften himmelweit voraus! Eine echt deutsch fühlende Frau, ein echt deutsch empfindendes Mädchen benützen nur diese beiden deutschen Körperbildner!«[92]

Plakatkunst war Straßenkunst: Sie war vor allem der Werbung dienlich. Mit Hilfe der Lithographie, dem Flachdruckverfahren, das für die Illustration ungefähr die gleiche Bedeutung wie die Schnellpresse für den Textteil der Zeitung hatte, eroberte sich die Werbung ein neues Terrain. Große Formate ermöglichten »plakative‹ Wirkungen an Hauswänden, Anschlagwänden und Litfaßsäulen; es konnte sich im besonderen der durch die Werbung entwickelte industrie-ikonographische Formenreichtum entfalten, bei dem historische (historisierende), mythische und pragmatische Elemente Hand in Hand gingen. Nach einem Wort von *Karl Marx* überwindet, beherrscht und gestaltet alle Mythologie die Naturkräfte in der Einbildung und durch die Einbildung; sie verschwände also mit der wirklichen Herrschaft über dieselbe. Dementsprechend prophezeit *Marx* die Vertreibung der Mythologie durch die Industrie. »Wo bleibt Vulkan gegen Roberts & Co., Jupiter gegen den Blitzableiter und Hermes gegen den Crédit mobilier?« Die moderne Warenästhetik nahm freilich eine andere Entwicklung, denn »auf nichts hat sich die industrielle Beherrschung der Natur mit ihren Firmen- und Warenzeichen, ihren Plakaten und Prospekten nachdrücklicher berufen als eben auf ihre mythologischen Vorläufer. Der naturbeherrschende Mythos von einst wird zum legitimierenden Bild- und Namensrepertoire einer naturbeherrschenden Industrie von heute.« (*Peter-Klaus Schuster*)[93]

Besonders gut aufzeigbar ist dies an den Werbeplakaten und Prospekten der Fahrrad- wie Elektroindustrie. Herkules, Diana, Apoll beförderten – wenn nicht mythisch, so doch trivialmythisch – den Geschwindigkeitsrausch, den das Fahrrad als neues demokratisches Beförderungsmittel ermöglichte. Auf einem ca. 1900 entstandenen Werbeplakat für die Stöber-Greif-Fahrräder schwebt eine leicht geschürzte, antikisch gewandete Radfahrerin, die eine Sanduhr in der Hand hält, mit ihren gut federnden Pneus auf knorriger Wegstrecke dahin – von Apollos Sonnenwagen begleitet, verfolgt, beflügelt. Motto: ›Nutze die Zeit, sie geht so schnell von hinnen!«

Die bei der Elektroindustrie beliebte Frauengestalt, die vom Himmel zur Erde schreitet und pathetisch in der Hand das elektrische Produkt, z. B. die elektrische Lampe, hochhält und damit als Lichtbringerin sich erweist, bezog sich explizit auf frühere künstlerische Gestaltungen, etwa auf *Botticellis* ›Wahrheit‹ (in der ›Verleumdung des Apelles‹) bzw. *Philipp Otto Runges* Botticelli nachempfundene ›Morgenröte‹ (›Der kleine Morgen‹).

Während dort die Lichtgestalten auf himmlische Gefilde verweisen, wird auf den werbe-ikonischen Darstellungen, etwa bei *Ludwig Kandler*, der Himmel auf die Erde herabgebracht: Im technischen Kunstprodukt hat der menschliche Genius die zerstörerische Kraft der Natur gebändigt; das prometheische Empörerpathos wird in gesitteter From der Verkaufsstrategie nutzbar gemacht. Die weiße, wallende Gewandung und die weiche Haarfülle der Lichtbringerin symbolisieren christlich-antike Humanität, die über dämonische Dunkelheit den Sieg davongetragen hat. Die Elektrizitäts-Iphigenie sucht nicht mehr das Land der Griechen mit der Seele, sie findet das zivilisatorische Dorado in der Industrielandschaft. Die verheerende Gewalt des Blitzes ist zur Erleuchtung geworden; man hat sich seiner ›versichert‹.

In der Einleitung zu seinem weitverbreiteten Werk ›Das Liebesleben in der Natur‹ (1901) schreibt *Wilhelm Bölsche*: »Sieh dir das weiße Kirchlein da drüben zwischen den rabenschwarzen Zypressen an. Das ist die verklungene Zeit, noch hineinragend in unsere Tage. In dem gelblichen Türmchen mit der kleinen Kuppel hängt eine Glocke, grün vom Alter. Sie klingt von der Liebe, die nicht von dieser Welt. Aber sieh schärfer hin. Das Kreuz, das von der Kuppel ins uferlose Wunderblau sich reckt, läuft oben in eine lange, verdächtige

Spitze aus. Ein Blitzableiter! Die doppelte Versicherung der neuen Zeit: über dem Kreuz der Mystik der metallene Schaft, der den Himmelsstrahl bändigt mit der Erkenntnis der Physik, der Wissenschaft. ...Mag die alte grüne Glocke rufen, wenn die schwarze Wetterwolke sich wie ein Raubvogel auf diese freie Höhe wirft und mit glühenden Fängen krallt – ...der Blitzableiter ist stärker –, er ist das Kreuz unserer Zeit.«[94]

Die Werbung vollzog sich im besonderen durch Schaufenster, auf deren Gestaltung große Aufmerksamkeit verwandt wurde. Die Hauptfront des Kaufhauses Wertheim/Berlin bestand in ihrer schier »unendlichen Länge« aus Glasfenstern, die von »mächtig aufschießenden, in fein abgemessenen Abständen aufgestellten Sandsteinpfeilern eingefaßt« waren (*Paul Göhre* vergleicht sie in seiner Warenhausschrift mit den Pfeilerschäften gotischer Dome). »Ein Warenhaus braucht Licht, viel Licht; hier nun, durch diese Glasfenster, die schon fast Glaswände sind, strömt Licht in ungehaltener Fülle ein. Zugleich erfüllen diese Riesenfenster die höchsten Anforderungen wieder einer scheinbar ungewollten Reklame: sie gewähren überall Einblick in die Warenlager des Hauses.«[95]

Aber auch die kleineren Läden und Geschäfte bemühten sich um eine geradezu liturgische Präsentation der Ware. Das Auge des Vorübergehenden sollte, gewissermaßen ›entführt‹ durch eine opulente Zurschaustellung, sowohl ästhetisch wie inhaltlich in Beschlag genommen werden. Die Schaufenster der Läden, häufig in Passagen gebündelt, waren Teil der visuellen Mikrostruktur der Stadt; der Gebrauchswert der Ware war in glänzenden Schein verpackt.

Schaufenster: das bedeutete Inszenierung des Materialismus, warenästhetische Dekorkunst, die »zwischen Straße und Interieur das verlockende magische Blendwerk aus Anpreisung und Einblick« setzt.[96] Es bildeten sich Dekorationsnormen und Dekorationsmuster heraus, die für verschiedene Branchen verbindlich wurden; viele Maler, Dekorateure, Vergolder, Buchstabenmaler, Blumenmaler, Figurenmaler waren für die Schaufenstergestaltung tätig. Stolz zeigten sich der Ladenbesitzer, seine Familie, die Verkäuferinnen vor dem schön gestalteten Geschäft.

Das größte ›Schaufenster‹ stellten die vielen Gewerbeausstellungen auf lokaler oder regionaler Ebene, in Landes- oder Weltmaßstab dar: Der Fetisch ›Ware‹ wurde in säkularen Kapellen auf festlich geschmückten Altären zelebriert – so muten die Ausstellungsstände jedenfalls an. Das Ringen um die Standorte derartiger Ausstellungen glich häufig einem Religionskrieg; von der Ersten Bayerischen Landesausstellung in Nürnberg 1882 schreibt der Chronist: »Verbitterter haben Nürnberg und München nie gegeneinander gekämpft, als vor drei Jahren um die Übernahme der Ausstellung.«[97]

Im Vorwort des Katalogs für diese Ausstellung heißt es – und damit wird insgesamt die Absicht solcher Messen charakterisiert: »Die Bayerische Landesausstellung verdankt ihre Entstehung dem Gedanken, einmal gemeinsam zu zeigen, was bayerische Industrie und Gewerbetätigkeit in Zusammenhang mit auf sie einwirkenden Faktoren der Kunst und Wissenschaft, des Verkehrs- und fachgewerblichen Bildungswesens zu leisten vermögen.«[98]

Die Leistungsschauen waren in der Tat eingebunden ins allgemeine kulturelle Bewußtsein; der materielle Fortschritt galt zugleich als ideeller. Wer auf der Ausstellung prämiiert wurde (bei der erwähnten Bayerischen Landesausstellung wurden von 160 Preisrichtern in 11 Sitzungen 1752 Medaillen vergeben: 175 goldene, 374 silberne, 1091 bronzene sowie 112 Anerkennungsmedaillen für Mitarbeiter) –, wer derart ausgezeichnet war, fühlte sich in Geschäft und Tätigkeit auratisiert; die Medaillen und die Auszeichnungen wurden an hervorragender Stelle im Haus oder Betrieb ausgestellt.

Anläßlich der ersten Weltausstellung (London 1851) sprach *Gottfried Semper* von dem die Zeit charakterisierenden Geist einer Durchdringung von Wissenschaft, Industrie und Kunst. Das Ausstellungsgebäude in London, der Glaspalast im Hydepark, von 20000 Arbeitern errichtet, wirkte stilprägend. Zwischen Blattpflanzen und Blumenarrangements waren die Schätze der industriellen Welt ausgebreitet. Königin *Victoria* schrieb in ihr Tagebuch: »Dieser Tag war der größte in unserer Geschichte; er hat den schönsten, den eindrucksvollsten und ergreifendsten Anblick geboten, den man sich denken kann; er hat den Triumph meines geliebten Albert bedeutet. Es war der glücklichste und stolzeste Tag meines Lebens. Der Namen meines geliebten Albert erlangt Unsterblichkeit durch diese große Idee, die ihm allein gehört. Und mein liebes Land hat sich seiner würdig erwiesen.«[99] 17000 Aussteller waren vertreten; die Besucherzahl belief sich auf rund 7 Millionen.

Weltausstellungen seien Wallfahrtsstätten zum Fetisch ›Ware‹, meinte *Walter Benjamin*. »Sie waren dies, aber sie waren noch weit mehr. Sie waren ein aus Stahlträgern und Fortschrittsglauben, Natio-

15. Hauptgebäude der Bayerischen Landes-Industrie-Gewerbe- und Kunst-Ausstellung in Nürnberg 1882 (Pavillon für Industrie und Gewerbe).

nalhymnen und elektrischem Draht gezeichnetes Nervensystem der sich formierenden modernen Welt.« (*Christian Beutler*)[100]

Weltausstellungen nach der Londoner fanden 1855 in Paris, 1862 wieder in London, 1867 erneut in Paris, 1873 in Wien, 1876 in Philadelphia, 1878 und 1889 in Paris, 1893 in Chicago und 1900 in Paris statt. Über die Pariser Schau von 1867 schrieb *Théophile Gautier*: »Die Kunst stand Seite an Seite mit der Industrie. Weiße Statuen erhoben sich zwischen schwarzen Maschinen, die Malerei breitete sich neben reichen Stoffen des Orients aus.«[101] Die Vorliebe des 19. Jahrhunderts für die Oper bestimmte auch die Inszenierung der Weltausstellungen.

Dementsprechend gigantisch waren die Anlagen. Hatte die Londoner Ausstellung 1851 noch 8,4 ha benötigt, so stellte man 1893 in Chicago 81 ha zur Verfügung. Rekorde erbrachten Paris 1889 mit 32250000 und Paris 1900 mit 50800000 Besuchern. Bei den meisten Ausstellungen konnte man trotz umfangreichster Investitionen mit Gewinn abschließen. Die Weltausstellungen, meinte *Napoleon III.*

anläßlich der Preisverteilung an französische Teilnehmer der Londoner Weltausstellung 1862, »sind nicht einfache Basare, sondern leuchtende Manifestationen der Kraft und der Genies der Völker. ...Es ist daher nicht gleichgültig für die Rolle, die Frankreich zukommt, ob die Produkte unserer Industrie den Blicken Europas ausgesetzt werden: Sie vor allem sind die Zeugnisse unseres geistigen und moralischen Zustandes.«[102] In den Weltausstellungen trat verdinglicht in Erscheinung, was *Karl Marx* im ›Kommunistischen Manifest‹ am internationalen Kapitalismus kritisch bewunderte: die kosmopolitische Gestaltung von Produktion und Konsumtion.

»Die Bourgeoisie reißt durch die rasche Verbesserung aller Produktionsinstrumente, durch die unendlich erleichterten Kommunikationen alle, auch die barbarischsten Nationen in die Zivilisation. Die wohlfeilen Preise ihrer Ware sind die schwere Artillerie, mit der sie alle chinesischen Mauern in den Grund schießt, mit der sie den hartnäckigsten Fremdenhaß der Barbaren zur Kapitulation zwingt. Sie zwingt alle Nationen, die Produktionsweise der Bourgeoisie sich anzueignen, wenn sie nicht zugrunde gehen wollen; sie zwingt sie, die sogenannte Zivilisation bei sich selbst einzuführen, d. h. Bourgeoisie zu werden. Mit einem Wort, sie schafft sich eine Welt nach ihrem Bild.«[103]

Profitopolis – Das Wachstum der Städte

Der 1887 in Schlesien geborene expressionistische Dichter *Georg Heym*, 13jährig nach Berlin gekommen und dort 1911 beim Eislaufen auf der Havel ertrunken, beschreibt in einem seiner Gedichte den »Gott der Stadt« als Moloch:

»... Er streckt ins Dunkel seine Fleischerfaust.
Er schüttelt sie. Ein Meer von Feuer jagt
Durch eine Straße. Und der Glutqualm braust
Und frißt sie auf, bis spät der Morgen tagt.«[104]

Explosionsartig waren im 19. Jahrhundert die deutschen Städte gewachsen. Die Bevölkerungsvermehrung sprengte die bis dahin weitgehend in ihrer mittelalterlichen Struktur erhaltene Stadt (Kleinstadt) auf. Hatte bislang die Begrenzung durch den ›Burgfrieden‹ die

16. Blick auf einen wachsenden Vorort, außerhalb der Stadtmauer (Plärrer, Nürnberg 1905).

Expansion verstellt – die Geschlossenheit der Stadt bedeutete Absage an Aufbruch und Ausbruch, wobei der äußeren Enge die innere gesellschaftliche bzw. soziale Beschränktheit, etwa als zünftische Organisation, entsprach –, so vollzog sich nun ein Entwicklungsschub, der mit seinem teilweise überstürzten Wachstum tiefgehende Veränderungen bewirkte. Der immer mehr anschwellende Zuzug von Menschen, die in die Stadt kamen – die Landflucht erfaßte nicht nur Gebiete, in denen der Großgrundbesitz vorherrschte, sondern auch Landschaften, in denen das mittlere Bauerntum die Regel war –, ließ sich im Stadtkern nicht unterbringen. In den meisten Städten wurden die Stadtmauern geschleift. »Die ungehemmte Ausuferung der bald von einem Kranz neuer ausgedehnter Vororte umgebenen, nunmehr offenen Städte, und die Wucherung darüber hinaus in Formen der Bebauung, die weder städtisch noch ländlich genannt werden kann, verwandelte das Gesicht der wachsenden Städte und ihrer immer mehr verstädternden Umgebung und Einzugsgebiete. Das Wohnungselend der Arbeiterviertel bildete die düstre Begleitmelodie zu dem Anwachsen der Großstädte. Häßliche Zweckbauten, rauchende Schlote, Gasometer und Schuttabladeplätze waren die Nachbarschaft trostloser Mietskasernenvorstädte, die gleichzeitig mit dem Anwachsen der Fabriken aus dem Boden schossen und oft mit den Ausläufern anderer Stadtkerne ohne jede Abgrenzung zusammenwuchsen und die Landschaft zersiedelten.« *(Rudolf Rübberdt)* [105]

Nach *Horst Matzerath* bedeuteten die dabei vorgenommenen Eingemeindungen ein völlig neuartiges Phänomen gegenüber früheren Stadterweiterungen. Drei Phasen seien dabei zu unterscheiden: Die städtischen Gebietsveränderungen in der ersten Phase (zu Beginn des 19. Jahrhunderts) sind zunächst weniger in Wachstumsvorgängen begründet, vielmehr in den Bemühungen um die Auflösung mittelalterlicher Strukturprinzipien (etwa die Überwindung der Trennung der Stadt von ihren Vorstädten), was die Integration der Gesamtgemeinde und die Entwicklung zur Gebietskörperschaft ermöglichte. Das Allgemeine Landrecht von 1794 begrenzte die Stadt in der Regel auf das Stadtgebiet im engeren Sinne, unter Ausschluß der Vorstädte; die Städteordnung des *Freiherrn vom Stein* bezog die Vorstädte ein; die revidierte Städteordnung von 1831 erstreckte den städtischen Gemeindebezirk darüber hinaus auf die städtische Feldmark. In der zweiten Phase erweisen sich die Eingemeindungen als Konsequenz industriewirtschaftlicher und gesellschaftlicher Entwicklungen, auf die die Städte nur begrenzt Einfluß hatten: Sie vollzogen das, was bereits von anderer Seite her vorgegeben war. In der dritten Phase werden im Zeichen bewußter Wachstumspolitik die Eingemeindungen als Voraussetzung für die Entwicklung neuer Siedlungs-, Wirtschafts- und Erholungsformen angesehen – also in Form antizipatorischer Eingemeindung.[106]

»Die Bedeutung der Eingemeindungen für den Transformationsprozeß der Stadt im 19. Jahrhundert läßt sich quantitativ daran ablesen, daß sich zwischen 1850 und 1910 die Durchschnittsfläche der größeren Städte mehr als verdoppelte, und zwar von 20,9 km^2 auf 42,3 km^2, wobei dieses Wachstum im wesentlichen den flächenmäßig schwach ausgestatteten Städten zugute kam.«[107]

Was den Bevölkerungszuwachs betraf, so stammte er nur zu 19 % aus den Eingemeindungsvorgängen. Freilich ermöglichte die Erweiterung der Siedlungsflächen und des Wirtschaftsraums erst den Zuzug in die Stadt. Während 1830 in England bereits ein Drittel der Gesamtbevölkerung in Städten lebte und London schon die Millionengrenze überschritten hatte, gab es damals in Deutschland nur vier Städte, die über 100000 Einwohner zählten. Von 1871 bis 1910 stieg die Zahl der Großstädte (1887 als neue statistische Kategorie für die Städte über 100000 Einwohner eingeführt) von 8 auf 48 an; ihr Anteil an der Gesamtbevölkerung nahm im gleichen Zeitraum von 4,9 % auf 21,3 % zu. Während 1871 noch nicht einmal ein Viertel der Bevölkerung des gerade neu entstandenen Deutschen Reiches in Gemeinden mit mehr als 5000 Einwohnern saß (23,7 %), war es 1910 bereits fast die Hälfte (48,7 %).

Besonders eklatant war die Bevölkerungsentwicklung Berlins: 1815 zählte die Stadt 197000, 1861 521000, 1870 800000, 1905 rund 3 Millionen Einwohner. Biedermeierliche Überschaubarkeit kennzeichnete die Stadt in der ersten Hälfte des 19. Jahrhunderts, zivilisatorisches Delirium in den ›wilden Zwanzigern‹.

Von ihrer fröhlichen Jugendzeit im Berlin der Jahre 1824 bis 1829 berichtet die Schauspielerin *Karoline Bauer* in ihren 1875 erschienenen ›Erinnerungen‹: »Das gesellschaftliche Leben des alten Berlins vor einem halben Jahrhundert war das animierteste und fröhlichste. Man suchte und fand in der Geselligkeit Ersatz für das fehlende öffentliche Leben einer politischen Residenz. Die damalige Kleinstadt Berlin – kaum ein Fünftel so groß wie die heutige kaiserliche Millionenstadt – gestaltete dies gesellige Leben zu einem intimen und familiären, wie in einem Provinzstädtchen. Man kannte alle Welt und kam mit aller Welt in allen Orten immer wieder zusammen.«[108]

In Rückerinnerung an Berlin als das Profitopolis der Weimarer Republik schreibt *Klaus Mann* in ›Der Wendepunkt‹: »›Schaut mich nur an!‹ schmetterte die deutsche Kapitale, prahlerisch noch in der Verzweiflung. ›Ich bin Babel, die Sünderin, das Ungeheuer unter den Städten. Sodom und Gomorra zusammen waren nicht halb so verderbt, nicht halb so elend wie ich! Nur hereinspaziert, meine Herrschaften, bei mir geht es hoch her, oder vielmehr, es geht alles drunter und drüber.‹«[109]

Im Rahmen des Dreiklassenwahlrechts kontrollierte eine kleine Minderheit von Bürgern die städtische Selbstverwaltung. (In Köln etwa waren 1846 von 90246 Einwohnern nur 4000 Bürger wahlberechtigt, wobei lediglich 553 zur ersten Wählerklasse gehörten.) Die höchstbesteuerten Bürger, die zusammen ein Drittel der Steuer aufbrachten, bestimmten ein Drittel der Stadtverordneten; die zweite

Wählerklasse, die das zweite Drittel der Steuern zahlte, stellte ein weiteres Drittel der Stadtverordneten; entsprechend die dritte Wählerklasse, die kleinen Einkommen, das letzte Drittel. Im Vergleich zu den viel früher reformierten Landtags- und Reichstagswahlen war das kommunale Aktivbürgerrecht besonders unterentwickelt. Bei aller örtlichen Verschiedenheit verteilten sich die Wähler etwa wie folgt auf die drei Klassen (wobei trotz aller regionalen Abweichungen und zeitlichen Schwankungen zwischen 1853 und 1913 die Anteile verhältnismäßig konstant blieben):

1. Klasse: 2 bis 6 %;
2. Klasse: 4 bis 20 %;
3. Klasse: 70 bis 94 %.

Besonders paradox war die Situation dort, wo Aktiengesellschaften stimmberechtigt bei den Kommunalwahlen waren. Wechselnde Ertragslage beeinflußte ständig die Struktur der Wählerschaft. »Das bekannteste Beispiel hierfür ist Krupp in Essen. Ging es der Firma schlecht, durften 25 Prozent in der ersten Klasse wählen, ging es Krupp gut, dann bestimmte der Firmeninhaber allein ein Drittel der Stadtverordneten.«[110]

Mit der Gewerbefreiheit, der Zunahme von Handel und Industrie sowie dem wachsenden Einfluß der Arbeiterschaft verschoben sich die Gewichte in Stadtparlament und Stadtregierung. Eine große Rolle spielten dabei die Vereine zur Erwerbung der Staatsangehörigkeit und des Heimat- und Bürgerrechts. In Nürnberg waren beispielsweise im Jahre 1896 von ca. 165000 Einwohnern nur ungefähr 30000 heimatberechtigt, und von diesen wiederum besaßen nur 8000 das Bürgerrecht.[111]

Diese Rechte aber entschieden über die Teilnahme an den Landtags- bzw. Gemeindewahlen. Außerdem war mit dem Erwerb des Heimatrechts der Anspruch auf Unterstützung durch die Gemeinde im Falle der Hilfsbedürftigkeit verbunden. Wenn der Ernährer einer Familie, der am Ort nicht heimatberechtigt war, krank wurde oder starb, wurde diese, wenn die Frau nicht in der Lage war, sie zu ernähren, in der Regel in die Heimatgemeinde, das heißt in den Geburtsort des Mannes, ausgewiesen. Anspruch auf Verleihung des Heimatrechts hatte ein bayerischer Staatsangehöriger nur dann, wenn er im Alter der Volljährigkeit ununterbrochen während der fünf seiner Bewerbung unmittelbar vorausgehenden Jahre freiwillig und selbständig in der Gemeinde sich aufgehalten, während dieser Zeit direkte Steuern bezahlt, seine Verpflichtungen gegen die Gemeinde und Armenkasse erfüllt und Armenunterstützung weder beantragt noch in Anspruch genommen hatte; außerdem derjenige, der im Alter der Volljährigkeit ununterbrochen während der zehn seiner Bewerbung unmittelbar vorhergehenden Jahre freiwillig in der Gemeinde sich aufgehalten und während dieser Zeit Armenunterstützung weder beansprucht noch erhalten hatte. Der Erwerb des Heimatrechtes und Bürgerrechtes mußte teuer (in Relation zu dem Einkommen der davon betroffenen Schicht!) bezahlt werden.

Die Heimat- und Bürgerrechtsvereine waren vor allem von den Sozialdemokraten initiiert – litt doch diese Partei besonders unter dem antiquierten Wahlsystem, was dazu führte, daß sie häufig, obwohl stärkste Partei in einer Stadt, keinen Vertreter ins Stadtparlament entsandte. Um beim Beispiel Nürnberg, das symptomatisch für die generelle Entwicklung ist, zu bleiben: Als dort am 23. November 1908 erstmals nach dem neuen Proporzsystem gewählt wurde – die Staatsregierung hatte dem Landtag einen Gesetzentwurf zur Einführung von Verhältniswahlen in Gemeinden mit über 4000 Einwohnern vorgelegt, der die Zustimmung beider Kammern fand –, errangen die Sozialdemokraten, die bislang von der Kommunalpolitik ausgeschlossen gewesen waren, einen großen Erfolg; von 20 Sitzen neu zu wählender Gemeindebevollmächtigter gewannen sie 10. Im Magistratskollegium konnten sie zwei Positionen einnehmen. Drei Jahre später eroberte die SPD weitere zehn Mandate bei den Gemeindebevollmächtigten und damit noch drei Sitze im Magistrat hinzu.

Insgesamt dauerte es viele Jahrzehnte, bis aus der flächig gewordenen Regionalstadt, die sich aus der ständisch gegliederten Bürgerstadt entwickelt hatte, eine demokratisch regierte Bürgerstadt geworden war – eine Stadt, in der alle Bürger einigermaßen gleichberechtigt über ihr Schicksal mitbestimmen konnten.

Drunten in der Tiefe

Berlin war um die Jahrhundertwende mit einer Behausungsziffer von über 70 (Zahl der Personen, die durchschnittlich auf ein Wohnhaus kamen) die dichtestbevölkerte Stadt der zivilisierten Welt.

17. Käthe Kollwitz: »Not« (Lithographie, 1897).

Wie wohnt da der Arbeiter? fragte *Theodor Gödecke* in einer Untersuchung über das Berliner Arbeitermietshaus (Deutsche Bauzeitung, 1890). »Kurz gesagt, in Schlafstelle bei der Arbeiterfrau. Mehr bietet ihm die Wohnung selten, da sie außer den Eheleuten auch Schlafburschen und Mädchen aufnehmen muß. Bessergestellte oder kinderlose Arbeiterpaare vermieten ein Zimmer möbliert und beschränken sich auf die Küche; denn die weitaus meisten Wohnungen bestehen nur aus zwei Räumen... Es ist daher kein Wunder, wenn der Arbeiter seine Wohnung öfter wechselt; gewährt sie ihm doch außer der Kochgelegenheit kaum mehr als nur kahle Wände, allenfalls noch das Wasser.«

Das Hauptbedürfnis des großstädtischen Arbeiters ziele auf die zweiräumige Wohnung, Stube und Küche von je 15 bis 20 Quadratmetern. »Denn nicht der Maßstab der Gesundheitslehre, die so oder so viel Luftraum für einen Bewohner fordert, bestimmt die Größe der Räume, sondern die Möglichkeit, auf den teuren Grund und Boden überhaupt noch billige und gesunde Wohnungen zu bauen.«[112]

Ein Berliner Stadtmissionar berichtet 1871 von einem Haus, in dem sich 250 Familien, auf einem Korridor 36 Wohnparteien befänden. Um die Mieten aufbringen zu können, seien viele Familien gezwungen, Zimmer an Schlafburschen weiterzuvermieten, was die Überbelegung der Wohnungen erhöhe. Nach Angaben des Vereins für Sozialpolitik, der sich um die Verbesserung der sozialen Verhältnisse bemühte, hatten 1880 von allen Haushaltungen Berlins 7,1 % Einmieter und 15,3 % Schlafleute, denen der Aufenthalt also nur zur Schlafenszeit eingeräumt wurde. In einem Fall drängten sich 8 Schlafleute in einem Raum, in einem anderen entfielen auf einen Haushalt 34 Schlafburschen. 38 % der Haushaltungen, die Schlafburschen beherbergten, hatten nur einen Raum zur Verfügung, in dem auch die Familie mit den Kindern wohnen mußte. Noch 1900 waren 43 % aller Haushaltungen in Berlin einräumig, 28 % zweiräumig; ähnliche Tatbestände wurden um 1900 in Barmen, Königsberg, Magdeburg, Posen, Görlitz, Halle und Breslau festgestellt.[113]

In einer Broschüre der Sittlichkeitsvereine Deutschlands berichtet der Pastor *W. Philipps* vom weltstädtisch-monströsen Wohnungselend in Berlin: »Äußerlich sah's aus wie eine Räuberhöhle, und drinnen wurden gefunden 53 ungetaufte Kinder, 15 ungetraute Paare, 17 wilde Ehen, 22 Prostituierte mit einer großen Zahl Zuhälter. Im Laufe von zwei Jahren gingen durch dieses Haus hindurch nach amtlichen Angaben, ich betone dies, weil es unglaublich klingt: 540 Schlafburschen, 230 Verbrecher, 80 Huren; außerdem fanden sich 95 Konkubinate, 130 uneheliche Kinder; 25 Frauenzimmer hatten Kinder von verschiedenen Männern, manchmal von vieren, und an einem einzigen Tag wurden einmal zum Gaudium der übrigen Bewohner 15 Dirnen, welche sistiert werden sollten, teils unter den Betten hervorgezogen, teils durch die Fenster herausgeholt. Im Ganzen wohnten hier 250 Familien mit 2000 Personen, meist je in nur einer Stube.«[114]

Die Armen und die Reichen, meinte der englische Politiker und Schriftsteller *Disraeli*, seien so weit wie Erde und Mond voneinander getrennt; die Wohnmilieus spiegelten einen solchen Tatbestand in besonderer Weise: Den Elendsquartieren der Mietskasernen standen die gehobenen und guten Wohnviertel gegenüber, in denen die Häuser mit historischen Fassaden eindrucksvoll herausgeputzt waren. Hier lagen auch die Villen der Bankiers, Fabrikanten und Kaufleute.

In seinem Roman ›Jenny Treibel‹ beschreibt *Theodor Fontane* ein solches (kommerzienrätliches) Anwesen: »Die Villa war ein Hochparterrebau mit aufgesetztem ersten Stock, welcher letztere jedoch, seiner niedrigen Fenster willen, eher den Eindruck eines Mezzanin als einer Beletage machte. Hier wohnte Treibel seit sechzehn Jahren und begriff nicht, daß er es, einem noch dazu bloß gemutmaßten friedericianischen Baumeister zuliebe, so lange Zeit hindurch in der unvornehmen und aller frischen Luft entbehrenden Alten Jakobstraße ausgehalten habe; Gefühle, die von seiner Frau Jenny mindestens geteilt wurden. Die Nähe der Fabrik, wenn der Wind ungünstig stand, hatte freilich auch allerlei Mißliches im Geleite; Nordwind aber, der den Qualm herantrieb, war notorisch selten, und man brauchte ja die Gesellschaften nicht gerade bei Nordwind zu geben. Außerdem ließ Treibel die Fabrikschornsteine mit jedem Jahr höher hinaufführen und beseitigte damit den anfänglichen Übelstand immer mehr.«[115]

In den bürgerlichen Mietshäusern war der erste Stock, die Beletage, das vornehmste Geschoß; meist wohnte der Hausherr dort. Dem ersten Eindruck boten sich dreidimensionale Bauteile dar, die als Erker oder Balkon die Beletage zur Außenwelt hin sichtbar machten. Die Verbindung nach innen wurde durch die Haustüre hergestellt. An besonders prachtvollen Wohnhäusern war sie als Portal reich ausgeschmückt. »Durch sie gelangte der Besitzer in das Treppenhaus, das häufig etwas erhöht lag und über einige steinerne Stufen zu erreichen war. Eine kleine, versteckt angebrachte Nebentüre wies den Dienstboten den Weg in das Haus. Mitunter gab es für diesen Zweck sogar einen speziellen Aufgang, so daß Hausbewohner und Besucher nicht mit ihnen in Berührung kommen mußten. An einer Flankenseite des Hausgangs war der schmuckvoll verzierte Briefkasten angebracht. Das Treppenhaus vermittelte den zweiten Eindruck von der Wohlhabenheit des Hausherrn: geflieste Wände, Stuckdekken, ein schmiedeeisernes oder holzgeschnitztes Treppengeländer und farbige, bleiverglaste Fenster zum Hof boten mitunter ein prächtiges, farbenfrohes Bild.«[116]

Die Wohnungsmisere der unterprivilegierten Schichten führte zu Gegenmaßnahmen. Von vielen Seiten aus unternahm man energische

Bemühungen, sie zu mildern oder zu beseitigen. Politiker, Industrielle, vor allem die Betroffenen selbst (die sich in Wohnungsgenossenschaften organisierten) entwickelten alternative Siedlungsmodelle. Architekten und Städteplaner forderten ein neues Bauen, eine neue Baugesinnung, weil sie mit Recht im Bodenwucher die Quelle der Ausbeutung sahen. 1906 stellte der Architekt *Schumacher* in seinem Buch ›Moderne Bauformen‹ zu den »Mißständen der heutigen Großstadtanlagen« fest: »Die ganze Hoffnungslosigkeit besteht... darin, daß die Bodenspekulation eine der stärksten Säulen der heutigen Wirtschaftsverfassung ist und daher zum Teil auch Mitträger an dem kommunalen und staatlichen Haushalt... Es leuchtet ein, daß die Mehrzahl derjenigen, die infolge ihres Amtes, ihres wirtschaftlichen Einflusses und ihrer sozialen Stellung in der bürgerlichen Welt, sich bei den Kongressen zur Reform der Wohnungsfrage einfinden und das große Wort führen, gar kein Interesse haben können, daß etwas ernstlich reformiert werde.«[117]

Dennoch entstanden in fast allen Großstädten und Industrieregionen Siedlungen neuer Art, die menschenwürdiges Wohnen ermöglichten; im Ruhrgebiet etwa Klappheckenhof-Gelsenkirchen (1873 bis 1886); Hochlarmark-Recklinghausen (1901–1918); Dahlhauser Heide-Bochum-Hordel (1906–1915); Derne-Dortmund (1908 bis 1913); Reitwinkelkolonie-Recklinghausen (1914–1928).[118]

Das Wohnungselend war übrigens keineswegs nur auf die Großstädte beschränkt; die Landarbeiter waren genauso schlecht gestellt, und auch in kleineren und in Kleinstädten bot sich das gleiche Bild. In Tübingen etwa lagen die Häuser der höheren Steuerklassen in der ›Oberen Stadt‹, die der niedrigen in der ›Unteren Stadt‹; die ständischen Handwerker siedelten um die Mittelachse beider Bereiche. »Die Untere Stadt war Wohnort der Weingärtner, Taglöhner, Kleinhandwerker, Kutscher und Aufwärter, die Dienstleistungen für Bürger und Akademiker erbrachten. Die Arbeit im Weinberg reichte im allgemeinen nicht zur Sicherung des Lebensunterhalts aus, Vieh- und besonders Kleintierhaltung waren nötig, um den Eigenbedarf an Milch und Eiern zu decken. Diese Form des Einkommenerwerbs und die herrschende Armut bestimmten das Straßenbild: Vor den kleineren Häusern lagen Misthaufen, Hühner und Gänse liefen in den Straßen umher, und der Fuhrwerksverkehr machte die engen, schlecht gepflasterten Gassen bei Regen fast unbegehbar. Mit Einbruch der Dunkelheit war es kaum möglich, sich in der Unteren Stadt zurechtzufinden, da es – auch nach der Einführung der Gasbeleuchtung ab 1862 – in den meisten Gassen keine Laternen gab.«[119]

Die Aborthäuschen hatten häufig keinen Abfluß; um die Versorgung mit Wasser war es schlecht bestellt; zum Waschen, Kochen, Putzen und zur Viehversorgung mußte es mühsam aus den öffentlichen Brunnen geholt werden. Bis 1846 gab es neben den Quellbrunnen nur wenige Ziehbrunnen, danach Pumpbrunnen; erst ab 1878 wurden Wasserleitungen verlegt. Die Kosten für einen Hausanschluß waren jedoch so hoch, daß sich anfangs nur wenige Unterstadtbewohner einen solchen leisten konnten.[120]

Stadt-Werke

Mit der Entwicklung der Stadt zur Großstadt (mit all den Vor- und Nachteilen von ›Profitopolis‹) ergaben sich in ihren Funktionsbereichen wesentliche Veränderungen:

- Die Selbstverwaltung der Bürgerschaft, die in den alten Rathäusern jahrhundertelang statisch geblieben war, nahm in ihrem Umfang erheblich zu. Während z. B. der Personalstand der städtischen Verwaltung in Nürnberg im Jahre 1870 noch 375 Personen betrug, waren dreißig Jahre später bereits knapp 1300 städtische Beamte, Angestellte und Arbeiter hauptberuflich tätig;
- der Vormarsch der Verwaltung war bedingt durch die Ausweitung in den anderen Funktionsbereichen, vor allem im Versorgungssektor (Wasserversorgung, Kanalisation, Marktwesen), und durch die mit der Industrialisierung einhergehenden neuen Aufgaben (Stadtplanung, Grundstückswesen etc.);
- schließlich mußten die Städte die Sicherheitsbemühungen verstärken. Bevölkerungsvermehrung bedeutete Zunahme der Kriminalität, was wiederum Ausbau des Polizeiwesens mit sich brachte.

Feuer, Wasser, Pestilenz waren schlimme Geißeln für die mittelalterliche Stadt gewesen. Sie hätten für die Großstadt verheerende Folgen gehabt, wenn man nicht zunehmend und erfolgreich ihre Bekämpfung in die Wege geleitet hätte. Ein solches städtisches Wirken zur Verbesserung der Lebensqualität schlug sich, unter- und oberirdisch, in ›Stadt-Werken‹ nieder, nicht zuletzt auch in Stadtwerken, häufig aus privater Hand übernommenen Versorgungs- und Entsorgungseinrichtungen. Die Stadt stand dabei unter dem Gebot der Notwendigkeit; man wollte freilich auch dem ›Höheren‹ dienen. Geschaffen wurde das System der Wasserleitungen, der Abwasserkanäle, der Gas- und später der Elektrizitätszuleitungen; es entstanden Wasserwerke, Gaswerke, Elektrizitätswerke, Schlachthöfe, Schulen, Krankenhäuser, Desinfektionsanstalten, Gefängnisse; und es wurden Büchereien, Galerien, Künstlerhäuser, Museen, Theater gebaut.

Auf drei Bereiche des städtischen Wirkens sei näher eingegangen, und zwar auf

- die Schaffung des innerstädtischen Verkehrsnetzes;
- die städtischen Bemühungen um Verbesserung der hygienischen Verhältnisse und Maßnahmen zur Bekämpfung von Krankheiten;
- die Verbesserung der Situation armer und alter Menschen.

Die erste Eisenbahn zwischen Nürnberg und Fürth war zugleich die erste Pferdebahn Deutschlands: Zu Zeiten schwächeren Betriebs wurde nämlich der Verkehr auf der Ludwigsbahn mittels von Pferden gezogener Eisenbahnwagen durchgeführt. Bald darauf entstanden Pferdebahnen auch im Innern von Großstädten. In den Jahren 1865 bis 1868 erhielten Berlin, Hamburg und Stuttgart, nach 1870 noch weitere 25 Städte Pferdebahnen (neben vereinzelten Dampfstraßenbahnen). 1881 wurde in zusätzlich 11 deutschen Städten, darunter Nürnberg, eine Pferdebahn in Betrieb genommen. Der Wagenpark der Nürnberger Privat-, später Aktiengesellschaft bestand anfänglich aus ein- und zweispännigen geschlossenen und einigen offenen Wagen. Die einzelnen Linien wurden bei Tag durch farbige Signalscheiben, bei Nacht durch farbige Signallichter an den Stirnseiten der Wagendächer gekennzeichnet. Nachts führten die Wagen zudem vorne eine umsteckbare Petroleumlaterne als Scheinwerfer, und jeder Wagen einer Linie, der als letzter die Straße durchfuhr, bevor er einrückte, eine rote Schlußlaterne auf der Hinterplattform. Steckschilder zeigten das Fahrtziel und den Linienverlauf an. Das Innere der Sommerwagen war gegen Wind, Sonne und Regen durch seitliche Stoffvorhänge geschützt. Die geschlossenen Wagen hatten Längsbänke mit Durchgang in der Mitte, die offenen dagegen durchgehende Querbänke, zum Teil mit nach Fahrtrichtung umlegbaren Lehnen. Das Ein- und Aussteigen bei den Sommerwagen fand mit Hilfe von längs des Wagens angeordneten durchlaufenden Trittbrettern statt, auf denen der Schaffner auch während der Fahrt hin- und hergehen mußte, um die Fahrscheine auszustellen und das Fahrgeld einzukassieren. In Nürnberg wurde 1893 ein geschlossener Wagen versuchsweise mit Ofenheizung versehen; anschließend wurden alle geschlossenen Fahrzeuge während des Winters mit Glühstofföfen ausgestattet.

Für die Unterbringung und Wartung der Wagen gab es Depots mit Stallungen für die Pferde und Räumen für die Futtervorräte sowie Werkstätten für den Unterhalt der Wagen und Pferdegeschirre, desgleichen fürs Beschlagen der Pferde. Der Betrieb begann meistens um 7 Uhr morgens und endete um 9 Uhr abends; es gab bereits besondere ›Theaterwagen‹, ›Schulwagen‹ und frühmorgens ›Arbeiterwagen‹. Die Reisegeschwindigkeit lag bei über 10 km. Für die Signalgebung durch die Kutscher dienten am Dachkreuz über der Plattform hängende Glocken mit Handbedienung, später auch Pfeifen. Haltestellen gab es am Anfang noch nicht; Auf- und Abspringen waren erlaubt; die Wagen hatten auf Wunsch der Fahrgäste jederzeit und überall zum Aus- und Einsteigen anzuhalten. Da dies jedoch die Kräfte der Zugpferde zu sehr beanspruchte, führte man allmählich Haltestellen ein.

Die Preise lagen zwischen 10 und 20 Pfennig je nach Entfernung; es gab ›Knipskarten‹ und ›Abonnementsbücher‹, später auch Dauerkarten. Die Belegschaft gliederte sich in Fahr-, Stall- und Werkstättenpersonal. Neben den ›Controlleuren‹ versahen ›Conducteure‹, Kutscher und Vorspannjungen den Fahrdienst. Die Wartung der Pferde und Stallungen oblag den unter dem Stallmeister stehenden Futtermeister und den Stallwärtern. Notwendig waren ferner Handwerker in den Werkstätten und Gleisreiniger. Für das Fahrpersonal war bald eine Uniform eingeführt worden.[121]

1879, zehn Jahre nach der Erfindung des Dynamos, führte *Werner v. Siemens* auf der Berliner Gewerbeausstellung eine kleine elektrische Straßenbahn mit drei Wagen für je 6 Personen vor, angetrieben von einer winzigen Lokomotive mit einer Leistung von 3 PS; in vier Monaten beförderte sie über 80000 Ausstellungsbesucher. Anfangs nur als Spielerei betrachtet, setzte sich die elektrische Straßenbahn zunehmend durch. Am 1. Mai 1881 wurde die erste Berliner Straßenbahn dem Verkehr übergeben; mit 15 km Geschwindigkeit fuhr sie vom Bahnhof Lichterfelde zur Hauptkadettenanstalt. In einem Brief vom 12. Mai 1881 an Professor *Wiedemann* schreibt *Werner v. Siemens*: »Heute ist endlich die kleine elektrische Bahn in Lichterfelde offiziell probiert und abgenommen. Die einzige Schwierigkeit war und ist noch, die Geschwindigkeit der Wagen dem Reglement entsprechend zu mäßigen. Man wollte nur 20 km per Stunde gestatten, und der Wagen lief bei voller Belastung von 20 Personen auch bergan noch mit 30 bis 40 km! Ich denke aber, man wird sich an die größere Geschwindigkeit gewöhnen!«[122]

In einer 1902 erschienenen Schrift über die ›Verhältnisse der Bediensteten und Arbeiter im Straßengewerbe Berlins‹ heißt es, daß der Dienst der Motorwagenführer in seelischer, geistiger und körperlicher Hinsicht eine der aufreibendsten Tätigkeiten sei: »Sie arbeiten mit Augen, Ohren und beiden Händen. Mit dem einen Fuße stehen sie auf der Signalglocke und mit dem anderen im Gefängnis oder halb im Grabe.«[123]

Die hygienischen Verhältnisse der mittelalterlichen Stadt erwiesen sich als katastrophal; die technischen Errungenschaften der Antike (etwa die Wasserleitungen und Abwässerkanäle der Römer) waren vergessen oder wurden ignoriert. Cholera, Pocken und andere Seuchen (Fleckfieber, Typhus, Tuberkulose) suchten immer wieder Stadt und Land heim. In der ersten Industrialisierungsphase wanderten die großen Epidemien immer noch durch ganz Europa. An der Cholera starben 1831 von tausend Personen in Berlin fünf bis sechs.

Als immer mehr Menschen in die Städte zogen und in unzureichenden Wohnungen zusammen leben mußten, nahm die gesundheitliche Gefährdung nochmals zu; zugleich aber gelang es, mit Hilfe hygienischer Verbesserungen die Ansteckungshäufigkeit zu reduzieren. Von ausschlaggebender Bedeutung waren der Bau von Wasserleitungen, Abwasserkanälen, vor allem auch die städtisch organisierte Abortgrubenräumung; (war kein wasserreicher Strom vorhanden, wurden die Fäkalien auf die Felder der Umgebung gekippt, später in große Sammelgruben geleitet, auch mit der Bahn verfrachtet).

Angesichts der großstädtischen Bevölkerungsmassen war die stärkere Überwachung der Herstellung und des Verkaufs von Nahrungsmitteln unumgänglich. Die obligatorische Fleischbeschau bekämpfte die Trichinosen; in jeder größeren Stadt wurde ein zentraler Schlachthof angelegt. Vom Kölner Schlachthof Ehrenfeld, der rund fünf Millionen Mark gekostet hatte, heißt es in einer zeitgenössischen Schrift (›Köln in hygienischer Beziehung‹, 1898) – wobei das Zitat auch die Verfeinerung des Entsorgungssystems illustrieren kann –:

»Die Abwässer des Viehhofes werden unmittelbar den Straßenkanälen zugeführt, nachdem die größern Sinkstoffe vorher in Gullies und Schlammfängern niedergeschlagen sind. Die Abwässser des Schlachthofes werden einer unter dem Sperrstall für Großvieh angelegten mechanischen Kläranlage mit zwei Systemen zugeführt, in welcher durch Zwischenwände, Überfülle, Sieben und Verlangsamung der Geschwindigkeit des Wassers sowohl die mitgeführten Sinkstoffe zum Niederschlagen gebracht als auch die schwimmenden Fett- und Faserteile abgefangen werden. Die Abwässer fließen mit leichtem Blutschein, sonst jedoch klar in das städtische Canalnetz. Der in einem System zurückbleibende Schlamm wird mittels Vacuumapparaten hochgehoben und in eisernen Karren abgefahren.«[124]

Am wenigsten wurde die »Hygiene am Arbeitsplatz«, der Gesundheitsschutz in den Fabriken, beachtet. Die Möglichkeiten des kommunalen bzw. staatlichen Eingreifens waren gering, auch wenn seit den 70er Jahren die Gewerbeaufsicht eingeführt und laufend verstärkt wurde (in Bayern waren ›Fabrikinspektoren‹ in Dienstuniform mit Zweispitz seit 1879 tätig).

Unter diesen Umständen war vorauszusehen, daß Erfolg oder Mißerfolg der Tätigkeit der neu bestellten Fabriken-Inspectoren – wie bei kaum einer anderen Berufsgruppe – ganz erheblich von deren persönlichem Auftreten mitbestimmt werden würde. »Neben fundierten technischen, hygienischen und volkswirtschaftlichen Kenntnissen sowie der einschlägigen arbeits- und verwaltungsrechtlichen Bestimmungen müßten gerade persönliche Eigenschaften wie Einfühlungsvermögen und Überzeugungskraft für diese Beamten unverzichtbar sein.«[125]

Zu Beginn der Industrialisierung war der Zustand der öffentlichen Gesundheits- und Wohlfahrtseinrichtungen (Pestspital, Siechenkobel, Armenhaus) so schlecht wie das Ansehen der Ärzte und des Pflegepersonals, die oft genug als Kurpfuscher und ›Engelmacher‹ bezeichnet wurden.

Vom Fortschritt der Medizin und Pharmakologie profitierte dann auch die öffentliche Gesundheitspflege. Man erkannte die große Bedeutung der Mikroorganismen (*Robert Koch* fand den Tuberkelbazillus und den Erreger der Cholera). Die Wundbehandlung wurde verbessert – *Ignaz Philipp Semmelweis* hatte als erster in unhygienischen Verhältnissen, wie verunreinigten Händen, die Ursachen der Wundinfektion, insbesondere des Kindbettfiebers, erkannt; die Ent-

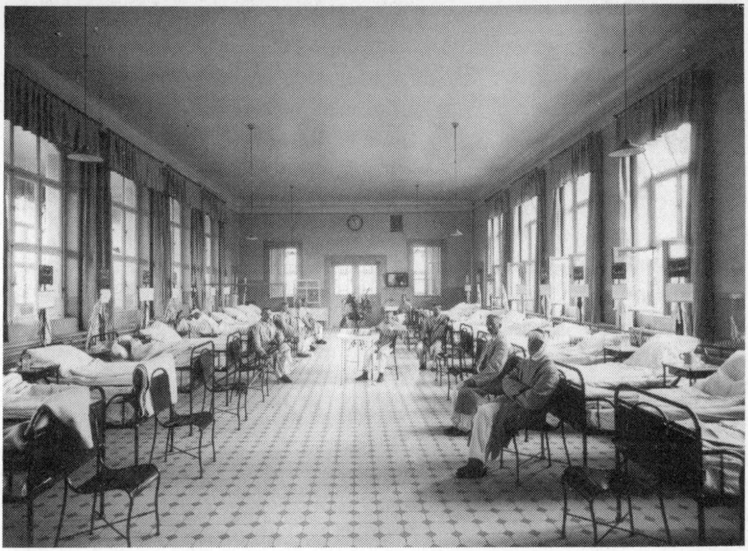

18. Krankensaal für Männer in einem städtischen Krankenhaus.

wicklung der Anästhesie und neuer chirurgischer Techniken ermöglichte früher unvorstellbare Operationen, unterstützt von dem im Jahre 1895 von dem Würzburger Physiker *Konrad Röntgen* entwickelten und später nach ihm benannten Durchleuchtungs- bzw. Photographieverfahren des menschlichen Körpers. *Paul Ehrlich* begründete die moderne Chemotherapie.

Hand in Hand mit diesen die Medizingeschichte revolutionierenden Ereignissen entwickelte sich ein stärkeres ›Körperbewußtsein‹ in der Bevölkerung, das durch die weitverbreiteten Gesundheitsratgeber gefördert wurde. Auch eine Hausapotheke war nun in fast jeder Familie anzutreffen.

Die Stadtverwaltungen ersetzten die kleinen und unzulänglichen Krankenhäuser durch neue Großanlagen, die bis zu 1000 Betten umfaßten. Mit hohen Investitionen baute man Heilstätten, in denen – wie es der Erste Bürgermeister von Nürnberg bei der Eröffnung des für die damalige Zeit größten kommunalen Klinikums formulierte – »die immer mehr fortschreitende ärztliche Wissenschaft und Kunst ihre Erfolge feiern möge«.[126]

In der Bekämpfung mancher Krankheiten kam man nur sehr langsam voran; zudem bewirkte die Industrialisierung neue Leiden oder verstärkte vorhandene; die Tuberkulose wurde zur Volksseuche; in der zweiten Hälfte des 19. Jahrhunderts forderte sie jährlich im Deutschen Reich 100000 bis 120000 Menschenleben; die Altersgruppen von 20 bis 40 Jahren waren besonders betroffen. Der Verlauf der Krankheit war meist chronisch; als ›galoppierende Schwindsucht‹ konnte sie sehr rasch zum Tod führen. Durch Absonderung der an offener Tuberkulose Erkrankten wurde versucht, die Weiterverbreitung zu unterbinden. Liegekuren, gute Kost und klimatische Einflüsse sollten die körpereigenen Abwehrkräfte mobilisieren.

Die Tuberkulose ergriff arm und reich; die therapeutischen Erfolge bei den Besitzenden, die sich auf lange Zeit in ein Sanatorium begeben konnten, waren freilich nicht viel besser als die der amtlichen Fürsorgestellen, deren soziale und hygienische Bemühungen vor allem der Arbeiterschaft galten. Wer arm war, war oft krank, und war er dann noch alt dazu, ohne Familie, so blieb ihm gar keine Hoffnung mehr.

Nur langsam begriffen die Stadtverwaltungen, daß sie, neben den karitativen Bemühungen der Kirchen und einzelner Philanthropen bzw. fürsorgerisch tätiger Vereine (die meistens berufsständisch organisiert waren), eine öffentliche Aufgabe zur Betreuung der Armen und Alten, der Waisen wie Invaliden zu erfüllen hatten. Landesgesetze verpflichteten die Gemeinden zur Armenpflege; es wurden Armendistrikte gebildet, die Armenpflegschaftsräte betreuten. War am Anfang des 19. Jahrhunderts die Armenpflege noch vorwiegend als sittlich-pädagogische Aufgabe empfunden worden (wer arm war, war auch schuld daran – es galt, die Armen zum ordentlichen Lebenswandel anzuhalten, zur Sparsamkeit zu ermahnen und bei ihren Kindern den Schulbesuch zu überwachen), so trat mit fortschreitender Industrialisierung die materielle Hilfe in den Vordergrund. Was dabei jeweils ›anfiel‹, kann das Sitzungsprotokoll des Armenpflegschaftsrates einer Großstadt an einem beliebigen Tag (6. Juni 1900) illustrieren:

»Übernahme der Krankenhauskosten für den Schuhmacherlehrling Erhard Sommer; Abgabe eines Strohsackes an die ledige Zuspringerin Johanna Bogner;

Zahlung von 7 Mark und 64 Pfennigen an Beerdigungskosten für das Kind der Buchbinderswitwe Louise Bogner;

Aufnahme der Modistin Betty Priem in die Kreisirrenanstalt;

Abgabe von ein Paar Schuhen und von Wolle an die Witwe Babette Seitz;

Zahlen von 5 Mark Kostgeld für das Kind der ledigen Arbeiterin Dorothea Walter;

Abgabe täglich 1 Liter Milch für die Dauer von vier Wochen an die Tochter der Dienstmannswitwe Charlotte Schmidt;

Zahlung von 18 Mark an den Arzt Dr. Bloch für Leistungen bei der Entbindung der Gürtlersehefrau Emilie Beck (der sofort gerufene Armenarzt hatte keine Hilfe geleistet, weil er glaubte, daß es sich hier um keine ›Arme‹ handle);

Unterstützung von wöchentlich 1 Mark 50 und vier Laib Brot für die geschiedene Bildhauersfrau Doris Brechtelsbauer;

Lernmittelfreiheit für die Kinder des Holzdrechslers Friedrich Kugler.«[127]

Der verschämte Arme galt oft als unverschämt. Wer aufgrund seines Notstandes unter die Armengesetzgebung fiel (die damalige Sozialgesetzgebung umfaßte nur die Unfall-, Alters-, Invaliden- und Krankenversicherung) und Almosenempfänger war oder wurde, galt im öffentlichen Bewußtsein als Ausgestoßener; Arbeitslosigkeit wurde vielfach als Schande empfunden. Wer längere Zeit Armenunterstützung bezog, hatte kaum Aussicht, jemals wieder als vollwertiger Bürger anerkannt zu werden. Erst die kollektive Selbsthilfe, die sich nach der Jahrhundertwende organisierte, vermittelte da den Betroffenen ein anderes Bewußtsein; die Arbeiterwohlfahrt wurde freilich erst 1919 gegründet.

Von Ständen und Schichten

19. »Wenn ich ein Vöglein wär'!« klagt die arme Frau, die mit ihren Kindern an der Villa einer reichen Familie vorübergeht.
(Zeichnung aus der »Gartenlaube«, 1892).

Zwischen Großbürgertum und Lumpenproletariat

»Eine Stadtballade« hat *Else Lasker-Schüler* ihr Stück ›Die Wupper‹ (geschrieben 1908) genannt. Es erweist sich als Pandämonium des Industriezeitalters: Stände und Schichten im Umbruch, im Aufstieg und im Niedergang. »Wenn hier Menschen zusammengeworfen sind, Fabrikherren, Arbeiter, Herumtreiber und Zuhälter, Kupplerinnen, Dirnen, dämliche Greise und sinnlich aufbrechende Kinder, so sind sie nicht da, um zusammen ein realistisches Milieu zu bilden und einzeln an diesem Milieu zugrunde zu gehen oder zu erstarken. Je enger ihre Existenz, je dichter die Atmosphäre ihrer Abgeschlossenheit, desto tiefer und dunkler werden die Farben für ein kosmisches Gemälde... Im Giftkessel des Wuppertales vollziehen sich zwischen beklemmend wirklichen Menschen des Alltags kosmische Geschehnisse.« (*Herbert Ihering*)[128]

Die Szenenanweisungen – »der erste und vierte Aufzug spielen im Arbeiterviertel, der zweite im Garten vor einer Villa, der dritte auf dem Jahrmarkt, der fünfte in einer Art Gartenzimmer derselben Villa, die Schlußverwandlung des fünften Aufzugs spielt im Arbeiterviertel« – markieren die Topoi des Dramas, das gewissermaßen »Industriearchäologie« betreibt: nämlich eindringt in die sozialen und seelischen Schichten der Gründerzeitjahre; frei- und bloßgelegt wird gleichermaßen die Innenwelt der Außenwelt wie die Außenwelt der Innenwelt dieser Gesellschaft.

Der dritte Stand, das Bürgertum, hatte die Industrialisierung ›gemacht‹, getragen, hatte von ihr profitiert. Das Stück schildert, wie dieser Stand, dessen Sozialbeziehungen patriarchalisch-familiärer Art sind, nun unter die Räder kommt – durch das Heraufziehen der imperialistischen, hoch-kapitalistischen Epoche, die durch die Macht der Großbetriebe, der Aktiengesellschaften und Konzerne geprägt ist. Der Niedergang der Fabrikantenfamilie Sonntag ist freilich nicht nur ein handfest ökonomischer, sondern auch ein mental-nervlicher. Das bürgerliche Haus: »ein blühender, gepflegter Garten mit Beeten und Rosensträuchern und im Hintergrund ein Springbrunnen auf einer kleinen, künstlich hergestellten Anhöhe; im Hintergrund ein Pavillon mit bunten Fenstern, die man kaum sehen kann; rechts ein weinumrankter Treppeneingang, der in die alte Villa Sonntag führt«;[129] das bürgerliche Gehäuse voller Solidität zerfällt: Ziel und Sinn fehlen, Trägheit und Standesdünkel zerfressen die Tradition. »Kräfte und Gier, Hochmut und starrer Kastengeist – eine Familie stürzt. Ein Höllensturz.«[130]

Mit Hilfe des vierten Standes war der dritte Stand aufgestiegen. Die Proletariermassen erwiesen sich als die Ameisen, die den kunstvollen Bau des Kapitalismus errichteten. »Arbeiterviertel einer Fabrikstadt im Wuppertale. Hintergrund bergiger Wald. Links im Tal fließt ein schmaler Wupperarm, nach hinten in einer Biegung auslaufend. Über den Fluß führt eine Brücke zu einem Weg, an dem Pius' zerfallenes, einstöckiges Häuschen liegt. Rechts hinten ein Gäßchen mit hohen, alten, schmutzigen Arbeitermietshäuschen. ...Links von der Wupper eine Wiese – in der Ferne sieht man dampfende Schornsteine von Fabriken und anderen Häusern usw.«[131]

Während der eine Sohn der Fabrikbesitzerin Sonntag, Heinrich, privat wie als Fabrikchef scheitert (er begeht Selbstmord), hängt sich der andere, Eduard, ein kränkelnder Literat mit Rentierbasis, an den aufstrebenden Proletensohn Carl Pius. Mit Marta, der Tochter, erheiratet Dr. jur. Bruno von Simon den Familienbetrieb, den er in die angemessenere, anonymere Rechtsform einer Aktiengesellschaft überführen wird.

»Pius ist zu gesund, um Geduld zu üben.« Eduard spürt, wie im vierten Stand aus dem Elend und dem Kampf ums Dasein neue Lebenskraft aufsteigt. »Aus Elberfelder Arbeitervierteln steigt ein neuer Mythos. Die Menschen haben ein zweites Gesicht, ohne daß es gesagt wird. Sie sind durch eine Nabelschnur mit allem, was sie umgibt, verbunden, ohne daß jemand es ausspricht.«[132]

In soziologischer Analyse erweist sich das Stände- und Schichtenmodell des Maschinenzeitalters differenzierter als in der dichterischen Vision. Neben dem Adel, der nach wie vor großes Sozialprestige besaß (ein adeliger Schwiegersohn gab der Fabrikantenfamilie die höheren Weihen!) und aufgrund seiner Latifundien für die Industrialisierung eine wichtige Rolle spielte, bestand die Elite der Gesellschaft aus besonders reichen und angesehenen Bürgern; sie rekrutierten sich aus Handel und Wirtschaft. Meist hatten sie besondere Verbindungen zum Hof und übten auch politische Macht aus – einmal, indem sie aufgrund ihres Besitzes eine dominante Rolle bei Wahlen spielten, zum anderen, indem sie selbst in den Parteien und Parlamen-

20. Festliches Ereignis (Illustration aus den »Fliegenden Blättern«, 1902).

ten mitarbeiteten. Zu dieser Schicht gehörten auch die Inhaber der führenden Positionen beim Militär und in der Beamtenschaft, deren gesellschaftliches Ansehen im Rahmen eines monarchistischen Herrschaftssystems den Mangel an Kapital ausglich.

Der Begriff »Bürgertum«, der zu Beginn des 19. Jahrhunderts noch das ganze Spektrum nicht-landwirtschaftlicher Bevölkerungsgruppen zwischen der adeligen Oberschicht und den handarbeitenden oder stellungslosen Unterschichten umfaßte, also die größeren Kapitalisten, Unternehmer und Kaufleute ebenso wie die Handwerker, Detaillisten und Beamten aller Art, bezeichnete in der zweiten Jahrhunderthälfte immer häufiger nur noch die bürgerliche Mittel- und mittlere Oberschicht; sie war dadurch weniger nach oben, zum Großbürgertum und Adel hin, als vielmehr nach unten zu, zur Arbeiterschaft und zum Proletariat, abgegrenzt. »In dieser begrifflichen Verschiebung spiegelten sich reale, durch die Industrialisierung bedingte Veränderungen, nämlich: einerseits der ökonomische und soziale Aufstieg eines Teiles des ehemals umfassenden Bürgertums, an dem breite Schichten der Kleingewerbetreibenden, Kleinkaufleute, kleineren Beamten, Handlungsgehilfen und Angestellten aller Art nicht oder kaum teilhatten; andererseits die Verdrängung des ehemals und noch in den 1860er Jahren ziemlich dominanten gesellschaftlichen Gegensatzes zwischen Bürgertum und Adel durch den immer stärker dominierenden Gegensatz zwischen Kapital und Arbeit, zwischen Wirtschaftsbürgertum (Bourgeoisie) und Proletariat.« (*G. A. Ritter/ J. Kocka*)[133]

Der Begriff »Mittelstand« faßte zusammen, was weder in den sich verengendem Bürgerbegriff hineinpaßte noch zum Proletariat gezählt werden konnte: Handwerker, Kleinkaufleute, kleinere Bauern, untere und mittlere Beamte, Handlungsgehilfen, ›Privatbeamte‹ und meist auch Vertreter aus freien Berufen, wie Advokaten, Journalisten, Künstler (soweit diese nicht den Sprung zum Bürgertum, ja Großbürgertum geschafft hatten), ferner Lehrer und Geistliche.

Innerhalb des Mittelstandes spielten im zunehmenden Maße die Angestellten eine große Rolle. Mit dem Wachsen der Betriebe nahmen auch die Tätigkeiten nicht-manueller Art erheblich zu – Büroarbeit im weitesten Sinne des Wortes: in den Bereichen der Geschäftsführung, der Verwaltung, des technischen Betriebs, des Ein- und Verkaufs, der Kalkulation, der Finanzierung, der Disposition. Zu der Gruppe der Angestellten gehörten der Ingenieur wie der Konstrukteur, der Zeichner wie der Werkmeister, der Karteiführer wie die Stenotypistin. Ab 1895 kam in Deutschland ein Angestellter auf dreizehn Arbeiter.

Die Angestellten waren eine osmotische Schicht: durchlässig für den Aufstieg ins Bürgertum, aber auch für den Abstieg ins Proletariat (wobei sie dann mit großer ideologischer Anstrengung solchen Niedergang nach außen zu kaschieren suchten). In seinen ›Humoristischen Skizzen aus dem deutschen Handelsleben‹ hat *Georg Weerth* bereits um die Mitte des 19. Jahrhunderts die ökonomische und mentale Verelendung des Angestellten sowie seine Ausbeutung durch das Kapital aufgezeigt. Da ist der untertänige Buchhalter Lenz, der sklavisch-treue Kontorist Sassafraß, der opportunistische Handelsvertreter Sommer: sie sind durch das System korrumpiert; die Regeln heißen: Arbeit für das Handelshaus, Gehorsam gegenüber dem Prinzipal, Glaube an das Geld. Die eigene Persönlichkeit muß unterdrückt werden.

Rund siebzig Jahre später, nach dem Ersten Weltkrieg, in der Weimarer Republik, ist die Angestelltenmisere nur noch größer geworden. »Kleiner Mann – was nun?« In einer Besprechnung von *Siegfried Kracauers* Analyse ›Die Angestellten‹ (›Künstliche Mitte‹) schrieb *Ernst Bloch* 1929 – und er faßte damit zusammen, was diesen Stand seit seinem Entstehen ökonomisch wie mental, politisch wie in seiner Identität gefährdete –:

»Die Angestellten haben sich in der gleichen Zeit verfünffacht, in der sich die Arbeiter nur verdoppelt haben. Auch ist ihre Lage seit dem Krieg eine durchaus andere geworden; doch ihr Bewußtsein hat sich nicht verfünffacht, das Bewußtsein ihrer Lage gar ist völlig veraltet. Trotz elender Entlohnung, Mechanisierung, äußerster Unsicherheit der Existenz, Angst des Alters, Versperrung der ›höheren‹ Schichten, kurz, Proletarisierung de facto, fühlen sie sich noch als bürgerliche Mitte. Ihre öde Arbeit macht sie mehr stumpf als rebellisch. Berechtigungsnachweise nähren ein Standesbewußtsein, das keinerlei reales Klassenbewußtsein hinter sich hat; nur mehr die Äußerlichkeiten, kaum mehr die Gewalt eines verschollenen Bürgertums spuken nach.«[134]

Die Unterschicht war weitgehend gleichzusetzen mit den Lohnarbeitern, einschließlich der Landarbeiter, Heimarbeiter, Verkäufer, Dienstboten. Noch weiter drunten befanden sich Landstreicher, Bettler, Vagabunden, Asylbewohner, Prostituierte (das sogenannte ›Lumpenproletariat‹).

1882 stellten die Arbeiter mit 10,7 Millionen etwa 56 %, 1907 mit 17,8 Millionen etwa 63 % der erwerbstätigen Bevölkerung dar. Zählt

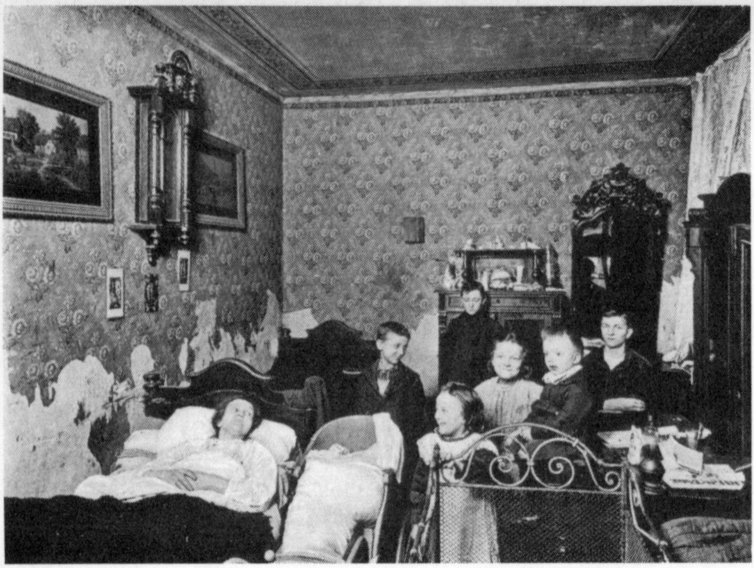

21. Berlin, Wittstocker Straße, kinderreiche Eltern (1912).

man zu dieser Zahl noch die ca 1,7 Millionen der in häuslichen Diensten beschäftigten Personen hinzu, die 1882 9 % und 1907 6 % der Erwerbstätigen ausmachten, so ergibt sich, daß vor 1914 über zwei Drittel aller Erwerbstätigen sowie deren Angehörigen zu den sozialen Unterschichten zu rechnen sind. »Im ganzen ist der Lebensstandard dieser Schichten in der Zeit des Kaiserreiches, bedingt durch den wirtschaftlichen Aufschwung, verbessert worden. Reallohn und Fleischkonsum stiegen an. Der Pauperismus als ein für den Vormärz kennzeichnendes Massenphänomen, wurde mit dem Fortgang der Industrialisierung überwunden, die Hungersnöte, die bei Mißernten die einzelnen Gebiete bis zur Mitte des 19. Jahrhunderts immer wieder heimsuchten, gehörten der Vergangenheit an. Durch die staatliche Versicherungsgesetzgebung seit den 80er Jahren wurden die oft zur vollständigen Verelendung führenden schlimmsten Auswirkungen von Alter, Invalidität und Krankheit wenigtens für einen Teil der Arbeiterschaft gemildert. Welches Elend und welche Not dennoch in den großen Städten des Kaiserreichs – vor allem unter den Ungelernten, Gelegenheitsarbeitern, Arbeitslosen, Behinderten, Kinderreichen, Asozialen und sozial Schwachen überhaupt – existierten und in wie starkem Maße bestimmte Krankheiten sozial bedingt waren, sollte jedoch nicht übersehen werden.« (*G. A. Ritter / J. Kocka*)[135]

Kindheit

»In unsre Kammer konnte Wind und Schnee ungehindert hinein. Wenn wir morgens die Tür öffneten, so mußten wir erst das angefrorene Eis zerhacken, um hinaus zu können, denn der Eintritt in die Kammer war direkt vom Hof und wir hatten nur eine einfache Glastür. Die Mutter ging um halb 6 Uhr von Hause fort, da sie um 6 Uhr zu arbeiten begann. – Ich ging eine Stunde später Arbeit suchen. ›Bitt' schön um Arbeit‹ mußte wieder unzählige Male gesagt werden. Fast den ganzen Tag war ich auf der Straße. Heizen konnten wir daheim nicht, das wäre Verschwendung gewesen, so trieb ich mich auf der Straße, in den Kirchen und auf dem Friedhof herum. Ein Stück Brot und ein paar Kreutzer, um mir Mittag etwas kaufen zu können, bekam ich mit.«[136]

So schildert *Adelheid Popp* als *Adelheid Dworschak* 1869 in Inzersdorf als fünfzehntes Kind einer Weberfamilie geboren, späteres Mitglied des österreichischen sozialdemokratischen Parteivorstandes, des österreichischen Parlaments und des Wiener Gemeinderates sowie Publizistin, ein ›Morgenerlebnis‹ ihrer Jugend. Zehn ihrer Geschwister starben im Säuglingsalter; ihr Vater, ein schwerer Trinker, tyrannisierte die Familie und überließ deren Ernährung meistens der Mutter. Er starb, als Adelheid Popp sechs Jahre alt war. »Kein Lichtstrahl, kein Sonnenstrahl, nichts vom behaglichen Heim, wo mütterliche Sorgfalt und Liebe meine Kindheit geleitet hätte, ist mir bewußt.« Nach dreijährigem Schulbesuch wird die Zehnjährige Dienstmädchen, Näherin und Fabrikarbeiterin, um die Mutter beim Unterhalt der Familie zu unterstützen. Mit dreizehn Jahren ist sie gesundheitlich am Ende; schwer krank wird sie in ein Spital eingeliefert, wo sie zum ersten Mal »zur Besinnung« kommt. »Die Kindheit Adelheid Popps umfaßt alles, was für eine proletarische Kindheit dieser Zeit typisch ist: miserable Schulbildung, früher Zwang zur Lohnarbeit und damit Verzicht auf die einfachsten kindlichen Vergnügungen und Freuden, die Unterdrückung privater Neigungen und Interessen

22. Waisenhaus einer Großstadt, vor 1909.

durch die Mutter, die gezwungen ist, das Kind immer wieder zur Arbeit zu treiben, und extrem dürftige Lebensverhältnisse.« (*Hans J. Schütz*)[137]

Das furchtbare Elend so vieler Kinder im 19. Jahrhundert ist uns nur selten – wie hier bei *Adelheid Popp* – in persönlichen Zeugnissen überliefert. Die »betrogenen Kinder« blieben meist stumm, die Misere war namenlos. In ihrer ›Sozialgeschichte der Kindheit‹ berichtet *Erna M. Johansen* von der Verelendung und der Not, welche die Industrialisierung mit sich brachte: vom ständigen Hunger, den unvorstellbaren Wohnverhältnissen, dem Massensterben, dem Betteln, der Kinderarbeit, dem Fehlen von Spielmöglichkeiten, der mangelnden Ausbildung und Bildung.[138] Die Zahl der Waisen- wie Findelkinder war sehr groß. Das allgemeine Elend bewirkte oft einen frühen Tod der Eltern; oder aber die Eltern konnten in ihrer Not die Kinder nicht versorgen. Auch der Brauch, Kleinkinder an Ammen und fremde Familien als Zieh- und Kostkinder wegzugeben, war weit verbreitet und trug zur hohen Säuglingssterblichkeit bei; denn die Pflegeeltern waren häufig ›Engelmacher‹: sie ließen die fremden Kinder bald sterben. Um die ›Engelmacherei‹ zu bekämpfen, wurde z. B. in Preußen im Jahre 1840 eine polizeiliche Erlaubniserteilung für die Aufnahme von Kindern gegen Entgelt eingeführt. Auch die Einrichtung von Ziehkinderanstalten (1825 erstmals in Leipzig) sollte das Schicksal der weggegebenen Kinder verbessern helfen. Der Anteil der bettelnden Kinder ist ein anderes signifikantes Beispiel für die allgemein herrschende Not. Nach einer sächsischen Polizeistatistik im Leipziger Kreis ohne die Stadt waren knapp die Hälfte unter den ständig Bettelnden, d. h. von 2181 Bettlern 1040, Kinderbettler. (»Doch bleibt eine offene Frage, ob die Elendslage der Bettelkinder nicht noch erträglicher war als die der ausgemergelten und eingepferchten Fabrikkinder.«[139])

Besonders negativ auf die Entwicklung der Kinder in den Arbeitervierteln wirkten sich die unhygienischen, erstickend beengenden, elenden Wohn- und Lebensbedingungen aus; dazu kam, daß meist beide Elternteile erwerbstätig waren und somit die Kinder sich selbst überlassen blieben. In den Arbeitervierteln Berlins war die Säuglingssterblichkeit rund achtmal höher als in den reichen Wohnvierteln: 42 % in Wedding gegenüber 5,2 % in Tiergarten. In Berlins armer Bevölkerung starben jährlich 345 von 1000 Kindern, also etwa jedes dritte Kind; im heißen Sommer 1905 sogar annähernd zwei Drittel der Kinder. Nach ärztlichen Ermittlungen starben im Jahr 1901 im Alter bis zu 6 Jahren 55,1 % der Kinder bei Arbeitern, 29,3 % beim Mittelstand und 13,4 % bei Reichen; von Kindern von 6 bis 14 Jahren 9,3 % bei Arbeitern, 4,9 % beim Mittelstand und 2,1 % bei Reichen; bis die Kinder das Alter von 6 Jahren erreicht hatten, war eben die Auslese bereits so furchtbar gewesen, daß nur die Widerstandsfähigsten überlebten, was die Todesrate für diese Altersgruppe in den einzelnen Schichten zur Annäherung brachte. (Im Vergleich zur heutigen Säuglings- und Kindersterblichkeit war sie in dem Jahrzehnt von 1881 bis 1890 zehnmal höher als 1968/70. Auch die Müttersterblichkeit war achtfach höher.)[140]

Kinderarbeit war weit verbreitet. Viele Familien hätten ohne das Mitverdienen der Kinder nicht existieren können. Schätzungen besagen, daß um die Jahrhundertwende im Deutschen Reich etwa eine Million Proletarierkinder, das waren ein Achtel aller Schulkinder, arbeiten mußten. Erst das Deutsche Kinderschutzgesetz von 1903 verbot für Kinder unter 12 Jahren jedes Arbeitsverhältnis; es wurde jedoch vielfach umgangen. Der wichtigste Grund der Unternehmer, Kinder zu beschäftigen, betraf zweifellos die Lohnfrage: »Für Manufakturen allgemein galt die Auffassung, die Löhne der Arbeiter müßten möglichst niedriggehalten werden, sonst würden sie nicht genug arbeiten. Kinder aber behandelten sie grundsätzlich als die billigsten Arbeitskräfte. Sie waren dem Unternehmen somit als kostensparender Faktor in der Produktion ›unentbehrlich‹.

An der Kinderarbeit waren also gleichermaßen interessiert die Eltern aus materieller Not heraus, die Unternehmer, die Staatssouveräne und die Volkserzieher – aus wirtschaftlichen, konkurrenz- und handelspolitischen wie aus sozialen, arbeitspädagogischen und -ethischen Zielsetzungen: als zeittypische Bemäntelung von Profitinteressen.« (*Erna M. Johansen*)[141] – Kinderarbeit bedeutete nicht nur eine unverantwortliche Belastung des physischen Leistungsvermögens; auch die weitere Entwicklung der Kinder in körperlicher, geistiger und seelischer Hinsicht wurde erschwert oder unterbunden.

Mit dem Stock war man rasch bei der Hand: Wer sein Kind liebte, züchtigte es. Damit das Gute im Kind sich entfalten konnte, trieb man »das Böse« durch Schläge aus. Der Vater fungierte dabei als Strafrichter. Wie unterschiedlich die ökonomischen Verhältnisse auch waren, in der Familienstruktur ähnelten sich Adeliger, Bürger, Bauer und Arbeiter. Die Rolle des Mannes und Vaters war patriarchalisch-autoritär; die der Mutter, der männlichen Führung angepaßt, unselbständig; die Ziele der Kindererziehung waren auf Abhängigkeit, Gehorsam, gesellschaftliche Affirmation und Respektierung umfangreicher Tabubereiche ausgerichtet; die Repression war überall zu Hause.

»Der Vater schaute ihn eine Weile wutentbrannt an. Daß Johannes, ohne ein Wort zu sagen, verharrte, mochte ihm das Eingeständnis seiner Schuld sein. Er griff den Stock, schob einen Stuhl in die Mitte des Zimmers und bedeutete ihm durch einen Wink, sich darüber zu legen. Zögernd näherte sich Johannes dem Stuhl. Er zittert vom Kopf bis zu den Füßen. Dann blieb er stehen und schaute dem Vater voll ins Gesicht. ›Vater...‹ Weiter kam er nicht. Sinnlos vor Zorn faßte der Alte ihn und drückte ihn auf den Stuhl nieder. Gleich darauf ließ er einen Hagel von Hieben auf ihn niedersausen.

Johannes schrie auf vor Schmerzen, aber unbarmherzig schlug der Vater weiter auf ihn ein. Krampfhaft umfaßte Johannes den Stuhl und war kaum fähig sich zu erheben, als der Vater das Schlagen einstellte. ›Ich werde dir helfen, anderen Leuten die Fenster einzuwerfen. Marsch, ins Bett!‹ Schweigend drehte Johannes sich um und ging langsam die Treppe hinauf. Mühsam entkleidete er sich, während die Mutter die Betten aufdeckte. ›Schadet dir gar nichts!‹ sagte sie. ›Was hast du bei diesen Rowdys zu suchen?‹«[142]

Neue freiheitliche Formen der Kindererziehung, solche, die das Kind nicht als kleinen Erwachsenen verstanden, sondern in seiner Eigenständigkeit berücksichtigen wollten, waren der Tenor pädagogischer Reformbewegungen um die Jahrhundertwende. Das 1900 erschienene, kurz darauf ins Deutsche übersetzte und weitverbreitete Buch der Schwedin *Ellen Key* ›Das Jahrhundert des Kindes‹ war allen Eltern gewidmet, die hofften, »im neuen Jahrhundert den neuen Menschen zu bilden«. Es hatte ein *Nietzsche*-Wort zum Motto: »Eurer Kinder Land sollt ihr lieben: diese Liebe sei euer neuer Adel – das unentdeckte ›im fernsten Meere‹! Nach ihm heiße ich eure Segel suchen und suchen! An euren Kindern sollt ihr gut machen, daß ihr eurer Väter Kinder seid: alles Vergangene sollt ihr so erlösen! Diese neue Tafel stelle ich über euch.«[143]

Das Buch erschien in einem Augenblick, da in einer größeren Schulbefragung in Berlin festgestellt wurde, daß nur 33 % der Kinder ein eigenes Bett hatten; 63,5 % lagen zu zweien, 3,4 % zu dreien im Bett; von 200 befragten Kindern schliefen 40 % allein und 60 % mit ein bis vier Personen zusammen.

Das 19. Jahrhundert ist kein Jahrhundert des Kindes gewesen; und auch im 20. Jahrhundert fand die »Befreiung des Kindes« nicht statt. In ihrer Kulturgeschichte der Kindheit charakterisiert *Ingeborg Weber-Kellermann* die bürgerliche und proletarische Familienstruktur im 19. Jahrhundert wie folgt:

»Mit der Ausgliederung der Berufsarbeit aus dem häuslichen Bereich verlor der Patriarchalismus seine sachlich-ökonomische Notwendigkeit, denn der Hausvater hatte nun nicht mehr die Hauswirtschaft als Produktionsstätte zu organisieren und zu leiten. Statt dessen hätte sich ein zunehmendes partnerschaftliches Verhältnis zwischen den Ehegatten ergeben können, die Gleichstellung von Mann und Frau als zweier selbständiger Personen, wie es das Naturrecht ermöglichte. Solche Tendenzen beschränkten sich jedoch auf Ausnahmen und es blieb, gewissermaßen als ein Bewußtseinsrückstand, die alte soziale Machthierarchie auch in der Familie weitgehend bestehen – ja, sie wucherte im Laufe des Jahrhunderts allmählich aus zu einer väterlichen Autoritätsideologie. ... Hatte die Biedermeier-Hausfrau die Wohnung zu einem familiären Refugium gestaltet, so diente sie der Gründerzeit-Familie vor allem zur Repräsentation, was sich in den Ausmaßen der Etage und den imitierten Möbelstilen symbolisierte. Der Blick nach oben kennzeichnete diese Lebenshaltung und wurde auch den Kindern eingeübt. Adel war wieder Trumpf. Dabei bildeten sich ganze Tugendkataloge heraus, die die Erziehung der heranwachsenden Kinder bestimmten und für die Mädchen in einer Fülle von Backfisch-Literatur ihren Niederschlag fanden. Familienglück, wie es das Mädchenbuch pries, wurde zum Leitbild manchen Mädchenherzens. Die bürgerliche Gesellschaft hatte sich damit weit von den Freiheits- und Gleichheitsidealen des Jahrhundertbeginns entfernt. ...

Auch in der Arbeiterfamilie – das stellte August Bebel 1878 mit Empörung fest – wiederholten sich die Zwänge des bürgerlichen Familienmodells, und zwar nicht nur objektiv in der rechtlichen Situation der Frauen als ›abhängiges unterdrücktes Geschlecht‹, sondern auch subjektiv in ihrem Verhältnis zu Mann und Kindern. Die als selbstverständlich hingenommene Differenzierung in den Löhnen für Mann und Frau widerspiegeln ihre ebenso selbstverständlich hingenommene Unterstellung auch in der Ehe.« (*Ingeborg Weber-Kellermann*) [144]

Schulen

Das patriarchalisch-autoritäre Erziehungsmodell kennzeichnete die Schule im Maschinenzeitalter. Besonders das humanistische Gymnasium, zu Beginn des 19. Jahrhunderts von *Wilhelm von Humboldt* als »Pflegestätte der Humaniora« konzipiert, erwies sich als Drill- und Exerzierstätte entleerter Wissensvermittlung. In einer großen Anzahl literarischer Werke aus dieser Zeit wird über das Gymnasium Gerichtstag gehalten (man denke an *Heinrich Manns* ›Professor Unrat‹, *Emil Strauß'* ›Freund Hein‹, *Rainer Maria Rilkes* ›Die Turnstunde‹, *Robert Musils* ›Die Verwirrungen des Zöglings Törless‹). In *Frank Wedekinds* Drama ›Frühlings Erwachen‹ sind die Namen der

Lehrer, ihre engstirnige Verbohrtheit charakterisierend: Affenschmalz, Knüppeldick, Knochenbruch, Fliegentod, Hungergurt und Sonnenstich.

»Ein-, zweimal in der Woche spazierengehen ist notwendig und tut Wunder. Bei schönem Wetter kann man ja auch ein Buch mit ins Freie nehmen – du wirst sehen, wie leicht und fröhlich es sich in der frischen Luft draußen lernen läßt. Überhaupt Kopf hoch!« Mit diesen Worten ermahnt in *Hermann Hesses* Erzählung ›Unterm Rad‹ (1906) der Klassenlehrer seinen Schüler Hans Giebenrath, das Pensum zu bewältigen, damit ihm der Sprung aus der Kleinstadt übers Landexamen zu geistigen Würden gelinge.

Die Lehrer, die einen »toten Schüler stets mit ganz anderen Augen anblicken als einen lebenden«, trimmen Hans auf Erfolg. Dieser bliebe zwar lieber in seinem Kleinstädtchen, würde gerne in den Ferien im weidenumrahmten Fluß baden, bei der Heumahd und beim Mosten dabeisein; doch der kleinbürgerliche Vater will es anders. Er ist Zwischenhändler und Agent, besitzt eine breite, gesunde Figur, eine leidlich kommerzielle Begabung, verbunden mit einer aufrichtigen und herzlichen Verehrung des Geldes; ein kleines Wohnhäuschen mit Garten, ein Familiengrab auf dem Friedhof, eine etwas fadenscheinig gewordene Kirchlichkeit mit angemessenem Respekt vor Gott und der Obrigkeit. Er zeigt blinde Unterwürfigkeit gegen die »ehernen Gebote der bürgerlichen Wohlanständigkeit«. Er trinkt manchen Schoppen, ist aber niemals betrunken; er beschimpft ärmere Leute als Hungerleider, reichere Leute als Protzen; er ist Mitglied des Bürgervereins, beteiligt sich jeden Freitag am Kegelschieben im ›Adler‹, an den Voressen und Metzelsuppen; raucht zur Arbeit billige Zigarren, nach Tisch und sonntags eine feinere Sorte. Mit anderen Worten: Sein Leben ist das eines Philisters. Seine Lektüre beschränkt sich auf die Zeitung; sein Bedarf an Kunstgenüssen auf die jährliche Liebhaberaufführung des Bürgervereins und den Besuch eines Zirkus. Als der Sohn im Seminar scheitert und Selbstmord begeht, versteht dies der Vater nicht: »›Man begreift's nicht‹, seufzte Giebenrath. ›Er ist so begabt gewesen und alles ist auch gut gegangen, Schule, Examen – und dann auf einmal ein Unglück übers andere.‹ ... Über dem Städtchen war ein fröhlich blauer Himmel ausgespannt, im Tale glitzerte der Fluß, die Tannenberge blauten weich und sehnlich in die Weite. Der Schuhmacher lächelte traurig und nahm des Mannes Arm, der aus der Stille und seltsam schmerzlichen Gedankenfülle dieser Stunde zögernd und verlegen den Niederungen seines gewohnten Daseins entgegenschritt.«[145]

In all diesen Dichtungen und in einer Vielzahl autobiographischer Werke vertritt das Schulthema ausschnitthaft die Lebensproblematik. Das Phänomen der Vereinsamung des Menschen, der autoritären Strukturen und zunehmender Kollektivierung unterworfen ist, wird am Beispiel des Schülers dargestellt. »Unter Schülern und Lehrern wird dabei eine Art Künstler-Bürger-Konflikt ausgetragen, eine differenzierte und sehr oft nur im seelischen Bereich sich abspielende Auseinandersetzung zwischen dem Zarten, Musischen, kurz: den Einzelgängern auf der einen Seite – und der rauhen Masse auf der anderen« (*Martin Gregor-Dellin*).[146]

Auf eine Umfrage zum Thema »Schule« antwortete *Hans Bethge* 1912: »Gestatten Sie mir die Versicherung, daß ich nicht an einen einzigen meiner Lehrer mit Gefühlen der Verehrung zurückdenke. Das ganze Verhältnis zwischen Schüler und Lehrer habe ich auf den zwei Gymnasien, die ich besuchte, immer nur als gespanntes, oft genug geradezu als ein feindliches empfunden.« Zur gleichen Umfrage schrieb *Hermann Bahr*: »Ich könnte über meine ›Schülerjahre‹ nichts sagen, als daß sie die schlimmste Zeit meines ganzen Lebens gewesen sind, die einzige, die ich um gar keinen Preis noch einmal erleben möchte, und daß ich mich auch heute noch der heftigsten Erbitterung nicht erwehren kann, wenn ich an jene tückischen, von Neid gequälten, schadenfrohen Idioten denke, die man Lehrer nennt.« Und *Alfred Kerr* bemerkte: »Drei Dinge:

1. Das Verhältnis zu den Lehrern,
2. das Verhältnis zu den Mitschülern,
3. der Geruch in den Räumlichkeiten lassen sich in das eine Wort zusammendrängen: Scheußlich.«[147]

Von der Trostlosigkeit des damaligen Schulbetriebs, besonders was die fatale Rolle der Lehrer betrifft, heißt es in *Stefan Zweigs* Erinnerungsbuch ›Die Welt von gestern‹: »Sie waren weder gut noch böse, keine Tyrannen und andererseits keine hilfreichen Kameraden, sondern arme Teufel, die sklavisch an das Schema, an den behördlich vorgeschriebenen Lehrplan gebunden, ihr ›Pensum‹ zu erledigen hatten wie wir das unsere, und – das fühlten wir deutlich – ebenso glücklich waren wie wir selbst, wenn mittags die Schulglocke scholl, die ihnen und uns die Freiheit gab.«[148]

23. Schulanfang, um die Jahrhundertwende.

Die Wandervogelbewegung, die um 1900 als Protest gegen die Tyrannei der ›Oberlehrer‹ (d. h. der Gymnasiallehrer) und in Absage an die Dekadenz der Großstadt entstand, bekämpfte die Schule als ein Produkt der ›Maschinengesellschaft‹. Zivilisation wurde gleichgesetzt mit Technik, Fabrikation, eiskalter Berechnung, Massenherrschaft – und entsprechend verworfen. Das Nützlichkeitsdenken sah sich mit einem neuen Kulturbegriff konfrontiert, der Freiheit und Natürlichkeit miteinander verknüpfte. Dem verklemmten ›Bierbürgertum‹ wurde eine leidenschaftlich-bewegte Offenheit, die sich rhapsodisch und ekstatisch artikulierte, entgegengestellt.

Wilhelm Liebknecht formulierte 1872: »Es hat noch nie eine herrschende Kaste, einen herrschenden Stand, eine herrschende Klasse gegeben, die ihr Wissen und ihre Macht zur Aufklärung, Bildung und Erziehung der Beherrschten benutzt und, nicht im Gegenteil, systematisch ihnen die echte Bildung, die Bildung, welche frei macht, abgeschnitten hätte.«[149] Betrachtet man die soziale Herkunft z. B. der preußischen Abiturienten zwischen 1875 und 1899, so stammten sie fast ausschließlich aus dem mittleren, gehobenen und Großbürgertum. Die Karrieren der Söhne glichen denen der Väter; selten, daß dieser Kreislauf einmal zugunsten der unteren Schichten aufgebrochen werden konnte.[150]

Diese profitierten jedoch vom Ausbau des Volksschulwesens und von der Einrichtung der Industrie-, Gewerbe-, Handels- und Real- sowie der Berufs- und Fachschulen. Die Industrialisierung hatte, worüber die Kritik am Gymnasium nicht hinwegsehen lassen darf, einen Durchbruch des Bildungswesens in Richtung Volksbildung bewirkt. Zwei Grundzüge sah *Friedrich Paulsen* im 19. Jahrhundert am Werk: »Der eine die fortschreitende Verweltlichung und Verstaatlichung des Bildungswesens, der andere die beständige Ausbreitung schulmäßiger Bildung über immer weitere Kreise, wenn man so will: die Demokratisierung der Bildung.«[151]

Die Mutter von *Adelheid Popp* war schon mit sechs Jahren in den Dienst gekommen; sie hatte nie eine Schule besucht und konnte weder lesen noch schreiben. Sie war eine Feindin der »neumodischen Gesetze«, wie sie die Schulpflicht nannte. Diese Schulpflicht aber ermöglichte es der Tochter später, trotz Herkunft aus verelendeten Verhältnissen, ›auszubrechen‹: Als sozialdemokratische Agitatorin und Publizistin machte sie ihren Weg.

Der Zweck der Volksschulen und Sonntagsschulen, »die religiös-sittliche Bildung und Unterweisung der Jugend in den für das bürgerliche Leben nöthigen allgemeinen Kenntnissen und Fertigkeiten«, die Einübung von Unterrichtsgegenständen, »die für das bürgerliche Leben vorzugsweise von Nutzen sind« (so der Text des Württembergischen Schulgesetzes von 1836), wurde zunehmend erreicht; nicht zuletzt auch deshalb, weil es viele Lehrkräfte, gerade auf dem Lande in den Zwerg- und Klippschulen, gab, die aufopferungsvoll ihren Kindern viel ›beibrachten‹ und ihnen zudem jene menschliche Wärme und Geborgenheit vermittelten, die das Elternhaus angesichts seiner schlechten wirtschaftlichen Lage nicht bieten konnte. Hatte, so berichtet *Friedrich Hebbel*, Sohn eines Maurers, über seine Jugendzeit in Holstein, »zunächst der Staat sich in die erste Erziehung gar nicht, in die spätere wenig gemischt« (die Eltern konnten ihre Kinder schikken, wohin sie wollten; die Klipp- und Winkelschulen waren reine Privatinstitute, um die sich selbst die Prediger kaum kümmerten und die oft auf die seltsamste Weise entstanden), so trat in den 20er Jahren des 19. Jahrhunderts eine große Veränderung, ja vollständige Umgestaltung des Schulwesens ein. Den »höchst mangelhaften und der Verbesserung bedürftigen Zuständen sollte nun ein für allemal ein Ende gemacht, das Volk sollte von der Wiege an erzogen und der Aberglaube bis auf die letzte Wurzel ausgerottet werden«. Hebbel steht zwar dem neuen System skeptisch gegenüber, doch empfindet er tiefe Dankbarkeit seinem Lehrer gegenüber:

»Auch Wesselburen erhielt nämlich seine Elementarschule, und an diese wurde ein Mann als Lehrer gewählt, dessen Namen ich nicht ohne das Gefühl der tiefsten Dankbarkeit niederschreiben kann, weil er trotz seiner bescheidenen Stellung einen unermeßlichen Einfluß auf meine Entwicklung ausgeübt hat. Er hieß Franz Christian Dethlefsen und kam aus dem benachbarten Eiderstedt, wo er schon eine kleine Bedienstung gehabt hatte, zu uns herüber.«[152]

Bürgerliches Wohnen

Als Ende des 18. Jahrhunderts im Zeichen der Empfindsamkeit – und durch den ›Unterbau‹ sich verschlechternder ökonomischer wie politischer Verhältnisse bedingt – die Tendenz zur bürgerlichen Innerlichkeit einsetzte, die sich dann in den nächsten Jahrzehnten noch verstärkte und im Biedermeier eine besonders schöne und ergreifende Ausprägung erfuhr, riet *Jean Paul* dem Menschen, die kleinen sinnlichen Freuden höher zu achten als die großen, den Schlafrock höher als den Bratenrock. Dies war zwar aus der Beschränkung heraus gesprochen, aber nicht aus der Beschränktheit; solches Idyll lag nicht, wie es *Friedrich Schiller* am ›falschen Idyll‹ kritisierte, auf dem »Polster der Platitüde«. *Jean Pauls* Rat – »die nötigste Predigt, die man in unserem Jahrhundert halten kann, ist die, zu Hause zu bleiben!« – erfolgte aus der Sorge, daß der Mensch in der »äußeren Welt mit ihren Wolfsgruben, Beinhäusern und Gewitterableitern« zugrunde gehe, wenn er nicht inneren Halt, Geborgenheit im kleinen, fände.[153]

Auch wenn die Menschen des 19. Jahrhunderts dann im Zuge der Industrialisierung nicht zu Hause blieben, sondern, im Gegenteil, expansiv in die Welt hinauszogen, hat sie eine große Sehnsucht nach dem ›Zuhause‹, nach einer sich einbergenden, abgrenzenden, gemütvollen Existenzweise, bestimmt. Der Wohnbereich war allen Schichten hoch und heilig. Selbst unter dürftigsten Verhältnissen versuchte man, sich einen Winkel (etwa in der Küche, die damit zur Wohnküche wurde) heimelig einzurichten.

Diese Wohnwelt war positiv beeinflußt von der genügsamen Heiterkeit des Biedermeier, dessen ›Kleinheit‹ phantasievoll ausstaffiert war. *Spitzwegs* Bilder etwa bekunden die Seligkeit solcher Weltabgeschiedenheit. Die Türme der Stadt, die Dächer, die Häuser sperren ein, verschließen den Blick; kaum daß noch ein Fetzen Himmel zu sehen ist oder daß der Postillion eine Ahnung von draußen hereinbringt. Aber in der Enge ist es nicht trübe: Ein Kind spielt, ein Sonnenstrahl fällt herein, vor dem Fenster hängt ein Vogelbauer, ein paar Geranien ranken an der Mauer empor. Der Mensch fühlt sich im Gärtchen wohl. Der Alte etwa, der friedlich seine Pfeife raucht und eben den Kaffee getrunken hat (das Geschirr steht noch auf dem Tisch), will gar nicht hinaus; sein Blick ist auf andere Dinge gerichtet: Dem Kaktus gilt seine ganze Leidenschaft; eben ist eine Blüte aufgegangen. Sie wird gründlich begutachtet. Der Nachmittag vergeht dabei; wenn es zu Abend läutet, wird der Alte seine schlürfenden Schritte zurück in die Geborgenheit des Hauses lenken.

Solche heiteren Bilder einer versponnenen Welt, in deren Mittelpunkt bei *Spitzweg* oft skurrile Sonderlinge und ›Hagestolze‹, bei *Ludwig Richter* meist die glücklichen Familien stehen, dürfen nicht darüber hinwegtäuschen, daß die in der »Zelle« ihrer Bescheidenheit eingesperrten Spießbürger auch vergrämt darunter leiden, daß sie den Schlafrock nie ausziehen können. Sie spüren die Ungunst der Verhältnisse, sind der Kleinheit als Schicksal überdrüssig. *Spitzwegs* Meisterstück ›Der arme Poet‹ etwa, so *Hubert Schrade*, zeige einen entschiedenen Sinn für Realitäten wie Armut, Hunger und Kälte;

man müsse nur die rechte Hälfte mit dem Poeten abdecken – da bleibe krasses »Milieu«.

Die »Vertikale« des biedermeierlichen Lebens- und Wohngefühls, die Innerlichkeit, schlägt mit zunehmendem technischen und industriellen Fortschritt in die »Horizontale« um. Die ›Gemütlichkeit‹ in Krähwinkel ist dann weniger von der Bereitschaft zur ›Einkehr‹ geprägt; sie hilft, sich vor unliebsamer Verantwortung zu drücken, Not und soziales Elend nicht wahrzuhaben, Weltverantwortung nicht tragen zu müssen; man zieht sich in seine vier Wände zurück. Der Spießbürger, der mit weißer Nachtmütze auf dem Kopfe und weißer Tonpfeife im Maule am langen Sommerabend vor seiner Haustüre sitze und recht behaglich meine, es wäre doch hübsch, wenn er nun so immerfort, ohne daß sein Pfeifchen und Lebensatem ausginge, in die liebe Ewigkeit hineinvegetieren könne – eine solche Vorstellung versetzte *Heine* in zornige Angst. »Denk ich an Deutschland in der Nacht, / dann bin ich um den Schlaf gebracht.«[154]

»Grüß Euch Gott, lieben Leute im Deutschen Lande! Zu den vielen Geschenken, die Euch der heilige Christ beschert hat, kommen auch wir mit einer Gabe – mit einem neuen Blättchen! Seht's Euch an in ruhiger Stunde! Was wir wollen und bringen – das Alles können wir Euch freilich nicht im Voraus sagen; und aus der ersten Nummer werdet Ihr's auch nicht ganz ersehen können; wir hoffen indeß, es soll Euch gefallen. Wenn Ihr im Kreise Eurer Lieben die langen Winterabende am traulichen Ofen sitzt oder im Frühling, wenn vom Apfelbaume die weißen und roten Blüten fallen, mit einigen Freunden in der schattigen Laube, dann leset unsere Schrift. Ein Blatt soll's werden fürs Haus und für die Familie. ...Es soll Euch anheimeln in unserer Gartenlaube, in der Ihr gut-deutsche Gemütlichkeit findet, die zu Herzen spricht. So probiert's denn mit uns, und damit Gott befohlen.«[155]

Als *Ernst Keil* (ursprünglich ein Liberaler der 1848er-Bewegung, der auch im Gefängnis gesessen hatte) mit diesen Worten 1853 das Familienblatt ›Die Gartenlaube‹ aus der Taufe hob und zur Subskription einlud, traf er genau das sich immer stärker ausbildende kollektive Unterbewußtsein, das ins »falsche Idyll« flüchtete. Gemütlichkeit wurde zum Surrogat, das man zur Beruhigung des »schlechten Gewissens« brauchte. Für dieses schlechte Gewissen gab es viele Gründe.

Die häusliche Saturiertheit, das »Kuhglück« der mit Gott und Welt Zufriedenen (mag's »dahinten in der Türkei« und anderswo drunter und drüber gehen) hat *Wilhelm Busch* einfühlend, mehr verstehend denn verurteilend, karikiert.

»Schnell flieht der Morgen – Unterdessen
Bereitet man das Mittagessen. –

Was dies betrifft, so muß man sagen,
Kann Knopp sich wirklich nicht beklagen.
Zum Beispiel könnt er lange suchen
Nach solchen guten Pfannekuchen.
Hierin ist Doris ohne Fehl.

Stets nimmt sie einen Löffel Mehl,
Die nötge Milch, dazu drei Eier,
Ja vier sogar, wenn sie nicht teuer,
Quirlt dies sodann und backt es braun
Mit Sorgfalt und mit Selbstvertraun;

Und jedesmal spricht Knopp vergnüglich:
›Der Pfannekuchen ist vorzüglich!‹

Oh wie behaglich kann er nun
An Doris' treuem Busen ruhn.
Gern hat er hierbei auf der Glatze
Ein loses, leises Kribbelkratze.
So schläft er mit den Worten ein:
›Wie schön ist's, Herr Gemahl zu sein!‹ ...«[156]

Die Wohnwelt war aber auch Wahnwelt: Die Außenwelt spiegelte die Innenwelt mit ihren Ängsten, wie sie der erbarmungslose Kampf ums Dasein, das sozialdarwinistisch begründete Leistungsprinzip, der manische Zwang zum Sozialprestige und die weitverbreiteten, »völkisch« angeheizten Neidgefühle hervorriefen. Diese Außenwelt kapitalistischer Entfremdung konnte in der Innenwelt des Wohnens nicht wirklich kompensiert, sondern lediglich kaschiert werden; vor allem die bürgerliche Wohnung erwies sich somit vielfach als eine Verdinglichung verlorener Identität. Das Idyll entpuppte sich als *horror vacui*.

In der bürgerlichen Wohnung gaukelt Umwelt Schönheit vor, eine Schönheit, die in der häßlichen industriellen Welt vermißt wird. Kul-

24. Bürgerliches Wohnen (Illustration aus den »Fliegenden Blättern«, 1893).

tur wird zum Alibi für den ausbeuterischen Charakter zivilisatorischen Fortschritts; überall sichtbare Armut und selbsterfahrene politische Ohnmacht werden mit Hilfe von Ästhetik verdrängt. Die Strukturmerkmale bourgeoiser Wohnkultur verweisen auf eine fatale Entfremdung von wahrer Intimität und echtem Heimischsein. Das altfränkische Hieronymus-Dasein ist inszeniert. Das fahle Dämmerlicht, das in den Interieurs herrscht, macht das Zimmer zur Gruft, in der das Wohnen zu Grabe getragen wird. Das Kulinarische grenzt an Verwesung.

Dolf Sternberger hat in seinem Buch ›Panorama oder Ansichten vom 19. Jahrhundert‹ die Atmosphäre im Innern des bürgerlichen Hauses mit »Glut und Schimmer« umschrieben.[157] Diffuses Zwielicht will den Zustand des zeitweiligen Rückzuges aus der Helle des Tätigseins fördern; im Dämmerzustand, wie er etwa durch Butzenscheiben, Rouleaus, Portieren, schwere Gardinen hergestellt wird, leuchten Glanzlichter, wie sie das Sozialprestige erfordert, auf: Die auf Prunk hin orientierte irisierende Ausstattung entwickelt dabei ein besonderes Faible für den Orient türkischer, ägyptischer oder maurischer Provenienz. Das Fernweh wird verdinglicht in die Innerlichkeit hereingenommen; vor allem aber verhilft es zur Illusion der Üppigkeit und zu sinnlichen Träumen (zur ›Glut‹). Die Malerei, deren Sujets auch durch »Bilderfabriken« en masse vor allem für Wohn- und Schlafzimmer reproduziert werden, gefällt sich in Phantasien dunkeläugiger, glutäugiger Sklavinnen auf pittoresken Märkten. Der Harem wird Fixierungspunkt kleinbürgerlicher Verdrängung.[158] Im Orient schienen gewisse sexuelle Freizügigkeiten, welche die eigene Kultur mit ihrer Prüderie streng verpönte, selbstverständlich und als zur Kultur gehörend. Wer sich daran erfreute, fiel somit nicht aus der Kultur, sondern mußte sich nur in eine andere Kultur ›einleben‹. So wurde die Orientmode zum Ventil repressiver Kultur, der weiche Plüsch zum Pfühl legitimierter sensualistischer Empfindungsart.

In »Glut und Schimmer« getaucht erscheinen die Teppiche und Gobelins, die mächtigen Möbel, die Statuen und die in Goldrahmen gefaßten Bilder mit ihren häufig mythologischen Darstellungen. Die vollgestopften, überladenen, übermöblierten Wohnzimmer und Wohnungen, gewissermaßen Ateliers (von Künstlern wie *Makart* und *Stuck* maßgebend beeinflußt), zeigen eine Vorliebe für alles Satinierte, für Seide, Atlas, Glanzleder, Goldstuck, Schildpatt, Elfenbein, Perlmutter. »Deutsche Renaissance«, der vorherrschende Repräsentationsstil, erweist sich als Lust am Unechten, als Mischmasch imitierter Stile: Altdeutsches Schmuckgeschirr steht neben dem Rokokospiegel, ein atavistisches Raubtierfell hängt hinter einer orientalischen Mohrenstatue, das Speisezimmer in Cinquecentostil befindet sich neben dem gotischen Schlafzimmer. Jeder verwendete Stoff, so *Egon Friedell*, will mehr vorstellen, als er ist. »Es ist die Ära des allgemeinen und prinzipiellen Materialschwindels. Getünchtes Blech maskiert sich als Marmor, Papiermaché als Rosenholz, Gips als schimmernder Alabaster, Glas als köstlicher Onyx. Die exotische Palme im Erker ist imprägniert oder aus Papier, das leckere Fruchtarrangement im Tafelaufsatz aus Wachs oder Seife. Die schwüle rosa Ampel über dem Bett ist ebenso Attrappe wie das trauliche Holzscheit im Kamin, denn beide werden niemals benutzt; hingegen ist man gern bereit, die Illusion des lustigen Herdfeuers durch rotes Stanniol zu steigern. Auf der Servante stehen tiefe Kupferschüsseln, mit denen nie gekocht, und mächtige Zinnhumpen, aus denen nie getrunken wird; an der Wand hängen trotzige Schwerter, die nie gekreuzt, und stolze Jagdtrophäen, die nie erbeutet wurden.«[159]

Das kleinbürgerliche Wohnen und das Wohnen der aufstrebenden Arbeiterschaft unterscheiden sich im Prinzip nicht von dem des Bürger- und Großbürgertums. Freilich sind die Entfaltungsmöglichkeiten wesentlich geringer; der ›rote Plüsch‹ ist schäbiger. Das kleinbürgerliche Wohnzimmer ist ein typisches Produkt der zwiespältigen Klassensituation: zum Großbürgertum emporgierend, zum Proletariat materiell hinabgezogen, eine Mischung aus großbürgerlichem Salon und dem Allzweckgemach des Eigentumslosen. Nichts geschieht deshalb im Wohnzimmer, bei dem nicht durch das salonhafte Talmi die nackte Not blickte, verschämt kaschiert. Verdrängt von politischer Mitwirkung und der Möglichkeit einer Expansion ins Öffentliche, eingespannt in den Trott des Berufes, der keine Berufung ist, flüchtet sich der Kleinbürger in seine vier Wände, in die er nun die versäumte Öffentlichkeit hineinprojiziert. Wie bei der Bourgeoisie, wenn auch aus anderen Gründen – vorwiegend als Ersatz für die Tagträume, die zur Beute der Betrüger geworden waren –, wird das, was Intimität vortäuscht, zum Ort für Pseudorepräsentation. Im Wohnzimmer wohnt man nicht; Schonbezüge schützen vor Abnützung; im Wohnzimmer ißt man nicht; die gute Stube wartet auf Gäste. Kommunikation, Sozialisation, Intimität werden vom ›Aufwand‹ erstickt.

Man würde jedoch dem Wohnen im 19. Jahrhundert nicht gerecht, wenn man es nur unter dem Aspekt vorgetäuschter Gemütlichkeit sehen würde. Im Rückzug auf das Innere erhielten und entwickelten sich Kräfte, die, gewissermaßen ›festgemacht‹ an ›gediegener‹ Einrichtung, das Glück der Zusammengehörigkeit und die Freude am Zusammenleben förderten. Wenn man die Bilder dieses längst entrückten Lebens betrachtet, empfindet man mit Recht auch ›Nostalgie‹, Sehnsucht nach Heimat: In diesen Wohnungen lebten Menschen, die ein viel ›vertrauensvolleres‹ Verhältnis zur Umwelt als in der späteren Wegwerfgesellschaft hatten. Bürgerliches Wohnen – man kann geradezu von einen »uteralen« Wohngefühl sprechen! – ermöglichte bei aller Ambivalenz dinglich bewirkte bzw. geförderte Geborgenheitsgefühle (man denke an die Gestaltung des Erkers, ans Sofa, an den Nähkasten und an sein Umfeld).

Walter Benjamin hat in ›Berliner Kindheit um Neunzehnhundert‹ (»O braungebackne Siegessäule mit Winterzucker aus Kindertagen«) das Faszinosum der »Schränke« als Momentaufnahme bürgerlicher Wohn-Eigenart festgehalten: »Der erste Schrank, der aufging, wann ich wollte, war die Kommode. Ich hatte nur am Knopf zu ziehen, so schnappte die Tür aus ihrem Schlosse mir entgegen. Drinnen lag meine Wäsche aufbewahrt. Unter all meinen Hemden, Hosen, Leibchen, die dort gelegen haben müssen und von denen ich nichts mehr weiß, war aber etwas, das sich nicht verloren hat und mir den Zugang zu diesem Schranke stets von neuem lockend und abenteuerlich erscheinen ließ. Ich mußte mir Bahn bis in den hinteren Winkel machen; dann stieß ich auf meine Strümpfe, welche da gehäuft und in althergebrachter Art, gerollt und eingeschlagen, ruhten, so daß jedes Paar das Aussehen einer kleinen Tasche hatte. Nichts ging mir über das Vergnügen, meine Hand so tief wie möglich in ihr Inneres zu versenken.«[160]

Familienleben

Ambivalente Beurteilung sollte auch das Familienleben im Zeitalter der Industrialisierung erfahren. Die »deutsche Familie« realisierte die Idee gemütvollen Zusammenlebens; aber sie bedeutete auch praktizierte Ideologie: der Anspruch war dann nur vorgetäuscht, nicht erfüllt.

Die familiäre ›Geschlossenheit‹, Zusammengehörigkeit spricht aus vielen Familienphotos der damaligen Zeit. Die innere Zuwendung zum anderen tritt in diesen Bildern oft in rührender Betulichkeit zutage; die Prozedur des Photographierens, die Feierlichkeit des Vorgangs, veranlaßte die Menschen geradezu, ihre ganze ›Essenz‹ nach außen zu projizieren. So wie die Wohnung als topographisches Refugium vor den Stürmen der Zeit dienen sollte, war die Familie dazu auserkoren, der Rücksichtslosigkeit des Lebens ›da draußen‹ mit einem großen Glanz von innen entgegenzutreten.

Mittelpunkt der Familie war die Mutter. Schon von Kind an wurden die Töchter auf die spätere sorgende, umhegende, Haus und Hof lenkende Rolle hin erzogen (während dem Vater patriarchalisch-autoritäre Strenge, Entscheidungs- und Befehlsgewalt zukam). Die bürgerliche Frau war weitgehend auf die vier Ks festgelegt: Kinder – Küche – Kirche – Kosmetik. Sie partizipierte kaum an den mit der Industrialisierung einhergehenden liberalen und emanzipatorischen Tendenzen, auch wenn die anhebende feministische Bewegung (deren Vertreterinnen damals »Blaustrümpfe« genannt wurden) eine erste Verbesserung ihrer gesellschaftlichen Situation erreichte. Bei den Arbeiterfrauen, meist in untergeordneter (Fabrik-)Tätigkeit beschäftigt, war die ›Versklavung‹ noch stärker ausgeprägt, obwohl der Sozialismus sich sehr früh und intensiv um die Befreiung der Frau kümmerte und auch eine Reihe von Arbeiterfrauen führende Funktionen in der sozialistischen Bewegung übernahmen.

Der Mangel an Gleichberechtigung forderte der Frau ein hohes Maß an Opfermut, Genügsamkeit und Leidensfähigkeit ab. Die Bereitschaft vieler Frauen, ein Leben lang für Familien und Kinder »mühselig«, unermüdlich und mühevoll, tätig zu sein, hat das Bild der Mutter (und Großmutter) den Generationen dieser Epoche tief eingeprägt. Idealistisch überhöht, aber deshalb keineswegs unzutreffend, hat *Friedrich Schiller* diese gleichermaßen entbehrungsreiche wie »dankbare«, das heißt mit viel Dankbarkeit bedachte Rolle der Frau im 19. und 20. Jahrhundert im ›Lied von der Glocke‹ vorweggenommen:

»... Und drinnen waltet
die züchtige Hausfrau,
die Mutter der Kinder,
und herrschet weise
im häuslichen Kreise,
und lehret die Mädchen
und wehret den Knaben,
und reget ohn' Ende
die fleißigen Hände,
und mehrt den Gewinn
mit ordnendem Sinn,
und füllet mit Schätzen die duftenden Laden,
und dreht um die schnurrende Spindel den Faden,
und sammelt im reinlich geglätteten Schrein,
die schimmernde Wolle, den schneeigten Lein,
und füget zum Guten den Glanz und den Schimmer
und ruhet nimmer.«[161]

In ihren ›Lebensberichten‹, den Aufzeichnungen alltäglicher Schicksale, hat *Cornelia Julius* unter anderem die Biographien und das soziale Umfeld der Luise Juliana Margarete N. und der Marga S. beschrieben.[162] Beide Gestalten können für die Verschiedenartigkeit ›fraulicher Existenz‹ im Maschinenzeitalter stehen, wobei sich bei allen sozialen und ökonomischen Unterschieden als gemeinsamer Nenner die Tatsache ›verfehlten Lebens‹ ergibt.

Die Mutter der Luise Juliana Margarete N. war als einziges Kind aufgewachsen; sie erhielt von ihren Eltern eine erstklassige Ausbildung: Sie besuchte zunächst ein Lyzeum und später ein Internat; zusätzlich hatte sie Klavierstunden, dann Unterricht bei einer Tänzerin und einer Malerin. »Mutter war allem Schönen und Edlen aufgeschlossen.« Eine Berufsausbildung war nicht vorgesehen. Die Familie wohnte in einem um die Jahrhundertwende gebauten Haus, dessen Fassade mit Jugendstilornamenten verziert war. »Es war ein schönes Haus.« An der Tür war ein Messingschild mit der Aufschrift ›Betteln und Hausieren verboten‹ angebracht. Die Wohnung bestand aus Diele, Salon, Eßzimmer, Wohnzimmer, Elternschlafzimmer, Mädchenzimmer und zwei Dachkammern; außerdem gehörten ein großer Flur, Küche, Badezimmer, Toilette, Wintergarten und drei Veranden dazu. Im Keller befanden sich die Waschküche, der Kartoffel- und der Kohlenkeller. Der Dachboden wurde zum Aufhängen der Wäsche und zum Abstellen von nicht gebrauchten Möbeln und Koffern benützt.

Im Bücherschrank des Wohnzimmers standen die Werke von *Schiller, Lessing, Goethe*, ferner ›Meyers Konversationslexikon‹, christliche Hauspostillen, die gesammelten Werke von *Wilhelm Busch* und Velhagen/Klasings Monatshefte, welche die Eltern abonniert hatten. An den Wänden hingen Bilder, welche die Mutter selbst gemalt hatte.

Am Morgen, während die Mutter noch schlief – »sie war sehr zart und brauchte immer viel Schlaf« –, schürte das Dienstmädchen den Herd, im Winter die Öfen an, bereitete das Frühstück für alle, versorgte die Kinder für die Schule, kaufte ein und putzte. Dann stand die Hausfrau auf und wandte sich ihrer täglichen Aufgabe zu: dem Kochen. – Die Nachmittage wurden dazu benutzt, Besuche zu machen oder zu empfangen. Wenn Mutter ihr Kränzchen einmal in der Woche empfing, mußten sich die Kinder »ein bißchen hübsch machen«; dafür wurden sie von den Damen des Kränzchens bewundert und gelobt. »Was hast du wieder für ein entzückendes Kleid an, ist es neu?« – Einmal in der Woche traf sich die Mutter mit den Tanten zum Spaziergang; ansonsten verbrachte man die Nachmittage mit Handarbeiten, Malen, Lesen oder Musizieren. Kein Konzert, keine Oper, keine Operette wurden versäumt. Die Kinder erlebten schon frühzeitig in Kindervorstellungen ›die Welt des Theaters‹: Märchenspiele, Weihnachtsmärchen, Kinderopern. Die Geburtstage der Familienmitglieder und der Verwandtschaft wurden ausgiebig gefeiert. Höhepunkt des Familienjahres war das Weihnachtsfest. Luise Juliana Margarete N. hatte viel Spielzeug. Im Sommer ging sie mit ihren Eltern auf Sommerfrische; Mutter und Kinder blieben meist einige Zeit länger als der Vater, der sehr viel ›geschäftlich‹ zu tun hatte. Über bestimmte Themen wurde in der Familien nicht gesprochen; dazu gehörten Geld und Sexualität.

Konnte eine Frau wie Luise Juliana Margarete N. nicht rechtzeitig verheiratet, ›unter die Haube‹ gebracht werden, lebte sie mehr schlecht als recht als »alleinstehendes Fräulein« mit dem hinterlassenen Vermögensanteil ihrer Eltern, als Haushälterin bei Geschwistern oder als unverheiratete ›Tante‹ in der Großfamilie. Krieg und Inflation zerstörten häufig die Lebensgrundlage; die »höheren Töchter aus gutem Hause« verfielen in tragische und schweigsam ertragene Armut.

Marga S. hatte sieben jüngere Geschwister; sie wohnte in einer Arbeiterkolonie mit zusammen fünfzehn anderen Mietparteien. Jede der ebenerdigen Wohnungen bestand aus ›Vorplatz‹, Stube und Kammer. Der Vorplatz hatte einen Steinboden und weißgekalkte Wände ohne Schmuck, keine Fenster. Eingerichtet war er mit einer Truhe, einem kleinen Tisch mit drei Stühlen, einem Herd und einem Buffet für Geschirr. In der Ecke waren Kartoffeln und Tannenzapfen gesammelt. Im Sommer hielt sich die Familie meist im Vorplatz auf; dort wurde gekocht, gegessen und gewaschen. Die Tür blieb den ganzen Tag über zum Hof offen. Im Winter diente die Stube als Aufenthaltsort; sie hatte einen Holzboden, weiß getünchte Wände mit Weihwasserbehälter und einem Kruzifix an der Wand. Die Einrichtung bestand aus einem Kachelofen, einem Tisch mit vier Stühlen, einem Frisiertisch und zwei Betten. Fensterbänke von Stube und Kammer waren im Sommer mit Geranien geschmückt. In der Kammer standen nochmals zwei Betten, von denen jedes mit einem Strohsack, vier Kopfkissen und einem Deckbett ausgestattet war. In jedem schliefen vier Kinder. Außer für die Mutter wurde nie Kleidung gekauft; alles, was die Kinder besaßen, hatte die Familie von anderen geschenkt erhalten. Am Waschtag hielten sich die Kinder, wenn sie keine Wechselkleidung hatten, so lange im Unterhemd in der Stube auf, bis die Wäsche wieder getrocknet und gebügelt war. Vom Frühjahr bis zum November lief man barfuß. Während die Mutter früh noch liegen blieb – »sie war immer etwas lebensunlustig und hatte kaputte Nerven« –, stand Marga um 6.30 Uhr als erste auf; nachdem der Ofen angeschürt war, putzte sie alle Schuhe. Danach wurden die jüngeren Geschwister gewaschen und angezogen. Um 7.30 Uhr ging sie jeden Morgen mit den älteren in die Kirche, anschließend ins Altersheim zum Frühstück und dann zur Schule. Die Schule dauerte vormittags bis 11 Uhr; währenddessen verrichtete die Mutter häusliche Arbeiten. Sie achtete streng auf Sauberkeit; täglich wurden alle Böden gewischt. Mittwochs und samstags scheuerte sie den Stubenboden mit Kernseife und Bürste. Wenn Marga mittags nach Hause kam, erwartete sie die Mutter bereits mit einem Milchhautbrot und dem Kinderwagen mit den zwei jüngsten Geschwistern zum Kinderhüten. Im Wagen steckte eine Milchflasche. Bis zum späten Nachmittag mußte sich Marga mit den Kindern im Freien aufhalten, wo sie die Kinder auch fütterte und trockenlegte. Den Nachmittagsunterricht in der Schule, täglich von 13 bis 16 Uhr, durfte sie deshalb meist nicht besuchen. Abends um 18.30 Uhr lieferte sie den Kinderwagen zu Hause ab und ging dann mit den fünf übrigen Geschwistern ins Kloster zu den Patern essen. Gegen 20 Uhr mußten alle Kinder ins Bett. Der Vater arbeitete in einer Fabrik, die aus Knochen Leim und Seife herstellte; er verdiente 25 Mark in der Woche. Vorteile brachte seine Arbeit dadurch, daß er manchmal Knochenfett heimlich in eine Flasche abfüllen und mit nach Hause nehmen konnte. Damit briet die Mutter ›Backers‹ für alle. Vater riskierte wegen des ›Diebstahls‹ seinen Arbeitsplatz. Zum Militärdienst wurde er wegen Gesundheitsmängeln nicht eingezogen; mit 40 Jahren starb er. Das Geld, das die Familie heimbrachte, mußte grundsätzlich bei der Mutter abgeliefert werden.

Wenn die Nachbarn die Mutter aufforderten, die Kinder nicht zum Essen wegzuschicken (»Käte, laß halt dei Kinder heut daham«), ging sie zum Bäcker und Metzger einkaufen; sie ließ anschreiben; abends mußte sie darüber weinen, weil sie keine Schulden haben mochte.

Die Stunden zwischen den Schichten verbrachte der Vater teilweise in einem Gartenschuppen, der seiner Mutter gehörte; dort fand er

25. Weihnachten, 1883.

Ruhe zum Schlafen. Zu Hause war es zu laut. Wenn die Familie gemeinsam Winterabende in der Stube verbrachte, wurden die Kinder von der Großmutter mit Vorlesen beschäftigt, oder sie spielten. Der Heilige Abend war der fröhlichste Tag im Jahr; der Vater holte den Christbaum aus dem Wald; die Geschenke wurden unter dem Baum aufgestellt.

Die Familie verbrachte den Abend in der mit Koks geheizten Stube. Für die Feiertage wurde ein halber Zentner gekauft. Als Festessen gab es Malzkaffee und Stollen. An Weihnachten schimpfte und schlug niemand. Frauen wie Marga S. gingen meist ›in Stellung‹, oder sie verbrachten ihr Leben als Fabrikarbeiterinnen. Häufig gelang es ihnen, wenn sie aus einer ›soliden Familie‹ stammten, welche die Armut nicht hatte verwahrlosen lassen, einen ›braven‹ Mann in einer etwas besseren Position zu heiraten.

Dame und Arbeiterin

Nora verläßt in *Ibsens* Drama ihre Familie, weil sie sich von ihrem Mann nicht mehr als willenloses Ausstattungsstück im ›Puppenheim‹ behandeln lassen will.

»Als ich zu Hause bei Papa war, sagte er mir alle seine Ansichten, und so hatte ich dieselben Ansichten; und wenn ich andere hatte, verheimlichte ich sie; denn das wäre ihm nicht angenehm gewesen. Er nannte mich sein Püppchen und spielte mit mir, wie ich mit meinen Puppen spielte. Dann kam ich zu dir ins Haus – ... Unser Heim war nichts anderes als eine Spielstube. Hier war ich deine große Puppe, zu Hause Papas kleine. Und die Kinder waren wiederum meine Puppen.«[163]

Als Thorwald Helmer seine Frau an ihre Pflichten als Gattin und Mutter erinnert, antwortet Nora: »Daran glaube ich nicht mehr. Ich glaube, daß ich zuvörderst ein Mensch bin, ebensogut wie du – oder jedenfalls, daß ich versuchen will, es zu werden ... Ich liebe dich nicht mehr.«[164]

Ibsens Schauspiel wurde in Deutschland als eine Sensation empfunden. Eine Frau emanzipierte sich, verließ ihre Familie, um ihren eigenen Weg zu gehen – die Frauenfrage wurde zu einem wichtigen Thema bürgerlicher Kreise. Man wollte Erziehung und Bildung reformieren; vor allem forderte man eine verbesserte theoretische und praktische Ausbildung der Mädchen, einschließlich des freien Zugangs zur Universität.

Bürgerliche Frauen, die vom Emanzipationsprozeß profitiert hatten, lenkten dann auch den Blick auf die Frauenprobleme der unteren Schichten. »Als eifrige Kämpferin für unser gutes Recht habe ich vielfach Gelegenheit gehabt zu sehen, daß fast alle deutschen Frauen unter den Kämpferinnen, auch die tüchtigsten, die Kirche am Turm anfangen zu bauen, d. h. sie berücksichtigen bei ihrem Streben immer nur das Frauenstudium und die Gleichberechtigung mit dem Mann, ohne in die unteren Kreise hinabzusteigen, um die Frauen dort kennenzulernen. Auch ich will Gleichberechtigung mit dem Manne; aber solange Tausend und Abertausend von Frauen in Elend, Knechtschaft und Verrohung schmachten, muß erst diesen geholfen werden, ehe man die verhältnismäßig noch gut dastehenden Oberen unterstützt«, schrieb Dr. *Minna Wettstein-Adelt* in ihrer »practischen Studie« ›3½ Monate Fabrik-Arbeiterin‹ (sie hatte sich dabei an *Paul*

Göhres Schrift ›Drei Monate Fabrikarbeiter und Handwerksbursche‹ orientiert).[165]

Minna Wettstein-Adelt arbeitete in vier Fabriken verschiedener Branchen sowie in einer Fabrik auf dem Lande, um auch die Landarbeiterbevölkerung und die Hausindustrie kennenzulernen. Ihre Erkenntnisse aus diesen »schweren Monaten« faßte sie in ihrem Buch »zum Wohle ihrer leidenden Geschlechtsgenossinnen« zusammen.[166]

Bei den Arbeiterinnen handle es sich keineswegs um eine uniformierte Gesellschaft mit gleichförmigen Verhaltensweisen. Je gröber und schwerer die Arbeit, je roher auch die Menschen. Die Mädchen etwa in Handschuh- und Strumpffabriken seien grundverschieden im Benehmen wie in der Kleidung gegenüber denjenigen, die Maschinenarbeit verrichteten. »Die Krone der Verkörperung aller sittlichen Roheit aber fand ich bei den Arbeiterinnen in Spinnereien; solch unglaubliche Dinge, wie ich sie dort erlebt und gehört habe, hatte ich bis jetzt nicht für möglich gehalten.«

Frauen, die in der Strumpffabrik arbeiteten, verdienten am schlechtesten; der beste Akkordsatz erbringe wöchentlich 5 bis 6 Mark; manchmal kämen Arbeiterinnen nur auf 2,50 bis 3 Mark. Eine ewige Borgerei herrsche unter den Mädchen; mehr als 15 Pfennige verleihe aber keine. In vielen Fällen verkauften sie auch ihr Mittags- und Vesperbrot, d. h. wer zu viel habe, gebe einer anderen Brot oder Kartoffeln, die dafür am nächsten Zahltag 3 bis 7 Pfennige entrichte.

Der materiellen Ausbeutung der Frauen könne man nur geschlossen entgegentreten. »Und das eben mache ich den arbeitenden und erwerbenden Frauen Deutschlands zum schweren Vorwurf, daß sie sich alles bieten lassen, daß sie wohl einzeln, nicht aber alle vereint offen gegen unhaltbare Zustände auftreten. Und doch macht nur die Einigkeit stark.«

Im Hinblick auf die Biographien stellt *Minna Wettstein-Adelt* fest, daß die Arbeiterinnen in allen Fabriken, in denen sie war, entweder vom 14. Jahre an in der Fabrik gearbeitet hätten (»das waren die tüchtigen, ordentlichen Mädchen«) oder entlassene Dienstmädchen gewesen seien.

Die echte Arbeiterin sehe das frühere Dienstmädchen größtenteils als eine verkommene Existenz an, über die sie sich erhaben fühle. Das Dienstmächen wiederum habe ständig die feinen Leute im Munde, bei denen sie gedient. Es käme deshalb öfters zu Streitigkeiten, ja selbst zu Tätlichkeiten. Überhaupt gäbe es unter den Arbeiterinnen

26. Arbeiterinnen-Versammlung (»Illustrirte Zeitung«, Leipzig 1890).

starke Spannungen. Die Maschinenarbeiterinnen sähen auf die Strumpf- und Handarbeiterinnen herab, weil sie meinen, daß diese mehr Näherinnen und Stopferinnen denn richtige Arbeiterinnen wären. Diese wiederum redeten verächtlich von den Maschinenarbeiterinnen, weil sie schwere und schmutzige Arbeit verrichten müßten. Die Arbeit in den Fabriken sei schwer, eintönig und gesundheitsschädigend. Man wundere sich, daß manche der Mädchen noch so blühend und frisch aussähen und sogar noch Lust hätten, während der Arbeit zu singen, »und zwar innige Volkslieder«.

Mit besonderem Zorn prangert die Autorin den schmachvollen Zustand an, daß Männer Frauen beaufsichtigten, leiteten, auszahlten und unterdrückten. Wenn Mädchen mit guter Bildung, aus guter Familie und mit disziplinarischem Ordnungssinn eine passende Ausbildung fänden, könnten sie die Stellung einer Fabrikdirektrice oder Inspektorin annehmen. »Es würde nicht allein einer Menge stickender und häkelnder Mädchen, elend verkümmerter Gesellschafterinnen und Erzieherinnen geholfen, sondern die Fabrikanten selbst hätten in jenen Damen wirkliche Stützen.«

Ausführlich geht *Minna Wettstein-Adelt* auf die sittlichen Zustände unter den Arbeiterinnen ein. Die Frauen brächten häufig ein uneheliches Kind mit in die Ehe ein, oft auch zwei; fast immer aber seien es die Kinder desjenigen, den sie heirateten.

Ebenso frei und derb, wie die Arbeiterinnen in der Liebe seien, zeigten sie tiefe und ernste Empörung für jede gewerbsmäßig betriebene Unzucht, und ganz speziell für solche Mädchen, die sich an ›feine Herren‹ vergäben. Der Schatz schenke ihnen Garderobe, Schmuck, Wäsche; bezahlen aber ließen sich die Arbeiterinnen ihre Liebe nicht, es muß bei freiwilligen Geschenken bleiben. »Hierin liegt ein Zeichen, daß diese Leute den geschlechtlichen freien Verkehr aus Liebe nicht für unsittlich, sondern für natürlich halten, zur Befriedigung eines Naturtriebes, der nie zum Erwerb herabsinken darf.«

Aus diesem Grunde herrsche eine Abneigung gegen das Militär, ganz speziell gegen gemeine Soldaten und Leutnants. Geradezu fanatisch sei der Haß gegen ›Tintenwischer‹, wie die Schreiber und die im Büro arbeitenden Kaufleute genannt würden. »Ich konnte die Abneigung jener Mädchen gegenüber den jungen Kaufleuten recht wohl begreifen, ja, so lange ich Arbeiterin war, teilte ich sie voll und ganz. Ich mache jenen Leuten hier den Vorwurf, daß sie größtenteils schuld an der Demoralisierung der Arbeiterin sind, und daß sie, wenn die Arbeiterin ihnen nicht zu Willen sein will, diese durch Intrige, heimtückische Verleumdung beim Direktor, boshafte Unterdrückung und Chikanen der Sozialdemokratie in die Arme treiben, umso mehr, als das gesamte sozialdemokratische männliche Fabrikpersonal die Mädchen besser, höflicher und menschenwürdiger behandelt, als es die anderen tun.«

Entsetzt ist die Autorin über die offene und obszöne Art, mit der Fragen der Sexualität behandelt werden. Die Ehe, allgemein als ein Lotteriespiel betrachtet, müsse man in Kreisen der Fabrikbevölkerung ein Hasardspiel nennen. Die Männer, die, des Alleinseins müde, ihren Schatz heirateten, wagten viel: Entweder sie fänden das, was sie erhofften, oder sie kämen ins Elend, aus dem es kein Entrinnen mehr gäbe. Die Ehen seien größtenteils Gegensätze: Entweder werde die Frau geachtet und gut behandelt, oder als Lasttier, Arbeitssklavin, als Mittel zur Befriedigung geschlechtlicher Genüsse angesehen. In kinderlosen und mit einem oder zwei Kindern gesegneten Ehen herrschten gewöhnlich geregelte Verhältnisse, eheliche Einigkeit. Wo viele Kinder seien, dominierten meist Unfriede, Elend, Schmutz und Not; Untreue von seiten des Mannes komme hier viel häufiger vor. Die Ärzte treffe der Vorwurf, daß sie es sind, die der vernünftigen Beschränkung von Kindererzeugung im Wege stünden. – Übrigens würden viele Mädchen in der Fabrik nicht heiraten mögen aus Angst, viele Kinder zu bekommen. Die Sozialdemokratinnen unter den Arbeiterinnen seien die einzigen, die eine vernünftigere ›Kinderproduktion‹ kennten; in deren Haushaltungen herrsche auch durchwegs bessere Wohlhabenheit, Ordnung, Reinlichkeit, und vor allem innigere eheliche Gemeinschaft. Am Abend stünden die Frauen mit den Männern vor den Haustüren und unterhielten sich über politische und andere Tagesereignisse, während die nicht-sozialdemokratischen Männer vielfach die Kneipen aufsuchten und die Frauen zu Hause bleiben müßten. Auch seien die Kinder der Sozialdemokraten besser erzogen, folgsamer und gesitteter. In diesen Schichten, das heißt in den guten Ehen, sei eheliche Untreue unbekannt; die höheren Kreise könnten sich daran ein Beispiel nehmen. Die Mädchen, die sich als Arbeiterinnen ihr Brot seit dem 14. Jahre selbst verdienten, würden ihren Eltern ein regelmäßiges Kostgeld, meist für diese mit einem kleinen Gewinn verbunden, zahlen. Die Autorin findet, daß sich die Mädchen weniger unselbständig und blasiert gäben, als dies bei ›besseren Mädchen‹, die bei der Mutter säßen und ihren ›Erlöser‹ stündlich erwarteten, der Fall sei. Mit der Religion stünden die Arbeiterinnen auf sehr gespanntem Fuße. Fasten und Beten seien ihnen ein Greuel; sie meinten, wer viel bete und in die Kirche laufe, müsse ein schlechtes Gewissen haben.

Durch die bestehenden Verhältnisse würden die Mädchen zur Sozialdemokratie getrieben. Eines Tages werde Arbeiterin gleichbedeutend mit Sozialdemokratin sein. Manche Mutter, die während ihrer Ehe Muße gefunden habe, über sozialdemokratische Ideen nachzudenken, kleide ihre Töchter mit Vorliebe in Rot oder lasse sie, größer werdend, rote Hutgarnituren, rote Schleifen tragen; hier arte die Liebe zur Sozialdemokratie in Fanatismus aus. Insgesamt zeigten die Arbeiterinnen jedoch wenig Interesse an öffentlichen Vorgängen; ihre Kenntnisse über Politik und Gesellschaft seien entsprechend gering. Von der Agitation der Kämpferinnen für Frauenrechte hätten sie kaum eine Ahnung. Von schlimmstem Übel sei die Prostitution: das Werk der Männer, der Gesetzgeber; es seien männliche Prinzipien, die sich hier verkörpert fänden. Da die Arbeiterinnen eine große Vorliebe für Theater, Zirkus, Tingeltangel und Schützenplatz hätten, seien sie sittlich mehr als andere Mädchen gefährdet. Die primitiven Tanzsäle täten ihr übriges. Es gäbe aber auch Tanzetablissements anständiger Art. Besonders das Elend der Stellenlosigkeit treibe die Arbeiterinnen der Prostitution in die Arme.

Minna Wettstein-Adelt wendet sich leidenschaftlich an alle edel denkenden und handelnden Frauen, an alle Mütter und Töchter geliebter Eltern, an all die Glücklichen, die in Sitte und Wohlhabenheit leben könnten; »vor allem aber an alle die tausend und tausend Frauen, die ihr Leben auf der Chaiselongue, in den Hauptstraßen, in Theaterlogen, Gesellschaften, Bällen und Konzerten verbringen, an jene weiblichen ›Blumen‹, die Treibhaus- und Giftplanzen unseres Geschlechtes, an sie wende ich mich mit dem Aufruf: ›Wacht auf aus Eurem jammervollen Dasein, reißt Euch los von den vergiftenden Abenteuern der Boudoirs, aus der ekelhaften, entnervenden Parfumatmosphäre, die Euch umgibt, steigt hinab in die Sphäre der Armut und der Arbeit, und seht Euch um, wie es dort steht. Dann werdet Ihr vielleicht doch noch erkennen, daß Euere jetzige Existenz schmachvoll ist, daß Ihr nicht über den Haremsfrauen steht und daß die Gesetze Eueres Vaterlandes daran arbeiten, Euch festzuhalten im geistigen Elend und in geistiger Knechtschaft. Vielleicht, daß das Ehrgefühl, daß der göttliche Funke in Euch erwacht und Ihr zusammentretet, um mit vereinten Kräften Euer Joch zu brechen! Dann kommt sicherlich der Tag, wo die deutsche Frau zu anderen Frauen nicht mehr hinauf-, sondern herabsehen kann!‹«

Dienstmädchen

Die Dienstmädchen bzw. Dienstboten waren noch viel unfreier und unselbständiger als die Arbeiterinnen. Es gab Dienstbotenordnungen, die der ›Herrschaft‹ das Recht einräumten, den Dienstboten ›auszuleihen‹, seine Arbeitszeit beliebig festzusetzen, bei Verstößen gegen die Hauszucht ihm die Kost zu entziehen oder ihn zu prügeln, ferner die Eheschließung zu verweigern.

Mit dem bürgerlichen Wohlstand wuchs auch die Zahl der Dienstboten. 1890 war in Wien jede achte Frau ein Dienstbote; 1907 betrug im Deutschen Reich der Anteil der Dienstboten 2 % der Gesamtbevölkerung. Ein Drittel von ihnen befand sich im Alter zwischen elf und zwanzig Jahren; deren Abhängigkeit war besonders groß.[167]

Während die Pflichten der Herrschaft meist nur darin bestanden, den versprochenen Lohn pünktlich zu zahlen und ›gute‹, sättigende Speisen zur Kost zu geben, hieß es z. B. von den Aufgaben des Gesindes: »Arbeitspflicht nach dem Willen und den Anordnungen der

Herrschaft; die gesamte Zeit hat sich der Dienstbote dem Dienst zu widmen, und zwar nicht nur für die Herrschaft selbst, sondern auch für sämtliche Familienangehörige und Gäste; der Dienstbote untersteht der Aufsicht der Herrschaft, darf ohne Erlaubnis nicht ausgehen. ... Der Dienstbote hat treu, fleißig, aufmerksam, gesittet und anständig, reinlich, ehrerbietig, gottesfürchtig und sittlich und verträglich zu sein; er soll keinen Aufwand treiben und die Treuepflicht erfüllen, d. h. nicht klatschen, naschen, stehlen.«[168]

Bei Stellungswechsel konnte mit dem Zeugnis über das Schicksal des Dienstmädchens entschieden werden; fehlte zum Beispiel das Wort ›ehrlich‹, bestand für dieses kaum eine Chance, je wieder unterzukommen. Das Klagerecht der Dienstboten war sehr beschränkt; im übrigen wurde das Recht des häuslichen Gesindes als Sonderrecht gehandhabt, »weil es in der Aufnahme in die Hausgemeinschaft der Herrschaft eine Grundlage hat, die es von den Verhältnissen der übrigen arbeitenden Klasse unterscheidet«.[169]

Die Aufnahme in die »Hausgemeinschaft der Herrschaft« führte zwar oft dazu, daß eine sehr enge familiäre Bindung entstand, die sich besonders auf die Kinder übertrug (die dann auch als Erwachsene noch ihre ›Minna‹, ihre ›Perle‹ hochschätzten); dies änderte jedoch nichts daran, daß, objektiv gesehen, der Stand der Dienstmädchen sehr stark unterprivilegiert war. Dies zeigte sich vor allem bei der Unterbringung. In *Theodor Fontanes* Roman ›Der Stechlin‹ (1897) klagt das Dienstmädchen Hedwig, daß meist nicht einmal eine ordentliche Schlafgelegenheit vorhanden sei; die Hängeböden würden häufig dafür herangezogen: »Immer sind sie in der Küche, mitunter dicht am Herd oder auch gerade gegenüber. Und nun steigt man auf eine Leiter, und wenn man müde is, kann man auch runterfallen. Aber meistens geht es. Und nun macht man die Tür auf und schiebt sich in das Loch hinein, ganz so wie in einen Backofen. Das is, was sie ne Schlafgelegenheit nennen.«[170]

Um die Jahrhundertwende wurde von einem Privatdozenten in Berlin eine Erhebung über die Beherbergung der Dienstmädchen durchgeführt. Er stellte fest, daß bei 466 erfaßten Fällen 56% der Mädchen eigene Zimmer hatten. Von den restlichen 205 Mädchen schliefen 18 in einer Abteilung des Badezimmers, 15 in der Küche und 128 (27%), also die meisten, auf Hängeböden. Auch eine süddeutsche Darstellung beschrieb 1894 die Wohnstätten der Dienstmädchen als »Hundeställe und Löcher«. Durch den Bau größerer Wohnungen

27. Hausmädchen bei einem Warenhausbesitzer, 1918.

wurde ihre Lage eher verschlechtert als verbessert. »Früher hatte man für die Mädchen ein Stübchen mieten müssen. Jetzt wies man ihnen in den großen Wohnungen oft Schlafräume an, die nicht den Namen Stube verdienten. In München wohnten nach einer statistischen Erhebung, die zu Anfang des 20. Jahrhunderts durchgeführt wurde, über 2000 Dienstboten in Räumen, die kein Fenster nach außen hatten und nur mittelbar Licht und Luft bekamen. Übler oder muffiger Geruch, Hitze oder Feuchtigkeit und geringe Höhe der Schlafräume wurden allgemein beanstandet. Es gab die Regel, daß ein Dienstherr dem Dienstboten für den gesundheitlichen Schaden haftete, wenn er ihm eine ungesunde oder feuchte Kammer anwies. Mag auch fraglich sein, ob dieser Schadensersatz praktisch durchsetzbar war, so ist wohl sicher, daß die Regelung vorgeschlagen wurde, weil der Mißstand häufig genug vorkam.«[171]

Hatte früher das Dienstmädchen immerhin am gemeinsamen Essen der Herrschaft teilgenommen, so bürgerte sich nun zunehmend der Brauch ein, ihm einen separaten Eßplatz in der Küche, die sich häufig im Kellergeschoß befand, oder in einem Nebenraum zuzuweisen. Erst der Weltkrieg brachte da eine Änderung. Der Mangel an Heizungsmaterial (besonders im Kriegswinter 1917) bewirkte, daß die Menschen zusammenrückten. Man sammelte sich jetzt in der kalten Jahreszeit an einer gemeinsamen Wärmestelle. So brachte die Not eine soziale Scheidung zu Fall, die danach nie wieder recht aufgerichtet wurde.[172]

Autobiographische Zeugnisse von Dienstmädchen sind selten. Anna W. stellt da eine Ausnahme dar. In korrekter alter deutscher Schrift hat sie ihr Leben beschrieben. Sie wurde 1878 als älteste von vier Schwestern geboren; der Vater war blind und knüpfte mit Hilfe eines durchlochten Holzgriffes Waschseile im Lohn. Die Mutter war die eigentliche Ernährerin der Familie; sie arbeitete die ganze Woche im Waschhaus; es war eine ständig bodennasse Waschküche, in welcher fünf Frauen, in Dampf gehüllt, Wäsche im Holzzuber zu bürsten hatten.

Annas ganzes Leben war Mühe und Arbeit für andere. Nicht einmal zu einem bescheidenen Wohlstand kam sie, denn ihre Ersparnisse wurden in beiden Kriegen entwertet. 1976, achtundneunzigjährig, meinte sie: »Mir ist es immer gut gegangen und jetzt bin ich dankbar, daß ich in einem so schönen Altersheim wohnen kann, wo für alles gesorgt ist.«[173]

Enteignete Körperlichkeit

In *Minna Wettstein-Adelts* Bericht über die Situation der Fabrikarbeiterin spielt die sexuelle Frage eine große Rolle. Die Autorin ist gleichermaßen fasziniert von der offenen Ansprache des Geschlechtlichen in den ›unteren Ständen‹ wie abgestoßen von der dabei zutage tretenden Derbheit.

Die Emanzipationsbewegung, die für die Rechte der Frau kämpfte, wandte sich gegen deren Stilisierung zum idealistischen Wesen; die Natürlichkeit gehe verloren. Die Erziehungsziele der ›Höheren-Töchter-Ideologie‹, die auch bei ›Blaustrümpfen‹ ihre Spuren hinterließ, waren ausgerichtet auf Liebesidyll und Ehe; Sexualität war tabuisiert; sie paßte nicht zum Jungmädchendasein, wie es vor allem Literatur und Kunst süßlich verklärten.

Die Stimmungslage romantischer Liebessehnsucht und mystifizierter Keuschheitsgelübde, die oft in der Hochzeitsnacht zerbrach (zumal die Männerwelt mit ihren sexuellen Obsessionen in der Unberührtheit der Frau ein Aphrodisiakum sah), spiegelt sich in besonderer Weise in *Adelbert von Chamissos* Gedicht ›Frauen-Liebe und Leben‹; aus dem Biedermeier in die zweite Phase der Industrialisierung hinüber›transportiert‹, wird sie nun zum wesentlichen Teil des erotischen Sozialisationsmusters.

»Seit ich ihn gesehen,
glaub ich blind zu sein
wo ich hin nur blicke
seh' ich ihn allein.«

Mit verinnerlicht war der Überheblichkeitsanspruch der patriarchalischen Gesellschaft; die Frau hatte dem Männlichkeitswahn entsprechenden Tribut zu leisten:

»Er, der Herrlichste von allen,
wie so milde, wie so gut!
Holde Lippen, klares Auge,
heller Sinn und fester Mut.

So wie dort in blauer Tiefe,
hell und herrlich jener Stern,
also er an meinem Himmel,
hell und herrlich, hoch und fern.«[174]

Bürgerliche Normen, Tabus und Tugendvorstellungen – »ein anständiges Mädchen hat einen Kopf und zwei Hände und sonst nichts!« – bestimmten das individuelle wie kollektive Verhalten. Die triebdynamische Energie wurde durch Zensur des gesellschaftlichen Über-Ichs, das aufgrund der allgemeinen Disziplinierungstendenzen des Industrialisierungsprozesses besondere Bedeutung erhielt, in den seelischen Untergrund verbannt; von dort drängte sie in Form von Neurosen nach oben.

Hysterische und nervöse Charaktere, deren sich die Kunst des *Fin de siècle* in besonderem Maße annahm, waren ein charakteristisches Merkmal der bürgerlichen Gesellschaft. Die Neurasthenie diagnostizierte *Sigmund Freud* als Folge unbewältigter Triebkonflikte. In der 1908 erschienenen Abhandlung »Die ›kulturelle‹ Sexualmoral und die moderne Nervosität« heißt es – wobei deutlich wird, daß *Freud* das bürgerliche Unterbewußtsein als Bürger deutet (als Teil der Gesellschaft, die er dekuvriert): »Die Erfahrung lehrt, daß es für die meisten Menschen eine Grenze gibt, über die hinaus ihre Konstitution der Kulturanforderung nicht folgen kann. Alle, die edler sein wollen, als ihre Konstitution es ihnen gestattet, verfallen der Neurose; sie hätten sich wohler befunden, wenn es ihnen möglich gewesen wäre, schlechter zu sein.«[175]

Die Bewältigung des Sexualtriebs durch Sublimierung, durch Ablenkung der sexuellen Triebkräfte vom sexuellen Ziel auf höhere kulturelle Ziele, gelinge nur einer Minderheit, und wohl auch dieser nur zeitweilig. Die Industriegesellschaft mit ihrer Reizfülle erschwere noch zusätzlich die ›Veredelung‹. Das Leben in den großen Städten werde immer raffinierter und unruhiger. *Freud* zitiert zustimmend eine Bemerkung von *W. Erb* aus dem Jahre 1893: »Der erschlafften Nerven suchen ihre Erholung in gesteigerten Reizen, in stark gewürzten Genüssen, um dadurch noch mehr zu ermüden; die moderne Literatur beschäftigt sich vorwiegend mit den bedenklichsten Problemen, die alle Leidenschaften aufwühlen, die Sinnlichkeit und Genußsucht, die Verachtung aller ethischen Grundsätze und aller Ideale fördern; sie bringt pathologische Gestalten, psychopathisch-sexuelle, revolutionäre und andere Probleme vor den Geist des Lesers; unser Ohr wird von einer in großen Dosen verabreichten aufdringlichen und lärmenden Musik erregt und überreizt, die Theater nehmen alle Sinne mit ihren aufregenden Darstellungen gefangen; auch die Bildenden Künste wenden sich mit Vorliebe dem Abstoßenden, Häßlichen und

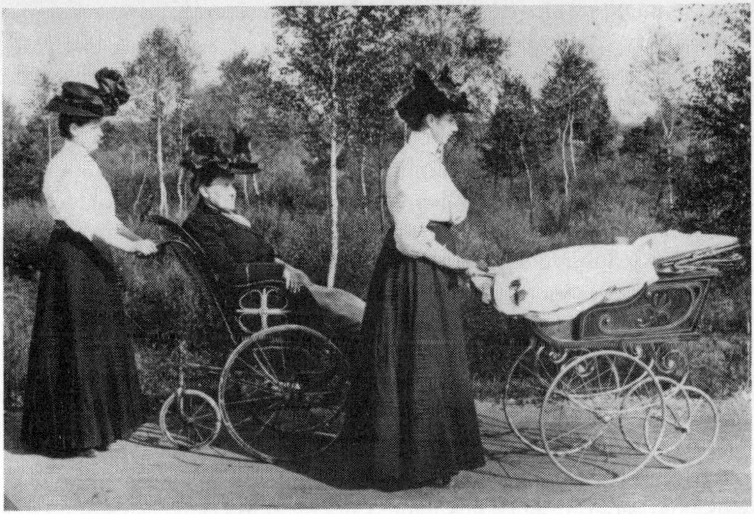

28. Mutter, Großmutter und Tochter (1907).

Aufregenden zu und scheuen sich nicht, auch das Gräßlichste, was die Wirklichkeit bietet, in abstoßender Realität vor unser Auge zu stellen.«[176]

In einer Gesellschaft, die auf der einen Seite Sexualität verpönte und auf der anderen die Triebkräfte anreizte, wobei besonders die Verhüllungs- wie Verdrängungsmanier sexuelle Neugierde aktivierte, in einer Gesellschaft, die der offenen Behandlung geschlechtlicher Fragen aus dem Weg ging und das Zwielichtige bevorzugte, blühten die Ventilsitten: von der Pornographie bis zur Prostitution.

Während die streng erzogene Frau sich ernsthaft der Kulturforderung auf voreheliche Keuschheit und nacheheliche Treue unterwarf und – wie *Freud* feststellt – im Konflikt zwischen Begierde und Pflichtgefühl ihre Zuflucht häufig in der Neurose fand (zu deren Heilung sich die Psychoanalyse etablierte), wurde die gesellschaftlich depravierte Frau, etwa die Arbeiterin, das Dienstmädchen, das Ladenmädel, zum sexuellen Freiwild; während also die bürgerliche Gesellschaft der ›edlen Frau‹ Keuschheit abverlangte, waren das Verhältnis, die Liebelei, der Seitensprung, die Prostitution mit dem männlichen Tugendsystem durchaus vereinbar.

In seiner Autobiographie ›Jugend in Wien‹ schreibt *Arthur Schnitzler*, Prototyp des Lebemanns und Dandys, vom Urbild des ›süßen Mädels› (um das dann viele seiner Dramen kreisten), daß es verdorben gewesen sei ohne Sündhaftigkeit, unschuldsvoll ohne Jungfräulichkeit, ziemlich aufrichtig und ein bißchen verlogen, meistens sehr gut gelaunt und doch manchmal mit flüchtigen Sorgenschatten über der hellen Stirn. »Und war sie eben noch in dem behaglichen, wohlgeheizten Kämmerchen, in das sie mir immer erst nach einigem Zögern folgte, im Zauber der Stunde selig verloren, die ausgelassen-zärtliche Geliebte gewesen, so mußte sie nur über die schwachbeleuchtete Treppe, durch den halbdunklen Hausflur, aus der verschwiegen-dämmrigen Nebengasse in den nüchtern-grellen Laternenschein der Hauptstraße treten, um sich, ein unauffälliges, kleines Bürgerfräulein unter vielen anderen, mit unbefangenen hellem Auge, in das Gewimmel der abendlichen Geschäfts-, Spazier- und Heimwärtsgänger zu schicken; und eine Viertelstunde darauf erschien sie gewiß, zwar etwas verspätet, aber harmlos lustig und Lustigkeit um sich verbreitend, als das brave, schlimme Töchterchen am Familientisch und brachte, ob man's glauben wollte oder nicht, eine schöne Empfehlung von dem Kaufmann, wo sie irgend was besorgt oder einen Gruß von der Freundin, mit der sie sich wie gewöhnlich ein bißchen verplaudert hatte.«[177]

Was hier als Libertinage des Mittelstandshaushalts graziös geschildert wird, verlief in den Schichten darunter direkter und derber. Während die sozialdemokratisch orientierten Familien – wie auch *Minna Wettstein-Adelt* feststellte – moralisch ›einwandfrei‹ sich verhielten, (offensichtlich war das politische Engagement der Sublimierung förderlich), ging ansonsten die Promiskuität Hand in Hand mit der weitverbreiteten Trunksucht. »Ich sah das Mannsvolk damals schon gern, verkehrte aber noch nicht mit ihnen«, heißt es in einem typischen Bericht aus diesem Milieu; »ich hörte eben viel von meinem Vater und dachte manchmal, ich möchte auch wissen, wie das wäre, sah auch, daß der Vater meine Freundinnen, die ich am Sonntag heimbrachte, herumziehen wollte, und wüst mit ihnen redete, aber nur, wenn es die Mutter nicht sah. Diese Mädchen sagten oft zu mir, mein Vater sei ein Schlimmer. Er wollte es auch mit mir probieren, aber ich hatte kein Gefühl für ihn, denn es ekelte mich, warum weiß ich nicht.«[178]

In seinen Lebenserinnerungen ›Die Welt von gestern‹ bemerkt *Stefan Zweig* zur Ventilsitte der Prostitution (»...von der ungeheuren

29. Titelblatt der »Gartenlaube«, Nr. 1/1882.

Ausdehnung der Prostitution in Europa bis zum Weltkrieg hat die gegenwärtige Generation kaum mehr eine Vorstellung«), daß die Armee der Dirnen ebenso wie die wirkliche Armee in einzelne Heeresteile, in einzelne Gattungen aufgeteilt gewesen sei. Der Festungsartillerie entsprach in der Prostitution am ehesten jene Gruppe, die bestimmte Straßen der Stadt als ihr Quartier völlig besetzt hielt. Es handelte sich meistens um jene Gegenden, welche die Bürgerschaft schon seit Jahrhunderten als Wohnsitz lieber mied. Dort wurden von den Behörden einige Gassen als Liebesmarkt freigegeben. Tür an Tür saßen Hunderte von Frauen, eine neben der andern, an den Fenstern ihrer ebenerdigen Wohnungen zur Schau, billige Ware, die in zwei Schichten, Tagschicht und Nachtschicht, arbeiteten. Der Kavallerie oder Infanterie entsprach die ambulante Prostitution, die zahllosen käuflichen Mädchen, die sich Kunden auf der Straße suchten. In Wien wurden sie allgemein Strichmädchen genannt, weil ihnen von der Polizei mit einem unsichtbaren Strich das Trottoir abgegrenzt war, das sie für ihre Werbezwecke benutzen durften; bei Tag und Nacht bis tief ins Morgengrauen schleppten sie eine mühsam erkaufte, falsche Eleganz auch bei Eis und Regen über die Straßen, immer wieder für jeden Vorübergehenden das schon müde gewordene, schlecht geschminkte Gesicht zu einem verlockenden Lächeln zwingend.

30. Ernst Ludwig Kirchner: Eispalast-Tänze (Holzschnitt, 1912).

Aber auch diese Massen genügten noch nicht für den ständigen Konsum. Manche wollten es noch bequemer und diskreter haben, »als auf der Straße diesen flatternden Fledermäusen oder traurigen Paradiesvögeln nachzujagen. Sie wollten die Liebe behaglicher: mit Licht und Wärme, mit Musik und Tanz und einem Schein von Luxus. Für diese Klienten gab es die ›geschlossenen Häuser‹, die Bordelle. Dort versammelten sich in einem sogenannten, mit falschem Luxus eingerichteten ›Salon‹ die Mädchen in teils damenhaften Toiletten, teils schon unzweideutigen Negligés. Ein Klavierspieler sorgte für musikalische Unterhaltung, es wurde getrunken und getanzt und geplaudert, ehe sich die Paare diskret in ein Schlafzimmer zurückzogen.«[179]

Die innerweltliche Askese, die Unterdrückung vor allem der weiblichen Sexualität bei entsprechender autoritärer Erziehung, führte dazu, daß die bürgerlichen Mädchen völlig unvorbereitet in die Ehe gingen. In seiner Schrift ›Die Grenzen der Geschlechtsmoral‹, 1911, stellte *Robert Michels* fest: »Die heutige Ehe gewährleistet keine graduelle Entwicklung von der Jungfrau zur jungen Frau und von der jungen Frau zur Mutter, sondern überspringt sozusagen das Mittelglied und macht die junge Frau, die gestern noch völlig unberührt war, sofort zur beginnenden Mutter.«[180]

Viele junge Menschen litten unter dem Mangel an Aufklärung; ihre Charaktere wurden deformiert oder zerbrachen an den Repressionen, die besonders das pubertäre Stadium, etwa als Dämonisierung und Ächtung der Onanie, bestimmten. *Frank Wedekinds* Kindertragödie ›Frühlings Erwachen‹, 1891 geschrieben, bei der ersten Buchausgabe 1899 als »unerhörte Unflätigkeit« diffamiert, 1906 erstmals aufgeführt, dann verboten, 1912 durch Entscheid des Berliner Oberverwaltungsgerichts endgültig zur öffentlichen Aufführung freigegeben, beschreibt die Situation einer Jugend, die in verklemmten Elternhäusern erzogen und verbogen, von verknöcherten Pädagogen unterrichtet und unterdrückt wird; und bei dem Versuch, sich von den Fesseln falscher Scham zu befreien, scheitert. Moritz Stiefel nimmt sich in pubertärer Verwirrung, im schulischen Fortkommen gefährdet, das Leben. (»Ich habe den ›Kleinen Meier‹ von A–Z durchgenommen, Worte – nichts als Worte und Worte! Nicht eine einzige schlichte Erklärung. O dieses Schamgefühl! – Was soll mir ein Konversationslexikon, das auf die nächstliegende Lebensfrage nicht antwortet.«[181])

Die Sexualaufklärung in den unteren Schichten war gleichermaßen ungenügend – es sei denn, daß die elenden Wohnverhältnisse für brutale Information sorgten. Um eine systematische Sexualaufklärung bemühten sich lediglich die Sozialisten.

Käthe F., Jahrgang 1889, aus einer Arbeiterfamilie stammend, hat als Kind von ihren Eltern über das Sexuelle nie etwas erfahren. Sie erinnert sich nicht, daß die Eltern jemals zärtlich zueinander gewesen wären, sich geküßt oder umarmt hätten. Die körperlichen Unterschiede zwischen Jungen und Mädchen blieben ihr lange unklar; sie war das älteste von dreizehn Kindern. Beim Baden im Waschtrog wurden die Geschwister getrennt, und obwohl sie mit drei anderen Geschwistern in einem Bett schlafen mußte, sah sie nie etwas ›Unzüchtiges‹, denn niemand durfte ohne Hose ins Bett. Die Geburt ihrer 12 Geschwister bewirkte keine Aufklärung bei Käthe; da die Mutter bis unmittelbar vor der Geburt arbeitete und am nächsten Tag wieder auf den Beinen stand, merkte sie auch wenig von der Schwangerschaft. Ihre erste Regel hatte sie mit 12; sie traute sich nicht, mit der Mutter, die sehr fromm war und fleißig in die Kirche ging, darüber zu sprechen. Bis zu ihrem 18. Lebensjahr war sie davon überzeugt, daß man ein Kind durch Küssen bekäme und daß es durch den Nabel zur Welt gebracht werde. Auch in der Schule hat Käthe nie etwas Sexuelles gehört oder gesehen. Die Schulhäuser hatten gesonderte Eingänge für Jungen und Mädchen; die Klassen waren streng nach Geschlechtern getrennt. Mit 19 lernte sie ihren späteren Mann kennen; auch er war ohne ›Erfahrung‹. Nach eineinhalb Jahren kam es zu den ersten sexuellen Kontakten; bis dahin hatte Käthe keinerlei »körperliche Bedürfnisse« gespürt. Ihre eigenen Kinder klärte sie später mit sechs Jahren auf.

Ein solcher Lebenslauf (hier berichtet nach einer Aufzeichnung von *Thilo Castner*[182]) war durchaus typisch für das Phänomen »enteigneter Körperlichkeit«, das alle Schichten und Stände gleichermaßen prägte.

Freizeit

Freie, durch keinen äußeren Zweck gebundene und bestimmte Geselligkeit werde von allen gebildeten Menschen als eines ihrer ersten und edelsten Bedürfnisse laut gefordert, schrieb *Friedrich Schleiermacher* und formulierte damit den neuen Freiheitsbegriff der Freizeit; unter dem Einfluß der Aufklärung fühlte sich das Bürgertum nicht mehr nur dem christlichen Ethos der Arbeit verbunden; die Arbeit sollte auch materielle Voraussetzungen dafür schaffen, sich in der »verhaltensbeliebigen« privaten Zeit sinnvoll betätigen zu können.[183] Eine besondere Bedeutung gewann ›Freizeit‹ im Rahmen des Industrialisierungsprozesses. Die Zunahme entfremdeter Arbeit ließ die Sehnsucht nach arbeitsfreier Zeit, nach Entspannung und Kompensation, immer stärker werden; doch erst mit der Einführung der 48-Stunden-Woche für Industriearbeiter und Angestellte durch den Rat der Volksbeauftragten 1918 wurde Freizeit eine echte Lebensmöglichkeit auch für die unteren Schichten. Der Erholung dienten vorher meist nur die wenigen Stunden nach Feierabend, soweit diese nicht für den Existenzkampf, für die Versorgung mit dem Allernotwendigsten, mit herangezogen werden mußten. »Vom Druck und Elend, Noth und Plag, / erlöst uns der 8-Stunden-Tag!« 1891 wurde dieses Spruchband dem Festzug von über 20000 Arbeitern zur 1.-Mai-Feier in der Hafen- und Handelsstadt Hamburg vorangetragen. Damals waren in Deutschland – wie in den anderen Industrieländern – Arbeitszeiten zwischen zehn und sechzehn Stunden täglich üblich. Für Arbeiter gab es noch kein freies Wochenende und keinen Urlaub. An den Samstagen wurde wie an anderen Werktagen voll gearbeitet; auch die Sonntage, vor 1800 als heilige Zeiten für Gebet und Gottesdienst geschützt, waren im 19. Jahrhundert vielfach zu Arbeitstagen geworden.

Für die Verkürzung der Arbeitszeit und die Schaffung freier Zeit kämpften seit der zweiten Hälfte des 19. Jahrhunderts Arbeiterparteien und Gewerkschaften. Der 1889 auf der Pariser Arbeiterkonferenz beschlossene Feiertag zum 1. Mai, der dann schrittweise durchgesetzt wurde, war ein entscheidender Sieg auf diesem Weg.[184] Der damals vierzehnjährige Schriftsetzerlehrling *Paul Löbe*, späterer Reichstagspräsident und 1948/49 Mitglied des Parlamentarischen Rates, erlebte 1890 in Liegnitz/Schlesien seine erste Maifeier: »Versammlungen unter freiem Himmel waren verboten. Versammlungslokale von irgendwelcher Bedeutung standen der jungen und verfemten Bewegung nicht zur Verfügung. Wie also konnte man die Ideengemeinschaft mit den Maifeiern vor der Welt bekunden? Es blieb nur der gemeinschaftliche Ausflug in benachbarte Gartenlokale übrig. Das Mitführen von Fahnen war selbstverständlich auch nicht gestattet, darum wählte man die rote Nelke im Knopfloch als Abzeichen der Gleichgesinnten.«[185]

Für die Proletarier war die billige Kneipe um die Ecke lange Zeit der einzige Ort der Entspannung, des Abschaltens gewesen – vor allem am Freitagabend, nach Lohnempfang; Trunksucht war weit verbreitet. Der Branntwein übernahm inmitten des sozialen Elends die Rolle eines eskapistischen ›Sorgenbrechers‹. »Der Arbeiter kommt müde und erschlafft von seiner Arbeit heim; er findet eine Wohnung ohne alle Wohnlichkeit, feucht, unfreundlich und schmutzig; er bedarf dringend einer Aufheiterung, er muß etwas haben, das ihm die Arbeit der Mühe wert, die Aussicht auf den nächsten Tag erträglich macht; seine abgespannte, unbehagliche, hypochondrische Stimmung, die schon aus seinem ungesunden Zustande, namentlich aus der Indigestion entsteht, wird durch seine übrige Lebenslage, durch die Unsicherheit seiner Existenz, durch seine Abhängigkeit von allen möglichen Zufällen und sein Unvermögen, selbst etwas zur Sicherstellung seiner Lage zu tun, bis zur Unerträglichkeit gesteigert; sein geschwächter Körper, geschwächt durch schlechte Luft und schlechte Nahrung, verlangt mit Gewalt nach einem Stimulus von Außen her; sein geselliges Bedürfnis kann nur in einem Wirtshaus befriedigt werden, er hat durchaus keinen anderen Ort, wo er seine Freunde treffen könnte – und bei alledem sollte der Arbeiter nicht die stärkste Versuchung zur Trunksucht haben, sollte im Stande sein, den Lockungen des Trunks zu widerstehen? Im Gegenteil, es ist die moralische und physische Notwendigkeit vorhanden, daß unter diesen Umständen eine sehr große Menge der Arbeiter dem Trunk verfallen muß.« (*Friedrich Engels*)[186]

Die sich organisierende Arbeiterschaft entwickelte als Gegensteuerung zur Trunksucht gezielte Freizeitaktivitäten, vor allem auch für die Jugend. Die Natur, die erwandert und ›erfahren‹ wurde, erwies sich als großer ›Rekreationsraum‹. Das Fahrrad als »demokratisches Vehikel« half, neben der Eisenbahn, die Großstadt zu verlassen. Hinaus ins Grüne: Das bedeutete Flucht »aus grauer Städte Mauern«; die räumliche Enge, etwa die Trostlosigkeit der Mietskaserne, wollte man genauso hinter sich lassen wie den Drill der Arbeit und die Beschränktheit von Schule, Kirche, Militär.

Während die bürgerliche Jugendbewegung des ›Wandervogels‹ seit Ende der 90er Jahre als Folge des Generationskonflikts an den Gymnasien und bald darauf an den Universitäten entstand, ihre Anhänger gegen die spießigen Lebensformen von Lehrern und Eltern rebellierten, fanden sich die jugendlichen Arbeiter und Lehrlinge aus Anlaß konkreter ökonomischer und physischer Unterdrückung in Bünden zusammen. In Norddeutschland zum Beispiel löste der Selbstmord eines vom Lehrherrn geschundenen Berliner Schlosserlehrlings eine Versammlung junger Arbeiter und Lehrlinge aus, auf der eine Vereinsgründung beschlossen wurde. Der Generationskonflikt spielte dabei kaum eine Rolle. Die Solidarität umschloß jung und alt. Von größerer Bedeutung wurde die Arbeiterjugendbewegung[187] nach dem Ersten Weltkrieg. Zu den Vergnügungen der proletarischen Familie gehörte der Spaziergang zum Ausflugslokal am Rande oder in der Nähe der Stadt; das Herumwerkeln im Schrebergarten – wobei dieser sich zugleich als wirtschaftliche Notwendigkeit erwies; in der Werbeschrift eines ›Gemeinnützigen Vereins zur Gründung von Gartenkolonien‹ (1908) heißt es:

»Ich glaube, daß bei jeder Arbeiterfamilie die positive Einsparung von niedrig berechnet 30 bis 50 Mark im Jahr, abgesehen von den vielen anderen Annehmlichkeiten bei den derzeitigen verteuerten Lebensbedingungen, wesentlich ins Gewicht fallen dürfte. Namentlich für kinderreiche Familien, für invalide Arbeiter, die auf eine magere Rente angewiesen sind, ist hier die Möglichkeit geboten, ohne großen Kostenaufwand einen wesentlichen Teil der nötigen Nahrung zu schaffen.«[188]

Neben den Vergnügungen am Rande des Alltags wie Leierkastenmann, Puppenspiel, Wanderzirkus, Volksfest, Tanzen, vor allem aber auch Familienfeier und Festtag (etwa Weihnachten), stand im Zentrum der proletarischen Geselligkeit der Arbeiterverein; Vergnügen und Nützlichkeitsstreben gingen auch hier ineinander über. Der Arbeiter(bildungs)verein diente vorrangig dem Fortkommen, worunter man nicht nur die Verbesserung materieller Verhältnisse, sondern im besonderen den Erwerb von Bildung und das Erreichen eines besseren kulturellen Niveaus verstand. Schon 1866 hatte *Karl Marx* einen »dreifachen Begriff der Bildung« formuliert:

»Erstens: geistige Bildung.

Zweitens: körperliche Ausbildung, solche, wie sie in den gymnastischen Schulen und durch militärische Übungen gegeben wird.

Drittens: Polytechnische Erziehung, welche die allgemeinen wissenschaftlichen Grundsätze aller Produktionsprozesse mitteilt, und die gleichzeitig das Kind und die junge Person einweiht in den praktischen Gebrauch und in die Handhabung der elementarischen Instrumente aller Geschäfte.«[189]

Für *Ferdinand Lassalle* schloß die »sittliche Idee des Arbeiterstandes« den Zugang zu Bildung und Kultur ebenso ein wie für *Wilhelm Liebknecht*, der in der Festrede zum Stiftungsfest des Dresdner Arbeiterbildungsvereins 1872 die Forderung auf Bildung für den vierten Stand wie folgt formulierte: »Durch Freiheit zur Bildung! Nur im freien Volksstaat kann das Volk Bildung erlangen. Nur wenn das Volk sich politische Macht erkämpft, öffnen sich ihm die Pforten des Wissens. Ohne Macht für das Volk kein Wissen! Wissen ist Macht – Macht ist Wissen!«[190]

Wilhelm Liebknechts Rede von 1872 markierte wohl am deutlichsten, daß Bildung in zunehmendem Maße als ein wichtiges Mittel im Emanzipationskampf der Arbeiter verstanden wurde; folgerichtig warnte *Liebknecht* auf dem 6. Parteitag der Sozialdemokratischen Arbeiterpartei in Coburg 1874 davor, sich nur auf die politische Arbeit zu beschränken, und forderte verstärkte Anstrengungen für kulturelle Aktivitäten; Bildung, Presse, Literatur, Theater und Feste der Parteivereine sollten jedoch nicht zweckfrei sein, sondern zur Politisierung bestimmter Zielgruppen beitragen.[191]

Bei den Sportvergnügungen der unteren Schichten – analog zu den Arbeiterbildungs- und Arbeiterkulturvereinen entstanden Arbeitersport- und Arbeiterturnvereine – spielte der Fußball eine große Rolle. Er kam aus England, wo er seit dem 10. Jahrhundert ein Volks- und Massensport gewesen war, ehe er in der ersten Phase der industriellen Revolution, als den arbeitenden Klassen weder Kraft noch Zeit blieb, Fußball zu spielen, »aristokratisiert« wurde.

Gegen Ende der 80er Jahre bildeten sich in Deutschland die ersten Vereine, vor allem in Handels- und Universitätsstädten, dort, wo englische Kaufleute und Ingenieure sowie Schüler und Studenten ansässig waren. Nach einer Phase bürgerlicher Vereinsgründungen entstanden nach der Jahrhundertwende zunehmend Arbeiterfußballvereine, vom bürgerlichen Standpunkt aus als ›wilde‹ etikettiert – etwa ›Schalke 04‹, ein Verein, dessen Sozialstruktur durch Bergleute, Fabrikarbeiter und Handwerker geprägt war.[192]

Was den bürgerlichen Freizeitbereich betrifft, so unterschieden sich die Vergnügungen der Art nach häufig nicht von den proletarischen; freilich war der ökonomische ›Unterbau‹ ein ganz anderer: Die geselligen und gesellschaftlichen Ereignisse waren nicht frugal, sondern opulent ›ausgestattet‹. Zudem konnte sich der Bürger im Gegensatz zum Arbeiter eine ›Sommerfrische‹ leisten. Wer sich für eine Urlaubsreise Zeit zu nehmen vermochte, genoß ein besonderes Prestige. Zumindest Frau und Kinder waren mehrere Wochen weg. Die Familie erfreute sich der »Heiterkeit auf dem Lande«, zumal man sich die biedermeierliche Kunst, auch auf eine einfache Weise genießen zu können, erhalten hatte. Fernweh spielte in der Phantasie eine große Rolle. Man war fasziniert von Afrika, der dunklen, lockenden Welt, von den Berichten aus den Kolonien, von wagemutigen Expeditionen in ferne Erdreiche (*Sven Hedin* war ein Volksautor); man träumte von Schiffsreisen über weite Ozeane – Genüsse, die nur den obersten

Schichten offenstanden. (Immerhin trugen die Kinder Matrosenanzüge!) In Wirklichkeit fuhr man dann meist nur in die unmittelbare Umgebung oder in ein nahe gelegenes Erholungsgebiet: in den Harz, in die Sächsische Schweiz, in die Fränkische Schweiz. Mit zunehmendem Eisenbahn- und Autoverkehr konnten auch fernere Gegenden touristisch erschlossen werden; aus Süddeutschland begab man sich an die See, die bislang für die Norddeutschen eine bevorzugte Sommerfrische war; für die Norddeutschen und Mitteldeutschen wurden die Alpen zum Urlaubsdorado. Der Tourist aus dem Flachland strebte gipfelwärts und versäumte es auch meist nicht, sich von einem Photographen in entsprechender Kulisse (im Atelier) aufnehmen zu lassen. Der ›Salontiroler‹ bestimmte das ›städtische Landleben‹.

»Wenn der Poststellwagen ausgeladen ist, sieht man allerhand schöne Bilder, die das Herz erbauen. Zum Beispiel die Konsternation derjenigen, die kein Quartier mehr finden, die Genugthuung derer, die eines haben, und die Umarmungen der Familienväter, die über Sonntag zu den Ihrigen gekommen sind. Das brillante Schlußtableau aber bildet der Sturm auf das Postlokal, wo unterdessen die Briefe sortirt wurden. Das ist eine Ungeduld, ein Scharren und Schelten vor dem grün verschleierten Fenster, bis endlich der Expeditor mit echauffirtem Kopfe den Schalter öffnet. ›Die Modenzeitung für die Frau Baronin‹, ›den Einlauf für den Herrn Landrichter‹, ›den Volksboten für den Herrn Pfarrvikar‹, so hört man rufen und fordern ohne Ende. Schüchternen Ganges tritt Sie heran und holt den Brief von Ihm; alles Mögliche wird herausspedirt, ein Pack Zeitungen für den Politikus, ein Pack Amtsgeheimnisse für die Excellenz und andere Dinge mehr, die der Menschheit zu Nutz und Frommen sind. Wenn man vor Tisch sich so verdient gemacht, dann ist eine treffliche Mahlzeit wohl erworben.«[193]

Überbau

»Im Modell des historischen Materialismus betrachtet, dient Arbeiterbildung weder dem Staate noch der herrschenden Ideologie, sondern den organisierten Produktivkräften in einer durch den allgemeinen Überbau legalisierten oder zumindest informell eingeräumten Existenzweise.« (*Gerhard Beier*)[194]

In diesem Freiraum entwickelten sich die sozialistischen Bewegungen – im besonderen die Sozialdemokratie und die Gewerkschaften. Wenn auch zögernd und immer wieder repressiv zurückschlagend, wich der Staat, weitgehend bestimmt von kapitalistischen Interessen, schrittweise vor dem Druck der sich formierenden Kräfte der Arbeiterschaft zurück, diesen Entwicklungsmöglichkeiten, Handlungs- und auch Agitationsräume überlassend oder (aufgrund religiös-kirchlicher Bemühungen) einräumend, oder (wie durch *Bismarcks* Sozialgesetzgebung) von oben zuordnend. Was den »Unterbau« der sozialen Frage, die ökonomisch-gesellschaftlichen Verhältnisse, zu Beginn des 19. Jahrhunderts betrifft, so war hier die Industrialisierung zunächst nicht ausschlaggebend. Faktoren, wie die *Stein-Hardenberg*sche Agrarreform, die sehr starke Bevölkerungszunahme (bewirkt durch hygienischen und medizinischen Fortschritt, der die Sterblichkeit sinken und die Geburtenrate ansteigen ließ – zwischen 1800 und 1900 stieg die Einwohnerzahl Deutschlands von 24 auf 56 Millionen!), die Lockerung bei der Beschränkung von Eheschließungen, die Einführung der Gewerbefreiheit führten zum Proletariat der ersten Stunde: Es entstand eine ländliche Unterschicht, die zwar nicht mehr leibeigen war, aber in große soziale Abhängigkeit, z. B. durch Taglöhnerarbeit, Saisonarbeit, Heimarbeit, geriet.[195] Die Zahl der Deklassierten wurde durch die Industrialisierung zunächst sogar vermindert; in den 30er und 40er Jahren des 19. Jahrhunderts galten die Fabrikarbeiter gegenüber den vorindustriellen Unterschichten als begünstigter Stand, denn die Fabrikarbeit schien Sicherheit des Existenzminimums und persönliche Unabhängigkeit zu versprechen. Mit zunehmender Mechanisierung, vor allem aufgrund des Überbaus einer kapitalistischen, liberalistischen und sozialdarwinistischen Weltanschauung, welche ausschließlich nach Nützlichkeitsgesichtspunkten ausgerichtete Verhaltensweisen abstützte, entstand das Proletariat der zweiten Phase: die Industriearbeiterschaft. Es zählte allein die volle Ausnutzung der Leistungskapazität. Der Arbeiter wurde nur als Kostenfaktor betrachtet. Unmenschliche Arbeitsbedingungen waren die Folge: überlange Arbeitszeiten, unzureichende Arbeitsräume, überschwere Arbeit, Frauen- und Kinderarbeit. – Der Protest des Industrieproletariats war Folge des Elends der arbeitenden Klassen; mit ›Pauperismus‹ wurde »ein neues Wort, ein energischer Ausdruck« geschaffen, »um von einer bisher unbekannten Situation ein vollständiges, wahres Bild zu geben«. (*Alexander von*

Bülow)[196] Der Proletarier war persönlich frei, aber besitzlos, daher unselbständig und stets zur Arbeit in fremden Diensten gezwungen, ohne eine gesicherte Arbeitsstelle zu erlangen. Der Lohn deckte im wesentlichen nur den Lebensunterhalt, daher bestand keine Aussicht, aus dieser Lage herauszukommen; vielmehr vererbte sie sich auf die Nachkommen.[197]

Weggefallen waren auch die feudale, patriarchalische oder paternistische (›seigneurale‹) Fürsorge; der Arbeiter war ganz auf sich gestellt. Vereinzelt entstanden Selbsthilfeorganisationen; so unterstützte der Liberale *Franz Hermann Schulze-Delitzsch* viele bedrängte Handwerker wirksam durch seine Kredit-Genossenschaften. Sein weitergehender Plan, Arbeiterproduktionsgenossenschaften zu gründen, die er 1863 vor dem Berliner Arbeiterverein als »Schlußstein des genossenschaftlichen Systems« bezeichnete, scheiterte schon aus Mangel an Kapital.

Die Minderung der sozialen Not gehörte zu den traditionellen Aufgaben der Kirchen. Diese waren im 19. Jahrhundert aber durch das Ausmaß der Armut überfordert, zumal kirchliche Kreise noch lange im bürgerlichen Standesdenken befangen blieben. Der Katholizismus, der durch die Säkularisation alte Machtpositionen eingebüßt hatte, trat den neuen Problemen etwas aufgeschlossener gegenüber als die evangelische Kirche. »Die geistesgeschichtlichen Wurzeln der im 19. Jahrhundert allmählich aufkommenden katholisch-sozialen Bewegung waren unterschiedlicher Art. Die nach Revolution und Säkularisation einsetzende kirchlich-religiöse Erneuerung, die Romantik und auch der Deutschland beeinflussende französische Traditionalismus stießen von verschiedenen Ausgangspunkten her auf die soziale Frage. Im Ringen um die Bewältigung dieses neuartigen Problems, das immer dringender und von wachen Beobachtern immer klarer als die große Aufgabe der Zeit erkannt wurde, kam es zur Herausbildung einer katholisch-sozialen Bewegung. Die einen sahen die soziale Frage vor allem als religiös-karitative Angelegenheit und erwarteten die Lösung in erster Linie von den seelsorgerischen Bemühungen der Kirche. Die anderen erkannten in der religiösen auch ihre wirtschaftlich-gesellschaftliche Seite und verlangten daher neben der Gesinnungs- auch eine Zuständereform. Wie intensiv, aber auch wie teilweise unbeholfen dieses Suchen nach einer Heilung der sozialen Krankheit war, zeigte die Idee der ›christlichen Fabrik‹. Eine besondere Rolle spielte in den Auseinandersetzungen um die soziale Frage die Ständeidee. In ihr wurde das romantische Erbe und die Vorliebe der werdenden katholisch-sozialen Bewegung für eine gesellschaftliche Ordnungsvorstellung sichtbar, deren Ausbildung und Blüte weit in der Vergangenheit zurücklagen.« (*Franz Josef Stegmann*)[198]

Von besonderer Bedeutung für den sozialen Katholizismus Deutschlands erwies sich der spätere Bischof von Mainz *Wilhelm Emmanuel Freiherr von Ketteler* (1811–1877). Auf dem ersten Katholikentag, 1848 zu Mainz, erklärte er: »Wollen wir also die Zeit erkennen, so müssen wir die soziale Frage zu ergründen suchen. Wer sie begreift, der erkennt die Gegenwart; wer sie nicht begreift, dem ist Gegenwart und Zukunft ein Rätsel.«[199]

In der ersten Phase sah der soziale Katholizismus den Grund für eine Verelendung der Massen vor allem in dem praktischen Mangel an wahrer Religiosität. So stand im Mittelpunkt der Arbeit des ›Gesellenvaters‹ *Adolf Kolping* (1813–1865) weniger das Streben nach einer Zuständereform, sondern viel mehr das geistige und ethische Moment, das ›pastorale‹ Motiv. Unser soziales Leid, schrieb er 1860, »liegt im praktischen Mangel an wahrer Religiosität, und da wir nur eine wahre Religion kennen, das Christentum, so reduziert sich die ganze gewaltige und schneidende Klage über unser großes soziales Elend auf die leidige Tatsache, daß das öffentliche Leben ... von seinem wahren Grund gewichen, das Christentum verlassen hat«.[200] *Kolping* wollte dem Handwerker kräftigen moralischen Halt geben und ihn dergestalt befähigen, seine Not zu überwinden. Die Auseinandersetzung vorwiegend mit *Schulze-Delitzsch* und später mit *Ferdinand Lassalle* brachte eine Verschiebung des Standpunktes zur Gesellschaftskritik. Diese implizierte einen gewissen Gegensatz zum Bürgertum und zum Staat, der mit der bürgerlichen Gesellschaft identisch war. Die Tatsache, daß weite Teile des Bürgertums liberale Anwandlungen zeigten, kam solcher Konfrontation entgegen: Aus katholischer Moral heraus konnte man sowohl der sozialen Ausbeutung als auch der religiösen Indifferenz entgegentreten. Da aber der bürgerliche Staat letztlich doch der beste Garant gegenüber den atheistischen, antikirchlich eingestellten sozialistischen Kreisen war, die mit ihren egalitären Tendenzen auch das katholische Schichten- und Ständemodell unterminierten, blieb der soziale Katholizismus »halbherzig«, ambivalent.

Die Verklärung der hierarchischen Sozialordnung des Mittelalters oder der Versuch, die Rechte alter Stände weiterhin zu erhalten, bedeuteten im katholischen Ordnungsbild den Versuch, Stützen für eine Reorganisation der sich auflösenden Gesellschaft zu finden. Mit der Bejahung des freien Arbeitsplatzes, der Anerkennung des Rechtes des Individuums in Staat und Gesellschaft sowie der Forderung nach Selbsthilfe und Zusammenschluß aufgrund gleicher wirtschaftlicher Interessen verlor freilich das Ständemodell seinen ›ständischen‹ Charakter. Es war nun genossenschaftlich orientiert. In ihren hervorragendsten Vertretern kann man somit die sozialen Ideen im Katholizismus des 19. Jahrhunderts als eine Position orten, die zwischen Kapitalismus und Sozialismus lag. Aber während man sich vom Sozialismus eindeutig, pauschal und besonders scharf abgrenzte, vollzog sich die Auseinandersetzung mit der Ständeidee, dem Kapitalismus, dem Wirtschaftsliberalismus und dem Staatssozialismus auf eine gemäßigtere und vielschichtigere Weise. Am Ende forderte man keinen ständischen Neubau der Gesellschaft mehr, »sondern bejahte das bestehende Wirtschaftssystem oder fand sich zumindest mit ihm ab. Innerhalb des Systems bemühte man sich aber intensiv um die Beseitigung der schlimmsten Auswüchse und übertrug dabei dem Staat eine entscheidende Rolle. Den anderen Teil der Antwort des Katholizismus auf die soziale Frage faßt das Stichwort ›Gesinnungsreform‹ zusammen.« (*F. J. Stegmann*)[201] Reichskanzler *Georg Freiherr von Hertling* gab in seiner ›Fabrikrede‹ von 1882 dem Reichstag zu bedenken:

»... auch die beste Fabrikgesetzgebung wird unzureichend sein in ihrer Bemühung, die sozialen Schäden zu heilen, wenn nicht gleichzeitig auch der großen sittlichen Macht der Kirche ihre Freiheit bleibt, in ihrer Weise auf die einzelnen zu wirken ... Darum muß ich auch in diesem Zusammenhang wieder die laute Forderung erheben, daß man der Kirche die volle Freiheit wiedergebe, die nötig ist, damit sie auf dem sozialen Gebiete ihrem hohen Berufe nachkommen könne.«[202]

Im deutschen Protestantismus des 19. Jahrhunderts unternahm *Johann Hinrich Wichern* (1808–1881) den ersten wichtigen Versuch, Recht und Grenzen der liberalen Wirtschaftsordnung wie Recht und Unrecht der sozialistisch-kommunistischen Bewegung von der Grundlage des evangelischen Glaubens her zu deuten. Wicherns Sozialismus war weitgehend paternalistisch; der Fabrikherr sei eine Art von Familienvorstand der Arbeiter. Mit der Schaffung der Inneren Mission, 1848 auf dem ersten Kirchentag in Wittenberg als feste Einrichtung anerkannt, sollte Nächstenliebe gewissermaßen institutionalisiert werden. Sein »Liebeswerk« hatte er, erschüttert von den Zuständen in Hamburgs Elendsvierteln, zunächst ohne Unterstützung der Kirchenleitung in Gang gesetzt. *Wicherns* Kernforderung lautete: »Den Armen muß das Evangelium gepredigt werden!« Und zwar auf tätige Weise, was pflegerische und soziale Maßnahmen einschloß. Wenn man den Feind des atheistischen Sozialismus wirksam bekämpfen wolle, müsse man selbst konkrete Hilfe leisten: »Wir setzen als zugestanden voraus, daß das, was der Sozialismus und Communismus im tiefsten Grunde seines Strebens und Bewegens verbirgt, die entstellten, aber doch wahrheittragenden Züge des Angesichts einer tiefgebeugten, schmerzerfüllten Menschheit sind, die sich in sozialer Beziehung nach Erlösung und Wiedergeburt sehnt; sie weiß und versteht es aber noch nicht, soll es jedoch noch erfahren, daß ihre Hoffnung nur durch das Evangelium Erfüllung zu erwarten hat.«[203] Der christliche Sozialismus wurde dementsprechend unpolitisch, als ideale Einheit zwischen christlichem Staat und christlicher Kirche, verstanden.

Da der deutsche Protestantismus auf eine besondere Weise mit der Staatsidee verbunden war, Vaterland-Volk-Kirche stellten eine Trias dar, fiel es diesem noch viel schwerer als dem Katholizismus, sich vom (kapitalistischen) Staat abzugrenzen: »Es gilt die Rettung der bürgerlichen Welt, um deswillen wir uns treu zu unserem Vaterland halten; es gilt die Gewinnung des besten, ewigen Vaterlandes, um deswillen wir uns treu und mutig wie bisher der Kirche anschließen; denn die Innere Mission ist ebenso wahrhaft patriotisch, als sie das Schwert führt gegen die, welche sich gegen die Kirche erheben.« (*J. H. Wichern*)[204]

Adolf Stoecker (1835–1909), Hof- und Domprediger in Berlin, von 1877 an Leiter der Berliner Stadtmission, gründete 1878 eine christlich-soziale Arbeiterpartei (später Christlich-Soziale Partei), die aber stärker im Mittelstand Eingang fand als im Proletariat. Er war ultrakonservativ, national, ja nationalistisch und auch antisemitisch eingestellt, somit in akzentuierter Frontstellung zu Liberalismus und Sozialismus. »Der Liberalismus verspricht sich von einer möglichst ungehemmten Entfaltung des einzelnen die gesellschaftliche Harmonie, der Sozialismus erwartet umgekehrt die Disharmonie, die Unterdrückung der von Natur oder durch ihre gesellschaftliche Stellung Schwächeren. Mitten zwischen beiden Lehrmeinungen steht der Kampf *Stoeckers*. In der ›Armseligkeit dieser Philosophie‹

sah *Stoecker* die Folgen, die sich aus dem Verlassen der christlichen Wege ergeben mußten.«[205]

Im schroffen Gegensatz zum patriarchalisch-karitativen bzw. evolutionär-reformerischen Denken der katholisch-sozialen und protestantisch-sozialen Bewegungen war der proletarische Sozialismus zunächst auf den Umsturz der Verhältnisse ausgerichtet. Das im Dezember 1847 verfaßte und Februar 1848 in London erschienene ›Kommunistische Manifest‹ von *Karl Marx* und *Friedrich Engels* wies auf eindeutige und eindrucksvolle Weise der sozialistischen Bewegung den Weg der Revolution: »Die Kommunisten verschmähen es, ihre Einsichten und Absichten zu verheimlichen. Sie erklären es offen, daß ihre Zwecke nur erreicht werden können durch den gewaltsamen Umsturz aller bisherigen Gesellschaftsordnungen. Mögen die herrschenden Klassen vor einer kommunistischen Revolution zittern. Die Proletarier haben nichts in ihr zu verlieren als ihre Ketten. Sie haben eine Welt zu gewinnen. Proletarier aller Länder vereinigt euch!«[206]

Auf Deutschland richteten die Kommunisten ihre Hauptaufmerksamkeit, weil es am Vorabend seiner bürgerlichen Revolution stehe und weil es diese Umwälzung unter fortgeschritteneren Bedingungen der europäischen Zivilisation überhaupt, und mit einem viel weiter entwickelten Proletariat, vollbringe als England im 17. und Frankreich im 18. Jahrhundert. Die deutsche bürgerliche Revolution sei nur das »unmittelbare Vorspiel einer proletarischen Revolution«.

Die Entwicklung in Deutschland nahm dann aber einen anderen als den von *Marx* prognostizierten Gang. Der Emanzipationskampf der Arbeiterschaft wurde hier vornehmlich nicht auf den Barrikaden, sondern in den Parlamenten gewonnen. Entscheidende Stationen auf diesem Weg waren die Gründung des ›Allgemeinen Deutschen Arbeitervereins‹ durch *Ferdinand Lassalle* (1863), der ›Sozialdemokratischen Arbeiterpartei‹ durch *Wilhelm Liebknecht* und *August Bebel* (1869 in Eisenach) sowie die Vereinigung der Lassalleaner und marxistisch orientierten Eisenacher zur ›Sozialistischen Arbeiterpartei‹ (1875), die 1893 als ›Sozialdemokratische Arbeiterpartei Deutschlands‹ die stärkste Partei wurde. Nach dem verlorenen Krieg und der Abdankung *Wilhelms II.* wurde schließlich der Sozialdemokrat *Friedrich Ebert* von der verfassunggebenden Nationalversammlung zum Reichspräsidenten gewählt.

Die Zeugnisse und Ereignisse der Deutschen Arbeiterbewegung von 1848 bis 1919 lassen sich mit *Ursula Schulz*[207] in neun Entwicklungsphasen gliedern:

Geburt des Proletariats,
Erstes Auftreten der Arbeiterschaft,
Jahre der Stille,
Der Komet Lassalle,
Einzug ins Parlament,
Zusammenschluß,
Bewährung,
Staat im Staate,
Jahre der Entscheidung.

Sensibilisierte Bürgerliche (zu ihnen gehörten später auch *Karl Marx* und *Friedrich Engels*) formulierten, was in der Arbeiterschaft anfänglich kaum artikuliert, sondern nur dumpf hingenommen wurde. »Friede den Hütten! Krieg den Palästen!« war die Botschaft, mit der 1834 *Georg Büchner* in seinem Flugblatt ›Der Hessische Landbote‹ Partei für die Unterdrückten ergriff; er hatte dabei vorwiegend die Handwerker und Bauern im Auge. »Das Leben der Vornehmen ist ein langer Sonntag: sie wohnen in schönen Häusern, sie tragen zierliche Kleider, sie haben feiste Gesichter und reden eine eigne Sprache. Das Volk aber liegt vor ihnen wie Dünger auf dem Acker. Der Bauer geht hinter dem Pflug, der Vornehme aber geht hinter ihm und dem Pflug und treibt ihn mit den Ochsen am Pflug, er nimmt das Korn und läßt ihm die Stoppeln. Das Leben des Bauern ist ein langer Werktag; Fremde verzehren seine Äcker vor seinen Augen, sein Leib ist eine Schwiele, sein Schweiß ist das Salz auf dem Tische des Vornehmen.«[208]

Das Elend der Weber in Schlesien führte zum ersten deutschen Arbeiteraufstand (1844). *Heine* dichtete in Paris:

»Im düstern Auge keine Träne,
sie sitzen am Webstuhl und fletschen die Zähne:
Deutschland, wir weben dein Leichentuch,
wir weben hinein den dreifachen Fluch –
wir weben, wir weben! ...«[209]

Das Aufbegehren wurde brutal niedergeschlagen. Ein Zeitgenosse berichtete: »Infolge dreier Gewehrsalven blieben sofort elf Menschen tot. Blut und Gehirn spritzte weit hin. Einem Manne trat das Gehirn über dem Auge heraus. Eine Frau, die zweihundert Schritte entfernt an der Tür ihres Hauses stand, sank regungslos nieder. Einem Mann war die eine Seite des Kopfes hinweggerissen. Die blutige Hirnschale lag entfernt von ihm. Eine Mutter von sechs Kindern starb denselben Abend an mehreren Schußwunden. Ein Mädchen, das in die Strickstunde ging, sank, von Kugeln getroffen, zu Boden.«[210]

Ferdinand Lassalle begnügte sich nicht wie *Heine* mit dem Fluch aufs falsche Vaterland; er forderte, beeinflußt von *Karl Marx* und unter dem Eindruck der Ereignisse der Märzrevolution von 1848, die Entwicklung eines solidarischen sozialen Bewußtseins. In der langen Rede, die er am 12. April 1862 im Handwerkerverein der Oranienburger Vorstadt in Berlin vor Maschinenbauarbeitern hielt, als ›Arbeiterprogramm‹ in die Geschichte eingegangen, führte er unter anderem aus, daß der bourgeoise Staat durch eine tiefe Unsittlichkeit geprägt sei, da er dazu geführt habe, daß der Stärkere, Gescheitere, Reichere den Schwächeren ausbeute und in seine Tasche stecke. Die sittliche Idee des Arbeiterstandes sei hingegen die, daß die ungehinderte und freie Betätigung der individuellen Kräfte durch das Individuum nicht ausreiche, sondern daß zu ihr in einem sittlich geordneten Gemeinwesen noch die Solidarität der Interessen, die Gemeinsamkeit und die Gegenseitigkeit der Entwicklung hinzutreten müsse. Der Nachtwächterstaat der Bourgeoisie (»... eine Nachtwächteridee deshalb, weil sie sich den Staat selbst nur unter dem Bilde eines Nachtwächters denken kann, dessen ganze Funktion darin besteht, Raub und Einbruch zu verhüten ...«) müsse durch einen Staat ersetzt werden, der das menschliche Wesen zur positiven Entfaltung bringe. »Der Zweck des Staates ist somit der, das menschliche Wesen zur positiven Entfaltung und fortschreitenden Entwicklung zu bringen, mit anderen Worten, die menschliche Bestimmung, d. h. die Kultur, deren das Menschengeschlecht fähig ist, zum wirklichen Dasein zu gestalten; er ist die Erziehung und Entwicklung des Menschengeschlechts zur Freiheit.«[211]

Wie kaum eine andere Persönlichkeit des 19. Jahrhunderts hat *Lassalle*, der Sohn eines kleinen galizischen Juden, der sich nach dem preußischen Toleranzedikt von 1812 mit festem Familiennamen (nämlich als *Heyman Lassal*, nach seinem Geburtsort Loslua) in Breslau niederließ, – wie kaum eine andere Persönlichkeit seiner Epoche hat dieser romantisch-schwärmerische, forensisch brillante, sozial revolutionäre, in seiner Lebensweise ›ausschweifende Jüngling‹ die Phantasie seiner Zeitgenossen wie der Nachgeborenen okkupiert.[212]

In vielen Rollen, als Publizist, Dichter, Philosoph, Jurist, schließlich als Arbeiterführer, hat *Lassalle* den »Kampf für die edelsten Zwecke auf edelste Weise« geführt. Affären und Liebesabenteuer gaben dem Klatsch der Biedermeierzeit immer neue Nahrung – und seiner Person die Aura des »Menschlich-Allzumenschlichen«. Immer blieb er, der in Salons, Gefängnissen und auf (vorwiegend geistigen) Barrikaden ›zu Hause‹ war, im Gespräch: von der Reifeprüfung in Breslau, die man den aufsässigen Schüler zunächst nicht bestehen ließ, über das Studium in Breslau und Berlin bis hin zum Pariser Aufentalt, von Prozessen und Verhaftungen in Düsseldorf, der Übersiedlung nach Berlin (dem Höhepunkt der schriftstellerischen Tätigkeit), der Gründung und Leitung des Allgemeinen Deutschen Arbeitervereins bis hin zum Duell im Gehölz von Carrouge (Schweiz), wo er tödlich verwundet wurde (1864). Vom Ende her werden die Paradoxien dieses Lebens besonders deutlich: ein antibürgerlicher, undogmatischer Sozialist, der selbst einen *Bismarck* zu beeindrucken vermochte, entflammt für ein launisches, verwöhntes und extravagantes Mädchen (*Helene von Dönniges*); er will, obwohl von ihrer ›Flatterhaftigkeit‹ enttäuscht (»verworfene Dirne« nennt er sie sogar), ritterlich um sie werben. Für die Familie ist *Lassalle* als Roter und Jude untragbar; er will solche Schmach rächen; der Vater des Mädchens fühlt sich fürs Duell zu alt; der blutjunge schwindsüchtige Student *Janko von Racowitza*, für die Ehe mit Helene vorgesehen, übernimmt die Verteidigung der Familienehre und schießt ihm in den Unterleib. Zu dieser Zeit war *Lassalle* bereits ›verbraucht‹: zermürbt vom Bemühen, die Solidarität der Arbeiterschaft herzustellen, enttäuscht über manches publizistische Fehlschlagen; entfremdet von *Sophie von Hatzfeld*, der Freundin über zwei Jahrzehnte (als deren wirtschaftlicher und juristischer Berater hatte er ihre Scheidungs- und Abfindungsprozesse geführt; sein ›Anteil‹ daran ermöglichte ihm wirtschaftliche Unabhängigkeit). Vor allem war seine Gesundheit zerrüttet, nicht zuletzt durch die Syphilis, die er sich 1848 zugezogen hatte. In einem Brief an *Karl August Varnhagen von Ense* schrieb *Heinrich Heine* am 3. Januar 1846:

»Herr Lassalle ist nun einmal so ein ausgeprägter Sohn der neuen Zeit, der nichts von jener Entsagung und Bescheidenheit wissen will, womit wir uns mehr oder minder heuchlerisch in unserer Zeit hindurchgelungert und hindurchgefaselt. – Dieses neue Geschlecht will genießen und sich geltend machen im Sichtbaren; wir, die Alten, beugten uns demütig vor dem Unsichtbaren, haschten nach Schattenküssen und blauen Blumengerüchen, entsagten und flennten und waren doch vielleicht glücklicher als jene harte Gladiatoren, die so stolz dem Kampftode entgegengehen. Das tausendjährige Reich der Romantik hat ein Ende, und ich selbst war sein letzter und abgedankter Fabelkönig.«[213]

Im selben Jahr, da der »Komet Lassalle« unterging, wurde auf dem 2. Deutschen Arbeitervereinstag *August Bebel* in den ›Ausschuß für die laufenden Geschäfte‹ berufen. Drei Männer bereiteten von 1864 bis 1870 den Weg des Aufstiegs von Deutschlands Sozialdemokratie: *Jean Baptist Schweitzer*, *Wilhelm Liebknecht* und *August Bebel*.

Schweitzer, ein süddeutscher Rechtsanwalt, der *Lassalles* Erbe antrat, versuchte mit Hilfe geschickter Taktik und kompromißbereiten Verhaltens die sozialistischen Strömungen zu vereinen, der öffentlichen Meinung und der Regierung gegenüber Konzessionen zu machen, praktische Fragen aufzugreifen und sie im Reichstag des Norddeutschen Bundes zu vertreten.

Wilhelm Liebknechts Ziel war die Schaffung einer sozialistischen Partei im Sinne von *Marx*; er vertrat die Lehren des Klassenkampfes und hielt an diesen, ungeachtet der öffentlichen Meinung, starr fest.

»Der dritte im Bunde, August Bebel, wird mit siebenundzwanzig Jahren Abgeordneter des Reichstags. Er erkennt seine große Chance schnell – festhalten an den Grundsätzen der von Liebknecht verkündeten marxistischen Lehre, aber dabei, Schweitzers Art begreifend, taktisch zu verfahren. Als Sohn eines preußischen Unteroffiziers ist er nicht belastet von der grundsätzlichen Abneigung gegen Preußen und sein Heer, als Drechsler steht er den Arbeitern näher als Liebknecht und Schweitzer. Durch seine Rednergabe und Überzeugungstreue, sein ungewöhnlich starkes Bildungsstreben erringt er schon in jungen Jahren die Achtung seiner Gegner, die ihn bald als den gefährlichsten Feind bekämpfen und gerade dadurch sein Ansehen im Proletariat stärken.«[214]

Nach zwei Attentaten auf *Kaiser Wilhelm I.* (1878) unterdrückte *Bismarck* mit Hilfe des ›Gesetzes gegen die gemeingefährlichen Bestrebungen der Sozialdemokratie‹ die Arbeiterbewegung; der polizeiliche Druck ließ jedoch die Sozialdemokraten nur noch mehr erstarken; der Versuch, durch eine Sozialreform von oben die Arbeiterschaft von ihren Führern zu lösen, mißlang. Die Arbeiterschaft bildete zunehmend einen Staat im Staate. Auch die Gewerkschaften, die seit 1868 entstanden, waren von zunehmendem Einfluß; der Streik wurde zum wichtigen Instrument im Kampf um die Verbesserung der materiellen und politischen Verhältnisse. Es bewahrheitete sich, was *Georg Herwegh* im ›Bundeslied für den Allgemeinen Deutschen Arbeiterverein‹ 1864 ausgesprochen hatte:

»... Mann der Arbeit, aufgewacht!
Und erkenne deine Macht!
Alle Räder stehen still,
wenn dein starker Arm es will ...«[215]

Als *August Bebel* am 13. August 1913 starb, ging eine Epoche zu Ende, die weiten Teilen des Volkes einen entscheidenden sozialen Fortschritt gebracht hatte. *Bebels* herrliches Leben, hieß es im ›Vorwärts‹, sei überreich am Wirken und Schaffen im Dienste einer großen Idee gewesen. »Und wenn er im Kampfe für diese hohen Kulturideen des Sozialismus auch manches Schwere hat ertragen müssen, so hat er andererseits doch im Wirken für sie als Bahnbrecher einer besseren Zukunft seine höchste Befriedigung, das Glück seines Lebens gefunden. Für immer gehört sein Name der Geschichte an, und die, für die er gekämpft und gelitten, sie werden ihn nicht vergessen. Er lebt in ihren treuen Herzen fort, denn für sie, die Leidenden und Enterbten, setzte er sein Leben ein.«[216]

Machtgeschützte Festlichkeit

Wolle man, hieß es in einer anonymen sozialdemokratischen Flugschrift anfangs 1913, das Zeitalter *Wilhelms II.*, der demnächst fünfundzwanzig Jahre Deutscher Kaiser und König von Preußen sein werde, nach einem äußeren Kennzeichen benennen, so könne man es als das »Zeitalter der Feste« bezeichnen.

Schier zahllos sei die Menge der offiziellen Feiern, die in diesen 25 Jahren das Deutsche Reich über sich habe ergehen lassen müssen. So ununterbrochen folgten sie einander wie die Filmmeter im Kinematographen-Theater. »Allmählich hat sich das deutsche Volk und hat sich vor allem die Arbeiterklasse daran gewöhnt, alle diese Feste gänzlich unbeachtet zu lassen. Mögen die Toten ihre Toten feiern!«[217] Die Arbeiterklasse habe sich aus ihrem Geist, ihren Idealen, ihrer Kulturmission heraus andere Feste geschaffen: den 18. März, Tag des Gedenkens an die großen Freiheitskämpfe der Vergangenheit, den 1. Mai, Tag des zukunftsfrohen Hoffens auf den endgültigen Sieg. »Daneben unsere Feste des Kampfes – die Gewerkschaftsfeste, an denen der Gedanke der Organisation im Mittelpunkt unseres Denkens und Fühlens steht; unsere Sängerfeste, in denen Werden und Wachsen einer vom proletarischen Geiste getragenen Kunst kraftvoll sich ankündigt!«[218]

Deutlich wird aus einem solchen Zitat, wie sehr sich proletarischer und bürgerlicher Überbau in die Quere kamen. Die bürgerliche Festlichkeit ist geprägt von der »sonntäglichen Sehnsucht«, über alle gesellschaftlichen Klüfte und Abgründe hinweg ›Gemeinschaft‹ (statt dissonanter ›Gesellschaft‹) zu demonstrieren; sie erweist sich damit als wesentlicher Teil »affirmativer Kultur«. Diese ist in ihren Grundzügen idealistisch. »Auf die Not des isolierten Individuums antwortet sie mit der allgemeinen Menschlichkeit, auf das leibliche Elend mit der Schönheit der Seele, auf die äußere Knechtschaft mit der inneren Freiheit, auf den brutalen Egoismus mit dem Tugendreich der Pflicht.« (*Herbert Marcuse*)[219]

Die bürgerliche Festlichkeit orientierte sich inmitten technischer Umwelt am Vergangenen; zugleich transportierte solche Regression ein Zukünftiges; zumindest außerhalb der Werktäglichkeit erahnte man die Defizite der Zeit; in der Fiktion des Festes sollte das ›Fehlende‹ ersetzt und das zum Leuchten (zum Vor-Schein) gebracht werden, was in der Wirklichkeit verdunkelt war: der Kosmos einer organisch gewachsenen und einsichtig gegliederten Sozietät, in der jeder und jedes seinen richtigen Platz hatte und die damit Sicherheit verbürgte. Weil die Industrialisierung als Umbruch und Aufbruch soviel Tradiertes, Gewohntes, Bewährtes, Festgefügtes zum Wanken gebracht, die Agrargesellschaft in ihrer Statik und steten Wiederkehr des Gleichen dem unsicheren Neuen ausgeliefert hatte, sehnte man sich nach Schutz und Geborgenheit. Feierlichkeit und Festlichkeit waren in einem übertragenen Sinne »Versicherung« und »Blitzableiter«: ideeller Rückhalt und geistig-psychische »Ablenkung« angesichts sozialer, wirtschaftlicher und politischer Spannungen. Die das

Industriezeitalter prägenden Generationen der »Gründer« und »Macher« mit ihrem ausgeprägten Pragmatismus hatten immer auch eine große Sehnsucht nach dem, was aus der Welt des Zweckes herausführte und die Sinnfrage beantworten half. Die Werktagswelt transzendieren: das war der Versuch, das Nützliche aufs Schöne hin, das »nicht von dieser Welt«, zu überschreiten. Die Kunst enthob von der Alltäglichkeit und deren Widersprüchen; in ihr war die Entfremdung aufgehoben; sie vermittelte das Gefühl, daß nicht der Preis einer Sache, sondern ihr Wert das Wichtigste war. Die Festlichkeiten der Epoche sind dabei von ambivalenter Struktur: großartig, weil man sich eben nicht mit dem begnügte, was als Materialismus und Positivismus Zeichen der Zeit war; fragwürdig, weil Kunst im zunehmenden Maße nur dann noch akzeptiert wurde, wenn sie die bestehenden Verhältnisse bejahte. In der »Versicherung« des Festes und der Feier verbarg sich eine tiefe Verunsicherung dem Heute gegenüber. Im Blick zurück versuchte man, Terrain zu erschließen, das einen tragfähigen Weg in die Zukunft ermöglichte. Dies hatte wohl *Friedrich Nietzsche* mit im Sinn, wenn er bei einer Analyse des ›Meistersinger‹-Vorspiels in ›Jenseits von Gut und Böse‹ feststellt: »Diese Art Musik drückt am besten aus, was ich von den Deutschen halte: Sie sind von vorgestern und von übermorgen –, sie haben noch kein Heute.«[220]

Die Feiergemeinschaft des 19. Jahrhunderts zeigt im wesentlichen zwei Phasen: In der ersten sehnt man sich nach Macht, Kraft und Sicherheit; eine solche Trias stellte die ›Nation‹ dar. Aus Festen, die ›handfeste‹ traditionelle Ursprünge hatten (z. B. Volksfeste, Brauchtumsfeste), wurden Feiern, die betont das Verlangen nach nationaler Einheit zum Ausdruck brachten. Hinweise auf das Mittelalter, auf große Herrscher und Heerführer der Vergangenheit, zeigten Politisierung an. Die demokratischen Ideale, die das Volk als fortschrittliche Kraft priesen (und etwa das Hambacher Fest 1832 gekennzeichnet hatten), traten zurück.

Die zweite Phase der Feiergemeinschaft des 19. Jahrhunderts nach 1871 war nicht mehr durch patriotische Sehnsucht geprägt. »Es war erreicht.« Die staatliche Einheit wurde als nationale Identität gepriesen; die nach Macht strebende Feierlichkeit war zur machtgeschützten Feierlichkeit geworden. Nun bestätigte (affirmierte) das Fest, was früher nur ein festliches ›Wähnen‹ gewesen war. In Abänderung eines Ausspruchs *Richard Wagners* über sein Domizil in Bayreuth könnte man sagen: »Wahnfried sei nun das Fest genannt.«

Aus den verschiedensten Anlässen gab es in den Städten und ›Gauen‹ große, häufig sich wiederholende Feste: Sängerfeste, Turnfeste, Feste, die mit einer Herrscherpersönlichkeit oder einem ›Geistesheroen‹ verknüpft waren. Im Kern solcher Feste stand der Festzug. »Der historische Festzug ist, zumindest während der Zeit seiner vollen Entfaltung, kollektive Selbstdarstellung des Bürgertums und seine repräsentative Form öffentlichen Auftritts. Als bürgerliche Festform spiegelt er den Emanzipationsprozeß des Bürgertums und sein Verhältnis zum Staat sowie die Bildung und Konsolidierung nationaler Gesellschaften und Bünde wider. Am historischen Festzug ist der Anteil des Bürgertums an der nationalen Bewegung ebenso wie an der Entstehung und Entwicklung des Nationalismus abzulesen.« (*W. Hartmann*)[221]

Feste und Festzüge waren ein besonderer Ausdruck des vorherrschenden historischen Stils. Die Außen- und Innenarchitektur von Wohnhäusern und öffentlichen Gebäuden, im besonderen Schulen, Bahnhöfen, Ausstellungsgebäuden, auch von Fabriken, die bildende Kunst und die Literatur waren geprägt durch ein geschichtliches Denken, das quasi in jeder historischen Ausdrucksform Vorbildhaftigkeit zu erkennen glaubte. Der Rückgriff auf vergangene Zeiten diente dazu, der zeitgenössischen diffusen Wirklichkeit Profil zu geben. »Historische Kunst ist der Versuch, die Lebenswirklichkeit im Ganzen normativ auszulegen, in eine Gegenwart, in der Politik, Ökonomik und Ethik desintegriert sind zu widerstreitenden Teilsystemen, einen reintegrierenden Weltentwurf hineinzutragen. Solche Ganzheit war gegenüber einer Epoche, die nach Rankes Wort die ›Physiognomie der Entzweiungen‹ zeigte, im Rückgriff auf die vorrevolutionäre, alteuropäische Ordnung, durch ihre Mimesis im Kunstwerk hindurch, möglich. Historismus erscheint als der Versuch, aus der Krisenerfahrung des Revolutionszeitalters heraus das vorrevolutionäre, alteuropäische Modell von Weltauslegung bewußt in die Gegenwart zu bringen.« (*Wolfgang Hardtwig*)[222]

In einem Zeitalter, in dem Wechsel und Wandel immer rascher vor sich gingen, versuchte bürgerliches Bewußtsein Bleibendes zu schaffen. Neben der Feiergemeinschaft zielte der Denkmalskult darauf ab, gefährdete Identität zu stabilisieren. Der Anblick von Standbildern großer Persönlichkeiten vermittelte ein kontinuierliches Gefühl der Erhebung und Erhabenheit, das über die transitorische Werktagswelt, über die sozialen und wirtschaftlichen Gefährdungen insgesamt hinweghelfen sollte.

Denkmäler und Denkmalskomplexe (wie die Regensburger Walhalla 1842, die Bavaria in München 1850, die Befreiungshalle in Kelheim 1863, die Siegessäule in Berlin 1873, das Hermannsdenkmal im Teutoburger Wald 1875, das Niederwalddenkmal bei Bingen 1883) waren Ausdruck gleichermaßen des nationalen Pathos wie des Stolzes auf eine technisch-monumentale Leistung. In einer 1894 erschienenen Broschüre über die Bavaria heißt es: »Die Gußteile haben an den Rändern sich begegnende Falzen, die im Innern verschraubt, verkeilt und verniethet worden, während man die feinen Gränzlinien der Baustücke nach außen so kunstreich verhämmerte, daß sie gänzlich unsichtbar sind. So wird sich die Bavaria durch innere Festigkeit und eigene Wucht selbst halten und tragen, gleichsam als symbolisches Zeugniß, daß Bayern keiner fremden Stütze bedarf, wenn es im Innern einig und muthvoll auf eigenes Kraftgefühl sich stützet.«[223]

Bei der Eröffnung des Niederwalddenkmals beschrieb der Berichterstatter der ›Gartenlaube‹ die Germania wie folgt: »Ihr kleiner Finger kann gerade von zwei Händen eines Erwachsenen umspannt werden; ihr Daumennagel ist neun Centimeter breit und elf Centimeter hoch. Durch ihr Armgelenk kann ein Mann bequem schlüpfen und im Innern ihres Unterkörpers bis zur Brusthöhe können zehn Paare tanzen. Das gewaltige Schwert wiegt fünf bis acht Zentner und ist acht Meter lang.«[224]

Das Denkmal auf hohem Podest wirkte ›von oben‹ herab; der Betrachter sollte sich seiner eigenen Kleinheit bewußt werden. Die Monumentalität beeindruckte, war aber, obwohl an hervorragender Stelle plaziert, nicht wirklich ›einsehbar‹. Die Denkmäler und der damit verknüpfte Kult waren Teil einer weltanschaulichen Mythisierung, die der Hand in Hand mit der Industrialisierung einhergehenden modernen Nervosität, meist Neurasthenie genannt, entgegenzuwirken trachtete.

Der Versuch, in und mit dem Denkmal zur Identitätsgewißheit zu gelangen, läßt sich besonders gut am Genre des Schillerdenkmals – der Verdinglichung der das ganze 19. Jahrhundert durchziehenden Schillerverehrung – illustrieren. Wenn man, meinte *Jakob Grimm* 1859, dem Jahr des 100. Geburtstages des Dichters, »seinen Weg durch Deutschland nehme, so sehe man fast in allen Städten festliche

Züge heiterer und geschmückter Menschen, denen unter vorangetragenen Fahnen auch ein prächtiges Lied von der Glocke erscholl, selbst dramatisch dargestellt«. *Grimm* fährt fort, wobei seine Klage zeigt, wie sehr die Schillerfeste dieses Jahres getragen waren von der Sehnsucht nach nationaler Kraft und Stärke: »Ach, könnte doch auch ... an höheren Festen alles fortgeläutet werden, was der Einheit unseres Volkes sich entgegenstemmt, deren es bedarf und die es begehrt.« In einer Festrede über *Schiller*, »den auf seiner Höhe Thronenden«, unterstützte *Grimm* den Plan, überall Schillerdenkmäler zu bauen, wobei er sich dafür aussprach, daß man das Geld, das man den hungernden Dichtern und Dichterwitwen zuteil werden lassen wolle (›Schillerstiftung des deutschen Volkes‹), besser für solche Bauten verwende. »An mehr als einem Platz, zu Marbach und anderswo, würden von Künstlers Hand geschaffene Bildsäulen Schillers aufzurichten sein und dann einem dauernden Freudenfeuer gleich leuchten im Lande; laßt uns den Kostenaufwand dafür und für die Salbe der Weihe nicht abgefordert werden zur Niederlage in den allverschlingenden, immer hungrigen Armensäckel.«[225]

Vor allem nach der Gründung des Zweiten Deutschen Reiches erreichte die in Denkmälern verdinglichte Sicherheit, daß die Dichter und Denker unverlierbarer Besitz der Besitzenden geworden waren, einen Höhepunkt. Der pathetische Aufschwung, mit dem man sich seit der Mitte des 19. Jahrhunderts aus der politischen und ökonomischen Misere hatte hinwegprojizieren wollen, endete vollends auf dem Polster der Platitüde. Man brauchte die klassizistische, idealisierende Aura; denn sie gab Kraft, die Widersprüche der Gesellschaft zu verdrängen. Vom Podest einer erhabenen Gesinnung aus gelang es – zumindest für einige Zeit –, das Realitätsprinzip zu über-sehen. Das hatte *Friedrich Nietzsche* mit im Auge, als er von der Exstirpation des deutschen Geistes zugunsten des Deutschen Reiches sprach und 1889 in der ›Götzendämmerung. Streifzüge eines Unzeitgemäßen‹ den Satz niederschrieb: »Meine Unmöglichen ... Schiller: oder der Moraltrompeter von Säckingen ...«[226]

1909 wandte sich der Wiener Kritiker *Karl Kraus* in seiner Zeitschrift ›Die Fackel‹ an alle »Obmänner«, die die Menschheit an ihr Herz drückten, die da sagten, was alle sagten, und die nur eine Frage frei hätten an das Schicksal, nämlich die »Wie sagt doch Schiller?«: »Hätte er sie geahnt, hätte er sie heraufkommen sehen, wie sie die Kultur umwimmeln, wie sie mit ihren Plattköpfen an seinen Himmel stoßen und mit ihren Plattfüßen seine Erde zerstampfen, so daß kein Entrinnen ist vor der Allgewalt ihrer Liebe – er hätte sich die Unsterblichkeit genommen!«[227]

Salonkunst

Schiller hatte in seinen ›Briefen über die ästhetische Erziehung des Menschen‹ den »ästhetischen Staat« gefordert: Schönheit als der spielerische Ausgleich zwischen Stofflichkeit und Formalität sollte die Herrschaft des Nützlichkeitsdenkens brechen. Pessimistisch hatte Schiller freilich festgestellt – und damit die Entwicklung des 19. Jahrhunderts antizipiert: »Jetzt aber herrscht das Bedürfnis und beugt die gesunkene Menschheit unter sein tyrannisches Joch. Der Nutzen ist das große Idol der Zeit, dem alle Kräfte fronen und alle Talente huldigen sollen. Auf dieser groben Waage hat das geistige Verdienst der Kunst kein Gewicht, und, aller Aufmunterung beraubt, verschwindet sie von dem lärmenden Markt des Jahrhunderts.«[228]

Bürgerliches Überbaubewußtsein bemühte sich geradezu verzweifelt, eine solche Entwicklung rückgängig zu machen. In gigantomanischer, eklektischer Formenfülle sollte Kunst jeglicher Art und Provenienz ›herbeizitiert‹ werden – während ›nichtoffizielle‹ Strömungen bürgerlicher Literatur und Kunst (wie Realismus, Naturalismus, Expressionismus, auch der Jugendstil) vom Essentiellen sich nicht abbringen ließen. Deren Zeit- und Gesellschaftskritik verstärkte den Trend des sanktionierten Geschmacks, sich ins Wolkenkuckucksheim entleerter Schönheit zurückzuziehen. Die Salonmalerei etwa, deren Produkte, in ›Bilderfabriken‹ technisch reproduziert, zu günstigen Preisen en masse in vorwiegend bürgerliche Wohn- und Schlafzimmer geliefert wurden, stellte eine derartige Korruption des ästhetischen Bewußtseins dar: die Sehnsucht des Menschen, eine entzweite Welt wieder zusammenzuschließen, war zur Beute romantizistischer und klassizistischer Epigonen geworden.

Die Salonmalerei ist Ausdruck der Sehnsucht nach dem irdischen Paradies, wie sie das gesamte 19. Jahrhundert durchzieht – korrespondierend mit dem Anbruch und der Ausweitung der industriellen Revolution, die das Bild einer häßlichen Welt, einer Welt im Gaslicht, darbot.[229] Solches irdische Paradies ist weitgehend geprägt durch ein Zurück-zur-Natur, wobei die Natur bald in Form arkadischer Stilisierung (etwa in der bildenden Kunst), bald als gesellschaftliche Harmonisierung (in Form von Sozialutopien) in Erscheinung tritt. Die durch den Realismus in den Seh- und Beobachtungsweisen bewirkte Einsicht, daß das Schöne und das Wahre oft auseinanderklafften, weshalb auch nicht mehr der Glaube an die Kalokagathie (»Schöngutheit«) und an eine sich auf Elysium zuentwickelnde Menschheit vorwaltete, gipfelte in einem generellen Gefühl der Spaltung und Entzweiung bzw. verlorener Identität; sie rief freilich auch, als Gegentendenz, forcierte Anstrengungen zur Überwindung eben dieser Gespaltenheit hervor. Während auf der einen Seite die moderne Nervosität sich als ein Sensorium für die Registrierung der Entzweiung erwies und oft genug zu einer genießerischen Verinnerlichung eines solchen, an sich leidvollen Zustandes führte, sind auf der anderen Seite die Bemühungen um die Reproduktion eines ›goldenen Zeitalters‹ (Motive bei *Ingres, Hans von Marées, Böcklin* und *Gauguin*) ein ästhetisch faszinierender Versuch, Wirklichkeit durch Fiktion zu suspendieren.

Dieser Kunst liegt eine Weltanschauung zugrunde, die durch mythische und dekorative Gebärde den Anspruch überheblicher Selbstsicherheit abzustützen und vor den vage empfundenen, aber immer wieder verdrängten Gefährdungen der Wirklichkeit mit Hilfe sensualistischer Beschwichtigungen abzuschirmen sucht. Der Höhenflug solcher Kunst, das gewaltsam Heroische wie die sinnliche Süße, ist auf eine »darüberschwebende« Frag-losigkeit programmiert. Inmitten imperialistischer Kolonialpolitik, ungeahnter wirtschaftlicher Expansion, raschen technischen Fortschritts, auf der Basis positivistischer Wissenschaft, aber auch angesichts wachsender sozialer Probleme und nationalistischer wie rassistischer Ideologien versuchte die tonangebende Schicht (als herrschende Schicht den vorherrschenden Geschmack bestimmend), sich einen Schutzbezirk bereits versunkener oder gerade versinkender gesellschaftsmoralischer Normen abzustekken, in die sie sich vor den Irrungen und Wirrungen eines manischen Profitstrebens zurückzuziehen hoffte. Der Devise des »*Enrichissez-vous*« konnte sich das schlechte Gewissen des bürgerlichen Bewußtseins nur dadurch versöhnen, daß es dieser Devise ständig den Anschein altväterlicher Solidität gab oder sie mythologisch verpackte.

Idealismus, ästhetische Überhöhung und visualisierte ethische Fiktion sollten helfen, inmitten des galoppierenden Fortschritts den Eindruck von Dauer zu erwecken. Was die bourgeoise Scheinsicherheit zu erschüttern vermochte, wurde durch Attitüden überspielt; nirgends Betroffenheit, wohl aber Rührung und Larmoyanz (und auch, nicht zu übersehen, ein durch entrückte Exotik ermöglichter Genuß von Grausamkeit). Suggerierte Selbstgewißheit vermittelt sich in den Bildern einer heilen Welt, die dem bürgerlichen Individualismus angesichts aufgelöster Strukturen einen neuen Sinn zu geben suchen. Die enorme Anspannung, unter der diese Kunst steht und entsteht, gibt ihr – wobei der Schritt vom Erhabenen zum Lächerlichen freilich verschwindend klein ist – eine gewisse Würde, so wie ein Mensch, der seine Nervosität mit dem Aufwand letzter Kraft zu zügeln und seine ›Lächerlichkeit‹ nach außen hin zu bezwingen vermag, Respekt erheischt, auch wenn sich kaum Sympathie einstellt. Solcher »angestrengten Erhabenheit« bzw. solchem »erzwungenen Liebreiz« entspricht eine kulturelle Beflissenheit, die als reflexionslose Bejahung des Guten, Schönen und Wahren in Erscheinung tritt, allerdings mit Hilfe »fernliegender Verruchtheit« (vor allem im Topos ›Orient‹ lokalisiert) an dem eigenen, im Unbewußten als Fessel empfundenen Moralkodex sich schadlos zu halten sucht. –

Die der Salonmalerei eigene Thematik – Genreszenen (Nach dem Bade, Das Erwachen), Szenen exotischer Verfremdung (Im Harem), oder mythologischer Erhöhung (Nymphen, Grazien) – zielt auf eine verschwommene Glückseligkeit, die mit ihrer hingebungsvoll-schaumigen Nacktheit alle Gedanklichkeit erstickt und durch sinnlichen Schmelz das Wahre im Schönen aufhebt. Das ›Tierische‹ im Menschen wird als Göttliches dargeboten; selbst die Szene, in der der fesche Leutnant die nackt hingestreckte Dirne auf dem Pfühl mit dem *Post-coitum-omne-animal-triste*-Blick mustert, hat noch etwas von der Aura überirdischer Liebe in sich. Glühende Liebesworte auf sehnsüchtigen Lippen, heiße Herzen in wogenden Busen, alabasterne Leiber auf weichen Kissen, aufgelöste Haare im fließenden Wasser (aber auch aufgeilende Orgien und dekorativer Sadismus) charakterisieren diese schöne Unverbindlichkeit, bei der Stil durch Technik ersetzt ist. So wie die Formen und Inhalte ständig zur Verschmelzung tendieren, die Leiblichkeit gerne androgyn sich präsentiert, ist die Salonkunst insgesamt als Seelenbadeanstalt organisiert. Nervosität erstarrt in Zuckerbäckerei, wird gefesselt in Ornamentik und in ihrer Sensibilität durch Sinnlichkeit betäubt.

Das »Dekorative« wucherte überall – in der Mode, im Städtebau, in den bourgeoisen Lebensformen. Der Architekt *Adolf Loos* setzte Ornament mit Verbrechen gleich und versuchte, im ästhetischen Labyrinth den Ariadnefaden der Einfachheit wiederzufinden. Auf handwerkliche Solidität, nicht auf sinnlichen Schmelz komme es an. – »All die großartig tönenden, orgiastischen, panischen, arkadischen, faunischen Phantastereien der Epoche sind ja Stubenpoesie, falsche Freiheitstiraden von Stehkragenträgern, Flucht vor dem, was das neue Jahrhundert unerbittlich verlangte: in der Technik, in der Politik, in der Industrie. Das Leben als kosmisches Phänomen zu besingen, war einer der Wege, vor seiner harten Tatsächlichkeit auszuweichen.«[230]

Das ›Lichtgebet‹ von *Fidus* (eigentlich *Hugo Höppner*), 1. Fassung 1890, 5. Fassung 1910, 11. und letzte Fassung 1938, in einer ungeheuren Auflagenhöhe vor allem in den Bürger- und Kleinbürgerwohnungen verbreitet, auch Teil der Postkartenikonolatrie, ist ein wichtiges Symptom bzw. »Beweisstück« für die der modernen Nervosität entgegenstehende, ideologisch angelegte und abgerichtete ästhetische Fluchtbewegung der Zeit. Hier, wie im gesamten Werk von *Fidus*, wird der Versuch unternommen, im Rahmen nordischer Weihekunst (bei der sich Naturkunde mit Vegetarismus, Ernährungsreform, Siedlungsbewegung, Freikörperkultur, Frauen- und Ehereform, Reformpädagogik und Jugendbewegung verband) einen Tempeltanz der deutschen Seele zu arrangieren, um auf diese Weise, d. h. durch nationale Verzückung, gesellschaftlichen Konflikten sich zu entziehen und im Paradies einer sektiererischen Weltanschauung Ruhe und Frieden zu finden.[231]

Fidus zielte auf eine agrarisch strukturierte, antikapitalistische, in der natürlichen Befriedigung natürlicher Bedürfnisse aufgehende Lebensgemeinschaft, die jedoch bis in die Verkrampfungen ihrer stilistischen und mythischen Elemente ganz auf ästhetischer Gewaltsamkeit beruht. Die propagierten Lebensrunen, etwa im ›Lichtgebet‹ die Stilisierung des aufrecht stehenden Menschen, der mit erhobenen Armen die Sonne »anruft« (ekstatische Versinnlichung eines *Per-aspera-ad-astra*), signalisieren nicht wirkliche Geborgenheit; *Fidus* lenkt von modernem Zwiespalt durch heroisch-stilisierte Gebärde ab. »Auf der höchsten Felsenspitze eines Berges breitet ein nackter Knabe seine Arme nach der Himmelshöhe aus. Indem er sich auf die Zehen erhebt, wird uns das Symbol seiner kindlich-vertrauenden Sehnsucht nach Gott noch verständlich beredter«, heißt es in einer zeitgenössischen Beschreibung der 2. Fassung des ›Lichtgebets‹ (1892).[232]

Die Furcht vor der »Auflösung« der modernen Welt, das Erlebnis der Diskrepanz zwischen den gesellschaftlich wie politisch geforderten idealtypischen ethischen Normen und dem in allen Bereichen vorwaltenden Relativismus wird durch den Mythos der Solidarität beschwichtigt, der als ›Gemeinschaft‹, ›Bund‹, ›Bewegung‹, sich ausprägt und an ein Universum glaubt, in dem Lichtmenschen Lichtgebete zelebrieren. Der Blick nach oben, abgewandt von den Niederungen, versunken in die brünstige Verehrung der Sonne, welche stets die dräuenden Wolken durchdringt, ist wichtigster Bestandteil des bildnerischen Baukastens, aus dem *Fidus* seine Seelengebäude montiert. Indem er die auch aus vielen anderen weltanschaulichen Traktaten aufquellenden regressiven Sehnsüchte der Menschen dieser Gesellschaft und Zeit, die sich vor den Umbrüchen und Verwerfungen auf ein Stück stabilen und unerschütterlichen Bodens zu retten versuchten, durch Reformbilder von leichter technischer Reproduzierbarkeit absättigte, erreichte er auf eine trivialästhetisch sehr einflußreiche Weise die Umformung moderner Nervosität in den Kult rückwärts orientierter Beruhigung.

Kraft und Schönheit, verknüpft mit rassischer Überheblichkeit und sozialem Herrenbewußtsein, prägen die Gesichtszüge der in Tempellandschaften angesiedelten *Fidus*-Menschen. Die stets präsente Geschlechtlichkeit, Ausdruck der Geschlechtsbesessenheit der Zeit bzw. des zeitgenössischen Triebstaus, wird durch sakrale Gesundheit überlagert, die Kopulationsekstase in Kopulationsmystik transformiert. Die penetrante Herausstellung primärer und sekundärer Geschlechtsmerkmale wird mit Hilfe eines vegetativen Ambiente (etwa in Form hochstilisierter Natur) und einer aggressiven Wehrhaftigkeit (Schwertersymbolik) der bürgerlichen Prüderie versöhnt. Der starre Blick der Frauen und Männer korrespondiert mit der Verkrampfung ihrer Muskulaturen. Die konstante Verzückung gibt sich als Morgenwunder und Abendgebet, Hornungssturm und Wintergroll, Gnadennacht und Morgenglück, Königstraum und Brautkleid, Tempeltanz und Mittagslied, Quellsymphonie und Spatenwacht. Die Stimmungslage seiner Kunst charakterisierte *Fidus* selbst (in nordischer Übersetzung von Karezza) mit dem Begriff der »Dauerkose«.

Die Verewigung der »Vorlust« kann als Versuchung gedeutet werden, sich durch sexuelle Eurhythmie konkreten sozialen Beziehungen zu entziehen; dies ist insgesamt typisch für die bürgerlichen Fluchtbewegungen. Die von *Freud* konstatierte und offengelegte, auch bloß-

31. Fidus (eigentlich: *Hugo Höppner*): Maifeier 1905.

gestellte Kluft zwischen kultureller Sexualmoral und triebdynamischer Wirklichkeit soll durch mythisch-ideologische Fülle eingeebnet werden. Doch die illusionäre Brücke über den Abgrund konnte die Realität nicht tragen; Lebenswanderer und Natürlichkeitsapostel à la *Fidus* stürzten, bevor sie wieder Grund unter die Füße bekamen, in den Faschismus ab, der die Heilung von Neurose bzw. Nervosität durch einen Kult des schönen starken Lebens versprach.

Die Lust am Untergang

32. Otto Dix: Karton für das Triptychon »Großstadt« (1927/8).

Moderne Nervosität

»Daß ich es nicht lassen kann, bei offenem Fenster zu schlafen. Elektrische Bahnen rasen läutend durch meine Stube. Automobile gehen über mich hin. Eine Tür fällt zu. Irgendwo klirrt eine Scheibe herunter, ich höre ihre großen Scherben lachen, die kleinen Splitter kichern. Dann plötzlich dumpfer, eingeschlossener Lärm von der anderen Seite, innen im Haus. Jemand steigt die Treppe. Kommt, kommt, unaufhörlich. Ist da, ist lange da, geht vorbei. Und wieder die Straße. Ein Mädchen kreischt: Ah tais-toi, je ne veux plus. Die Elektrische rennt ganz erregt heran, darüber fort, fort über alles. Jemand ruft. Leute laufen, überholen sich.«[233] In den ›Aufzeichnungen des Malte Laurids Brigge‹ von *Rainer Maria Rilke* (1904 begonnen, 1910 veröffentlicht) werden assoziativ und impressionistisch die Eindrücke der Großstadtwirklichkeit (Paris), vorwiegend deren grausame und entsetzliche Seiten, eingefangen. Das nervöse Geflimmer des Films wird mit Sprache vorweggenommen, und das bedeutet vor allem die simultane Aufnahme von Umweltreizen, die allenthalben die Unbehaustheit und Verlorenheit des Menschen signalisieren. Die Jahrhundertwende, das *Fin de siècle*, macht deutlich: Industriekultur beginnt sich zu atomisieren; hinter der scheinbar kompakten Fassade von Materialismus, Positivismus, Kapitalismus hat sich eine geistige Sensibilität entwickelt, welche die Irrungen und Wirrungen, Schwingungen und Turbulenzen der zu Ende gehenden Epoche feinnervig registriert.

Für den Zustand moderner Nervosität ist es symptomatisch, daß nun der Kinematograph erfunden wird und entsprechend die ersten Filme entstehen. 1895 war in Paris die erste öffentliche Vorführung »lebender Photographien« erfolgt. Die Filme hatten eine Länge von zwanzig Metern; man sah Bilder des täglichen Lebens, Arbeiter beim Verlassen der Fabrik oder die Ankunft eines Zuges. Im selben Jahr wurde ein Programm von acht »lebenden Photographien«, das eine Viertelstunde dauerte, im Berliner Winter-Garten vorgestellt. 1905 wurden die ersten Ladenkinos in den Berliner Arbeitervierteln aufgemacht. Der Kinematograph war nicht nur ein technisches Produkt; die ersten Kinofilme wandten sich im besonderen, neben Slapstick-

33. Straßenbild der Zukunftsstadt (aus: Fritz Langs Film »Metropolis«).

und romantischen Szenen, der Technik zu. Motive waren etwa: Ein Eisenbahnunglück / Die Sirene / Ein Automobilunfall.

In seiner ›Sozialgeschichte der Kunst und Literatur‹ sieht *Arnold Hauser* die Kultur des anbrechenden 20. Jahrhunderts (die Krise des Kapitalismus) »im Zeichen des Films«. Auflösung, Atomisierung, Dekomposition, »Flimmerstruktur« stellten den gemeinsamen Nenner vieler künstlerischen Strömungen dar.[234] Kubismus, Konstruktivismus, Futurismus, Expressionismus, Dadaismus und Surrealismus verzichteten grundsätzlich auf jede Wirklichkeitsillusion und drückten ihr Lebensgefühl durch die bewußte Deformation der Naturobjekte aus. Der Impressionismus habe – obwohl selbst noch an Natur und Wirklichkeit gebunden – diese Entwicklung vorbereitet, als er keine integrierende Darstellung der Realität, keine Konfrontierung des Subjekts mit der Objektwelt als Ganzem anstrebte, sondern vielmehr den Beginn jenes Prozesses bezeichnet, den man die »Annektierung« der Wirklichkeit durch Kunst genannt habe. Symbolisten und

Surrealisten, die den Gemeinplatz, die konventionellen Formen, die fertigen Klischees aus der Sprache vollkommen ausscheiden wollten, kämpften gegen jede Befestigung und Erstarrung des lebendigen, flüssigen, intimen Lebens des Geistes, gegen jede Veräußerlichung, gegen jede »Veranstaltlichung«.

Koinzidenz, Automatik, Hektik, Diffusion, Assoziation, Kombination, Simultaneität, Montage, zeiträumliches Kontinuum – nirgends würden die neuen Wesensmerkmale der Epoche deutlicher hervortreten als im Film. »Der Film unterscheidet sich von den andern Künsten am wesentlichsten gerade dadurch, daß in seinem Weltbild Raum und Zeit fließende Grenzen haben, – der Raum mit einem quasi-zeitlichen, die Zeit mit einem gewissermaßen räumlichen Charakter... Der Raum verliert seine Statik, seine in sich ruhende Passivität und gewinnt einen dynamischen Charakter; er entsteht sozusagen vor unseren Augen. Er ist fließend, unbegrenzt, unabgeschlossen, ein Element, das seine Geschichte, seine einmaligen Momente, Etappen und Stadien hat.«[235] Im Medium des Films verlöre die Zeit ihre ununterbrochene Kontinuität, andererseits ihre unumkehrbare Richtung. »Sie kann zum Stehen gebracht werden: in Großaufnahmen; zurückgeschraubt werden: in Retrospektionen; wiederholt werden: in Erinnerungsbildern; und übersprungen werden: in Zukunftsvisionen. Parallellaufende, simultane Vorgänge können nacheinander, und zeitlich auseinanderliegende – durch Zusammenkopieren oder durch alternierende Montage – gleichzeitig gezeigt werden; das Frühere kann später, das Spätere vorzeitig erscheinen.«[236]

Für *Walter Benjamin* veränderte sich im Zeichen der technischen Reproduzierbarkeit von Kunst deren Wahrnehmung und Aufnahme entscheidend. Als autonome Kunst sei sie auf individuellen Genuß angelegt, nach dem Verlust ihrer Aura auf Massenrezeption. Der Kontemplation des vereinzelten kunstbetrachtenden Individuums stellt *Benjamin* die stimulierende Zerstreuung im Kollektiv gegenüber. Das Gemälde lade den Betrachter zur Kontemplation ein; die Filmaufnahme lasse dies nicht zu; darauf beruhe die Schockwirkung des Films, die wie jede Schockwirkung durch gesteigerte Geistes-Gegenwart aufgefangen sein wolle.[237]

Diese Gedanken fortführend, kann man feststellen, daß die neue Phase des Industriezeitalters, die nach dem Ersten Weltkrieg voll einsetzt, deren Ursprünge aber bis auf die Zeit vor der Jahrhundertwende zurückzuführen sind, durch den Schock eines neuen Zeitgefühls geprägt ist, der nun neben den »Eisenbahnschock« und neben den »Metallschock« der vorangegangenen Dezennien tritt. Immer deutlicher wird – der »Geschwindigkeitsrausch« der Eisenbahn hatte dies vorbereitet! –, daß man in einer sich ständig verändernden Zeit lebt, daß die dadurch bewirkte Eindrucksfülle bei gleichzeitiger Auflösung geschlossener Erlebnisbereiche nur durch erhöhte Sensibilität bewältigt werden kann – oder zur Abstumpfung führt. Die Erfahrung ständiger Veränderungen, Übergänge, Neuanfänge, Gleichzeitigkeiten und Ungleichzeitigkeiten verstärkt das vom Schienenrhythmus bereits vorgegebene Gefühl der Zeit-Not. Pünktlichkeit, durch die Industrialisierung zur Primärtugend gemacht, bewirkt Hektik und Hast; das Pendant der modernen Zeit-Not ist das Phänomen der modernen Nervosität.

Dabei ergibt sich der paradoxe Zustand, daß der Film, der in seiner flimmernden Assoziationsfülle Unruhe allein schon dadurch spiegelt, daß er sich als unfähig erweist, bei einem Bild zu verweilen, zum zentralen Topos für die Vielfalt der Fluchtbewegungen wird, mit deren Hilfe modernes Bewußtsein Ruhe und Beruhigung sucht. Im Kino wird, vor allem dann in der Weimarer Republik, einer Gesellschaft, die zwischen Frustration und Hoffnung hin- und hergerissen ist, Halt und Geborgenheit in der Fiktion offeriert. Von Traumfabriken werden die Surrogate für entfremdetes (nun auch im Zeiterlebnis irritiertes) Dasein geliefert, Tranquilizers für moderne Rastlosigkeit, Neurasthenie und Neurotik. Wenn die kleinen Ladenmädchen ins Kino gehen, so *Siegfried Kracauer* in einem Essay 1928, würden ihre Seelen in den Traumkitsch einmöbliert; Heimat, die sonst fehle, werde vorfabriziert angeliefert und von ihnen in Ermangelung eines individuellen Lebenssinns süchtig konsumiert. »Die Filme sind der Spiegel der bestehenden Gesellschaft. Sie werden aus den Mitteln von Konzernen bestritten, die zur Erzielung von Gewinnen den Geschmack des Publikums um jeden Preis treffen müssen.«[238] Leben orientiere sich an Kolportage; die Tippmamsell würde sich nach den Vorbildern auf der Leinwand modeln. Die blödsinnigsten und irrealsten Filmphantasien seien die »Tagträume der Gesellschaft«, in denen ihre eigene Realität zum Vorschein komme, ihre sonst unterdrückten Wünsche sich gestalten. In der unendlichen Reihe der Filme kehre eine begrenzte Zahl typischer Motive immer wieder; sie zeigten an, wie die Gesellschaft sich selber zu sehen wünsche. Der Inbegriff der Filmmotive stelle zugleich die Summe der vorherrschenden gesellschaftlichen Ideologien dar; vorgegaukelt würden zum Beispiel:

»Freie Bahn«: Klassenunterschiede aufhebend;
»Verlobungsapotheosen«: Geschlecht und Charakter zur positiven Identifikation bringend;
»Ein-Volk-in-Waffen«: Heldenstärke und patriotische Kraft suggerierend;
»Auch-ich-an-der-Riviera«: trostloses Dasein in exotische Ferne transportierend;
»Goldenes Herz«: den glänzenden Chef auch inwendig aus Gold sich vorstellend.

In unnachahmlicher Treue

Auch das statische Bild der Photographie erfährt im Zeichen moderner Nervosität und Unrast eine Dynamisierung. Entscheidend wird nun der Schnappschuß (der einen Augenblick, den Punkt des Übergangs vom einen in den anderen Zustand, festhält), die Bildserie, die Bildreportage.

Die Kunst der Photographie spiegelt zwei Grundmuster von Zeitgefühl und Realitätsbewußtsein, die weniger chronologisch aufeinanderfolgen, sondern vielmehr von Anfang an nebeneinander bestehen:

Da ist einmal das Photo als Gemälde. Wirklichkeit soll – wie in der vorimpressionistischen Kunst – in ihrer Essenz erfaßt werden; besonders aus den Porträtphotos spürt man, daß es dem Photographierenden wie den Photographierten darum geht, nicht einen beliebigen Augenblick festzuhalten, sondern »Biographie«, Leben in seiner Personalität und Totalität, auf die Platte zu bannen. Natürlich ist Photographie immer Ausschnittskunst; sie will aber wie die Malerei des 18. und des beginnenden 19. Jahrhunderts das zunächst unüberschaubare Wirklichkeitsganze *in nuce* einfangen und ›ordnen‹. Man blickt auf Einzelelemente – und erfährt Wesentliches: von einer Landschaft, einer Person, einer Familie.

Als *Alexander von Humboldt* im Jahre 1839 aus Paris von einer neuen revolutionären Erfindung, dem photographischen Verfahren des *L. M. Daguerre*, an die *Herzogin Friederike von Anhalt-Dessau* berichtet, ist er besonders fasziniert von der Tatsache, daß dadurch die Natur »in unnachahmlicher Treue« abgebildet werde, daß, genaugenommen, die Natur sich hier selbst male. »Gegenstände, die sich selbst in unnachahmlicher Treue malen; Licht, gezwungen durch chemische Kunst, in wenigen Minuten bleibende Spuren zu lassen, die Contouren bis auf die zartesten Teile scharf zu umgrenzen, ja, diesen ganzen Zauber (freilich einen farbenlosen) bei heiterem, sonnenklarem Tage unserer nördlichen Zone in 8–10 Minuten, bei Egyptischer Durchsichtigkeit der Luft und tropischer Lichtfülle wahrscheinlich in 2–3 Minuten hervorgerufen zu sehen, das spricht unaufhaltsam den Verstand und die Einbildungskraft an.«[239]

Vom romantischen bzw. spätromantischen Lebensgefühl aus, auch von dem des Biedermeier und Realismus, bedeutete »Natur«, die sich selber malte und dabei den Verstand wie die Einbildungskraft ansprach, Innenwelt der Außenwelt der Innenwelt – durchs technische Wunderwerk zutage befördert. Das Photo versuchte, Welt zu ergründen, deren Grund ausfindig zu machen. »Die Erfindung der Photographie fällt mit dem Höhepunkt der frührealistischen Kunst im Biedermeier zusammen. Deren geistige Voraussetzungen, die zugleich Voraussetzung für die Idee der Photographie sind, wurzeln im 18. Jahrhundert: nämlich in dem bürgerlich-aufgeklärten Streben, das Wesen der Wirklichkeit durch Anschauung ihrer sichtbaren Erscheinung zu begreifen. Hieraus entwickelt sich der ästhetische Anspruch, die Dinge so zu gestalten, wie sie sind, das heißt, wie sie der Wahrnehmung jedes einzelnen Menschen gegeben sind. Der Wirklichkeitsgehalt der Darstellung soll sich mit der Wirklichkeit des Dargestellten decken, denn es gilt, Ausschnitte der den Menschen umgebenden Welt zwecks vernunftmäßiger, wiederholend-vertiefender Betrachtung dauerhaft zu vergegenwärtigen. Erst durch einen solchen ästhetischen Anspruch wurde die Voraussetzung dafür geschaffen, daß der Gedanke an eine exakt reproduzierende Bildtechnik aufkommen konnte. Die Photographie ist das Produkt einer Zeitströmung, deren geistige und ästhetische Grundauffassung vom Ideal der exakten Gegenstands- und Weltauffassung geprägt ist. So bedeutet die technische Erfindung der Photographie als solche auch keineswegs eine ›Veränderung der Sehweise und des Bildstils. Deswegen nicht, weil es eine rein und nichts als technische Erfindung, die von aller übrigen Geschichte abgelöst, lediglich das Produkt einer folgerichtigen Entwicklung von Naturkenntnis und Naturbe-

34. Photoatelier mit elektrischem Licht.

herrschung wäre – weil es eine solche Erfindung nie gegeben hat.‹« (*Ursula Peters*)[240]

Da ist zum anderen das Photo als Dokument, als Schnappschuß, als Element der Reportage, ganz auf den Augenblick ausgerichtet, ganz Außenwelt (ohne Innenwelt). Die technische Entwicklung kam dem entgegen. Vor Erfindung und Verbreitung der Trockenplatte, d. h. in der Zeit zwischen 1816 und 1880, war zum Photographieren ein großer Materialaufwand notwendig: Dunkelkammer in unmittelbarer Nähe des Aufnahmeortes, mehrere Wannen, Kästen zum Schutz der Platten, Vorräte an Chemikalien und Zubehör für die verschiedensten Negativformate. Wollte man unter freiem Himmel ein Photo machen, mußte zuerst ein schwarzes Zelt aufgeschlagen werden, unter dem dann das Kollodium auf die Platte gegossen und durch vorsichtiges Hin- und Herkippen der Platte gleichmäßig in alle Richtungen verteilt wurde; schließlich wurde die Kollodiumplatte in ein Silbernitratbad getaucht, in die Kamera eingesetzt und sehr schnell belichtet, denn mit der Verdunstung des Äthers ließ deren Empfindlichkeit rasch nach. War die Belichtungszeit beendet, sie dauerte zwischen zwanzig Sekunden und zwei Minuten, wurde die Platte entwickelt, was wiederum eine lange Prozedur bedeutete.[241]

Die Trockenplatte konnte dank der Brüder *Lumière* 1882 erstmals industriell hergestellt werden. Bald darauf gab es Photopapier und schließlich einen rollbaren Negativfilm auf Papierbasis; die Glasplatte wurde dadurch mehr und mehr abgelöst. Handkameras erschienen auf dem Markt, mit denen man hintereinander eine Reihe von Aufnahmen machte; die größte technische Erfindung war dabei die Kodak, eine kleine, von *George Eastman* 1888 hergestellte Kamera, deren Auslöser eine Belichtungszeit von nur 1/20 Sekunden ermöglichte.

»Für Millionen von Menschen wurde die Kamera zu einem Gebrauchsgegenstand; das photographische Bild eroberte sich den Alltag und wurde als Augenzeuge außergewöhnlicher Ereignisse unentbehrlich. Dadurch eröffneten sich neue Perspektiven des ›Sehens‹ mit einer Genauigkeit und Deutlichkeit, an die weder Worte noch Zeichnungen heranreichten. Photographie war nur das Spiegelbild der Welt. Lange Zeit nur für Porträts und Sehenswürdigkeiten genutzt, gehörte sie fortan zum täglichen Leben und dokumentierte nahezu alles, was sich auf der Welt ereignete.« (*André Barret*)[242]

Hinter der neuen Technik stand ein neues Lebensgefühl; es ging nicht mehr ums Wesentliche, sondern Gegenwärtige, nicht ums Gleichbleibende, sondern Aktuelle. Der Photoreporter wollte die sensationelle Einzelheit, das Unerwartete, Unvorhersehbare, das Einmalige auf die Platte bannen. Das Photo als Gemälde hält ›Essenz‹ fest; das Photo als Reportageelement will Ereignisse, Erlebnisse, vor allem in der Fremde, einfangen. Die Entwicklung des Zeitungs- und Illustriertenwesens förderte solche Photo-Abenteuer und -Weltentdeckungen. Wie beim geschriebenen Wort gab es auch hier »rasende Reporter« – Allround-Reporter oder solche, die sich spezialisierten (auf soziale Fragen, auf Kriegsereignisse, auf ferne Länder und Kulturen, auf Sensationen allgemeiner Art wie Brände, Überschwemmungen, Eisenbahnunglücke etc.).

Verkehrs- und Kommunikationsdichte

In seiner Schrift ›Über die wachsende Nervosität unserer Zeit‹ (1893) schreibt *W. Erb*: »Die Ansprüche an die Leistungsfähigkeit des Einzelnen im Kampfe ums Dasein sind erheblich gestiegen, und nur mit Aufbietung all seiner geistigen Kräfte kann er sie befriedigen; zugleich sind die Bedürfnisse des Einzelnen, die Ansprüche an Lebensgenuß in allen Kreisen gewachsen, ein unerhörter Luxus hat sich auf Bevölkerungsschichten ausgebreitet, die früher davon ganz unberührt waren; die Religionslosigkeit, die Unzufriedenheit und Begehrlichkeit haben in weiten Volkskreisen zugenommen; durch den ins Ungemessene gesteigerten Verkehr, durch die weltumspannenden Drahtnetze des Telegraphen und Telefons haben sich die Verhältnisse in Handel und Wandel total verändert; alles geht in Hast und Aufregung vor sich, die Nacht wird zum Reisen, der Tag für die Geschäfte benutzt, selbst die ›Erholungsreisen‹ werden zu Strapazen für das Nervensystem; große politische, industrielle Krisen tragen ihre Aufregung in viel weitere Bevölkerungskreise als früher; ganz allgemein ist die Anteilnahme am politischen Leben geworden: Politische, religiöse, soziale Kämpfe, das Parteitreiben, die Wahlagitationen, das ins Maßlose gesteigerte Vereinswesen erhitzen die Köpfe und zwingen die Geister zu immer neuen Anstrengungen und rauben die Zeit zur Erholung, Schlaf und Ruhe.«[243]

Zeitnot und Hetze auf der einen Seite, Geschwindigkeitsrausch und der Drang, Entfernungen (Räume) rasch zu überwinden, auf der anderen führten zu einem weitverbreiteten »Unbehagen in der Kultur«. *Sigmund Freud* analysierte diese Grundbefindlichkeit der Epoche in seiner 1930 erschienenen gleichnamigen Schrift. In der letzten Generation hätten die Menschen außerordentliche Fortschritte in den Naturwissenschaften und in ihrer technischen Anwendung gemacht und ihre Herrschaft über die Natur in einer früher unvorstellbaren Weise gefestigt. Die Menschen seien stolz auf diese Errungenschaften und hätten ein Recht dazu. Aber sie glaubten nun bemerkt zu haben, daß diese neugewonnene Verfügung über Raum und Zeit, diese Unterwerfung der Naturkräfte (Erfüllung jahrtausendealter Sehnsucht) das Maß von Lustbefriedigung, das sie vom Leben erwarten, nicht erhöht, sie nach ihren Empfindungen nicht glücklicher gemacht habe.

»Man möchte einwenden, ist es denn nicht ein positiver Lustgewinn, ein unzweideutiger Zuwachs an Glücksgefühl, wenn ich beliebig oft die Stimme des Kindes hören kann, das Hunderte von Kilometern entfernt von mir lebt, wenn ich die kürzeste Zeit nach der Landung des Freundes erfahren kann, daß er die lange, beschwerliche Reise gut bestanden hat? Bedeutet es nichts, daß es der Medizin gelungen ist, die Sterblichkeit der kleinen Kinder, die Infektionsgefahr der gebärenden Frauen so außerordentlich herabzusetzen, ja die mittlere Lebensdauer des Kulturmenschen um eine beträchtliche Anzahl von Jahren zu verlängern? Und solcher Wohltaten, die wir dem vielgeschmähten Zeitalter der wissenschaftlichen und technischen Fortschritte verdanken, können wir noch eine große Reihe anführen; – aber da läßt sich die Stimme der pessimistischen Kritik vernehmen und mahnt, die meisten dieser Befriedigungen folgten dem Muster jenes ›billigen Vergnügens‹, das in einer gewissen Anekdote angepriesen wird. Man verschafft sich diesen Genuß, indem man in kalter Winternacht ein Bein nackt aus der Decke herausstreckt und es dann wieder einzieht. Gäbe es keine Eisenbahn, die die Entfernungen überwindet, so hätte das Kind die Vaterstadt nie verlassen, man brauchte kein Telefon, um seine Stimme zu hören. Wäre nicht die Schiffahrt über den Ozean eingerichtet, so hätte der Freund nicht die Seereise unternommen, ich brauchte den Telegraphen nicht, um meine Sorge um ihn zu beschwichtigen. Was nützt uns die Einschränkung der Kindersterblichkeit, wenn gerade sie uns die äußerste Zurückhaltung in der Kindererzeugung aufnötigt, so daß wir im ganzen doch nicht mehr Kinder aufziehen als in den Zeiten vor der Herrschaft der Hygiene, dabei aber unser Sexualleben in der Ehe unter schwierige Bedingungen gebracht und wahrscheinlich der wohltätigen, natürlichen Auslese entgegengearbeitet haben? Und was soll uns endlich ein langes Leben, wenn es beschwerlich, arm an Freuden und so leidvoll ist, daß wir den Tod nur als Erlöser bewillkommnen können?«[244]

Eisenbahn, Straßenbahn, Auto (aber auch Fahrrad), schließlich Zeppelin und Flugzeug, Film, Photographie, Telegraph, Telefon, Postverkehr – zusammen mit der Erfindung und Ausbreitung des elektrischen Lichts sowie den Erneuerungen im Zeitungsdruck (Rotationspresse) –, schließlich Grammophon und Radio bewirkten eine Verkehrs- und Kommunikationsdichte, die von den einen als optimale Möglichkeit für Aufklärung, von den anderen als Informationsverwirrung empfunden wurde. »Nervosität« war die Folge.

35. Arbeitsplatz der »Klingelfee«.

Die Postsendungen nahmen von 1872 bis 1910 von 972 auf 5939 Millionen, also um mehr als das Sechsfache zu; die Zahl der beförderten Telegramme stieg von 12 Millionen (1872) auf 46 Millionen (1900) und 48 Millionen (1910). Die nur geringfügige Zunahme der versandten Telegramme nach 1900 war auf die Konkurrenz des 1877 als sensationelle technische Neuheit eingeführten Telefons zurückzuführen. 1912 gab es im Deutschen Reich bereits 39500 Orte mit Fernsprechanstalten, von denen 2327 Millionen Gespräche vermittelt wurden.[245]

Die Erfindung und schnelle Durchsetzung des Telefons wie das gleichzeitige Aufkommen der Schreibmaschine erschlossen der Frau neue Berufsmöglichkeiten: als Telefonistin, Sekretärin oder Stenotypistin erhielt sie Zutritt zu den ›Bureaus‹ und ›Comptoirs‹, die bislang als Domäne der Männer angesehen worden waren. »Hallo! Du süße Klingelfee!« hieß ein weitverbreiteter Schlager (1919), der das ›Fräulein vom Amt‹ besang.[246]

Im Bereich des Verkehrs hatte die Eisenbahn den Zeitbegriff revolutioniert. Die Schnelligkeit, mit der man Räume überwinden, von Ort zu Ort sich bewegen konnte, blieb freilich für Jahrzehnte auf die Schiene beschränkt. Auf den Straßen vollzog sich das Leben nach wie vor im gemächlichen Rhythmus. Man bewegte sich zu Fuß, mit dem Fuhrwerk, der Kutsche oder dem Pferde-Postomnibus. In Bayern fuhren, in Ablösung der Postkutsche, solche königlich-bayerischen Postomnibusse ab 1851; der letzte beförderte noch 1930 im Zenntal Personen, Briefe und Pakete. Um die Jahrhundertwende erreichte der Postomnibusbetrieb einen Höhepunkt: In Mittelfranken z. B. gab es 76 Linien. Ab 1905 kamen die Motorpostwagen auf.

Das Reisen Anno dazumal stand nicht unter Zeitnot. Das Tempo, mit dem man bei der Post befördert wurde, war Anlaß für Satire und viele Witze. Von Berlin nach Leipzig fuhr man anderthalb Tage, nach Breslau vier Tage, nach Königsberg eine Woche lang. Die Fahrzeit von Frankfurt am Main nach Stuttgart betrug vierzig Stunden, es gab vierzehn Aufenthalte, der längste dauerte über drei Stunden. »Die vielen Klagen über die Mühseligkeit des Reisens, die uns aus jedem Reisebericht der Zeit entgegentönen, erscheinen nur allzu begreiflich, wenn wir uns die Bedingungen anschauen, unter denen das Reisen vonstatten ging. Nur auf ganz wenigen Strecken Chausseen oder gepflasterte Straßen. Im ganzen Königreich Preußen waren 1816 erst 523 Meilen Chausseen vorhanden (1919 mehr als 10000 Meilen auf demselben Gebiet); davon drei Fünftel in Westfalen und Rheinland, während die Provinzen Pommern und Posen überhaupt noch keine Chaussee hatten, Preußen immerhin schon 1 Meile. Die Regel also: Sand, Lehm, Rasennarbe, das heißt Staub im Sommer, Morast im Winter; tiefe Löcher; Stubben und Steine an allen Orten. Daher Berichte über Berichte von steckengebliebenen Wagen, gelegentlich sogar von Postknechten, die im Sumpfe erstickt waren. Oft genug wollte man die Wege gar nicht bessern. Die Posten und Frachtzüge sollten langsam durch ein Gebiet ziehen, damit Gastwirte und Handwerker recht viel an ihnen verdienten.«[247]

Die Veränderung des Straßenbildes erfolgte zunächst in der Großstadt; zum Gewimmel der Kutschen, Fuhrwerke, Pferdeomnibusse kam als erstes die elektrische Straßenbahn; bald tauchten Fahrräder auf, und schließlich die ersten Autos. Die Chausseen alter Bauart waren auf die Dimension und die Geschwindigkeit von Pferdefuhrwerken ausgelegt. Nun wurde das Verfahren der Asphaltierung aus den USA übernommen. Die ersten Straßen wurden 1882 in der Berliner Innenstadt asphaltiert; eine besondere Attraktion stellten dabei die von einer amerikanischen Firma eingesetzten schwarzen Arbeiter dar. Ursprünglich hatten die Fahrräder nur dem Sport gedient; man organisierte sich dazu in exklusiven Bicycle-Clubs (Stahlfahrräder wurden aus England importiert und kosteten 900 Goldmark das Stück). Als die ›Knochenschüttler‹ durch Massenfabrikation billiger geworden waren, wurden sie ein allgemeines Beförderungsmittel für Arbeit und Freizeit; und schließlich kamen die ersten Automobile, die neue Anforderungen an den Straßenbau stellten.

Der »einfache Gedanke, einen auf zwei Räder befestigten Sitz mittels der Füße fortzubewegen«, kam dem großherzoglich-badischen Forstmeister *Carl Friedrich Baron Drais von Sauerbronn* im Jahre 1816 (vorher hatte er ein Schnellschreibklavier, eine Fleischhackmaschine, ein »dynamisches Rechensystem« und eine weitreichende »Schießmaschine« erfunden). Er nannte sein Gefährt Velociped (später Draisine).[248]

Drais, der sich von dieser Erfindung großen kommerziellen Erfolg versprach, hatte »alles vorgesehen, sowohl mit Rücksicht auf Dauerhaftigkeit und Leichtigkeit, als auf Eleganz«. Es gab eine Schraubeinrichtung, um den Sitz mehrere Zoll höher oder niedriger zu stellen; Sonnen- und Regenschirme; eine Art Segel, um günstigen Wind auszunutzen; Lampen; Gepäckträger; zwei Stützen zum Abstellen der Maschine; eine »Erholungseinrichtung«, eine Art Fußraste; eine Fahrradbremse mit Bremsschnur, die Drais »Schleifsperre« nannte. Die »Maschine« wurde auch mit zwei hintereinander befindlichen Sitzen und als drei- oder vierrädriges Velociped, dem man ein Pferd vorspannen konnte, geliefert.

Die Biedermeiergesellschaft sah im Fahrrad ein Kuriosum. *Drais* selbst wurde 1836 für geistesverwirrt erklärt; er starb 1851. Seine Erfindung jedoch eröffnete das Zeitalter des Individualverkehrs, vervielfachte den Aktionsradius des Menschen und verdrängte das Reitpferd aus seinem jahrtausendealten Monopol.

»... All Heil dem Reiter auf dem Rad!
Das man so lang bekriegt,
es hat in seinem raschen Lauf
die ganze Welt besiegt...«[249]

Als dieses Gedicht um die Jahrhundertwende (in dem Sammelband ›Radlerei!‹, herausgegeben vom Wiener Radfahr-Club ›Künstlerhaus‹ mit 40 Kunsttafeln) erschien, radelten in Deutschland schon über eine Million Menschen.

Nach der Erfindung der Tretkurbeln am Vorderrad (der Pedale), hölzernen Felgen, eisernen Radreifen setzte sich ab 1879 das Niederrad mit Kettenantrieb durch. 1885 erfand Dr. *John Boyd Dunlop*, Tierarzt in Belfast, den Luftreifen.

Mit großer Ingeniosität wurden immer neue Bewegungsmaschinen konstruiert, mit Stützen und ohne Stützen, für zwei und mehr Personen, mit Sitzen hintereinander und nebeneinander, mit großen und kleinen Rädern, mit Tiefsitzen und Hochsitzen. Die Massenfabrikation, auf die sich z.B. die Opel-Werke in Rüsselsheim, die mit der Herstellung von Nähmaschinen begonnen hatten und später auf Autos ›umstiegen‹, konzentrierten, ermöglichte eine verhältnismäßig preiswerte Herstellung. »1911 bekommt Karl sein erstes Fahrrad, ›Velociped‹, so heißt das damals noch. Bei Vollquartz wird es gekauft, am Hopfenmarkt. Es ist ein gebrauchtes Brennabor-Rad und kostet zwanzig Mark... Ein schönes Fahrrad ist es, mit Kerzenbeleuchtung zwar, aber mit Trillerglocke und Gepäckträger. An der Hinterachse ist ein Dorn, auf den sich ein Mitfahrer stellen kann, am Buckel des Fahrers hält er sich fest.«[250]

Das Fahrrad war nicht nur ein Vehikel, das den Menschen zur Arbeit und bei Besorgungen beförderte; es transportierte als Gefährt für die Freizeit ein ganz neues Bewußtsein: proletarische wie bürgerliche Emanzipationsbestrebungen idealisierten, ja mystifizierten das Fahrrad. Wenn man am Sonntag ins Grüne frei, frank, frisch hinausradelte, der Sonne entgegen, verließ man die dumpfe Plüschwelt der Philister; anstatt zwielichtiger Bierseligkeit erlebte man unmittelbar Natur, Jugend, Erotik. Taten die Fahrräder als ›Drahtesel‹ nützliche Arbeit, so vermittelten sie als ›Stahlrösser‹ das Gefühl der Schranken-

und Bindungslosigkeit (und die Hersteller leisteten solchem »Transzendieren« mit mythischen Firmenbezeichnungen besonderen Vorschub). Die Welt wurde »im Fluge« erfahren: »... dem Fernsten naht im Flug das Rad!«[251]

»Die Welt steht im Zeichen des Zweirads!« heißt es in Nummer 35/1896 der ›Jugend‹. Die Zeitschrift, die selbst ansonsten oft genug dem Fahrrad in Wort und Bild huldigte, karikiert hier »den Massenwahnsinn ohne Gleichen«, der über die Menschen gekommen sei. »Fragt man heute einen Menschen – Mann oder Weib – zwischen 10 und 95 Jahren, ob er Zweirad fahre, so bekommt man zur Antwort: ›Natürlich!‹ Nicht einmal ›Ja‹! – sondern ›Natürlich!‹. Es gibt aber schon Leute, welche die Frage ebenso übelnehmen würden, wie die, ob sie lesen könnten oder ob sie im Besitze der bürgerlichen Ehrenrechte seien... Es ist kein Ende abzusehen, wohin das noch führen mag. Alles ist angesteckt von der verrückten Passion, strampelnd und die eigenen Knochen, wie die der Mitmenschen gefährdend, durch die Welt zu fliegen.« Der Verfasser des Beitrags fügt hinzu: »Alles, alles – ich auch!«[252]

So wie das Fahrrad neben Roß und Reiter trat, gesellte sich das Automobil als ›Benzinkutsche‹ zu Fuhrwerk und Chaise. Während freilich das Fahrrad verhältnismäßig bald als »demokratisches« Beförderungsmittel genutzt wurde, dauerte dies beim Auto viel länger – nicht nur, weil die Anschaffungs- und Unterhaltungskosten wesentlich höher lagen, sondern auch, weil man meist ohne Fachmann (d. h. Chauffeur) das neue Gefährt nicht handhaben konnte oder es sich nicht zu handhaben getraute.

In Form einer »horizontalen Dampfmaschine« hatte der Franzose *Étienne Lenoir* 1860 den Gedanken verwirklicht, ein komprimiertes Leuchtgas-Luft-Gemisch im Innern eines eisernen Zylinders zu entzünden, in den ein beweglicher Hubkolben eingepaßt war, und innerhalb des Zylinders kontinuierlich fortgesetzte Explosionen als Antriebskraft eines Motors zu verwenden.[253] Als Berichte darüber in einer deutschen Zeitung erschienen, inspirierten sie einen Kaufmannsgehilfen in Köln, *August Otto* (1832–1891), in einer kleinen Werkstatt einen zufriedenstellend arbeitenden Gasmotor von einer halben Pferdestärke zu bauen. Er gründete mit einem Altersgenossen, dem Ingenieur *Eugen Langen*, eine Firma, die als erster Fabrikationsbetrieb der Welt sich ausschließlich dem Bau von Verbrennungsmotoren widmete. Die Gasmotoren bewährten sich; die »Gas-Motoren-Fabrik

Deutz AG« wurde ins Leben gerufen. Für die Einrichtung der vergrößerten Produktion wurde *Gottlieb Daimler* (1834–1900), Werkstättenvorstand der Karlsruher Maschinenbaugesellschaft, gewonnen. Mit ihm kam als Konstrukteur der 26jährige Ingenieur *Wilhelm Maybach* (1846–1929). Die Arbeitsgemeinschaft von *Langen, Daimler* und *Maybach* schuf 1876 die erste Viertaktmaschine, den Otto-Motor. Das große Petroleumangebot seit Mitte der 60er Jahre des 19. Jahrhunderts brachte die Motorenbauer auf den Gedanken, statt Leuchtgas flüssigen Treibstoff als Antrieb zu verwenden. Damit war der Weg vom stationären Gasmotor zum Fahrzeugmotor eröffnet.

Daimler, der 1882 bei Deutz ausgeschieden war, entwickelte zusammen mit *Maybach* in eigener Werkstatt den Benzinmotor weiter. 1885 entstand das erste Motorrad, 1886 die erste vierrädrige Motorkutsche und 1888 das erste Motorboot. 1890 wurde die Daimler-Motoren-Gesellschaft mbH gegründet. Unabhängig von *Daimler* arbeitete *Carl Benz* (1844–1929) in Mannheim an der Konstruktion eines Fahrzeugmotors. Er schuf, da der Viertaktmotor mit dem Ottoschen Patent ›belegt‹ war, einen Zweitaktmotor, der 1879 erstmals lief. Als der Ottosche Viertaktmotor nicht mehr geschützt war, ging auch *Benz* zum Bau von Viertaktmotoren über. Sein dreirädriger Kraftwagen fuhr 1886 zum erstenmal durch die Straßen von Mannheim. 1926 fusionierten die Firmen Benz und Daimler zur Daimler-Benz AG.

Der von *Rudolf Diesel* (1858–1913) geschaffene, mit billigem Schweröl zu betreibende, später nach seinem Erfinder benannte Motor wurde 1897 in Zusammenarbeit mit der Maschinenfabrik Augsburg-Nürnberg und *Friedrich Krupp* gebaut; er bildete auf der von 39 Millionen Menschen besuchten Pariser Weltausstellung im Jahre 1900 einen Hauptanziehungspunkt. Bald setzte der Siegeslauf des »Diesels« in allen Industrieländern der Welt ein; er trat zunächst als stationärer Motor in Erscheinung. Seit 1903 fand er Eingang als Schiffsmaschine. 1913 kamen die Diesellokomotiven und das Unterseeboot hinzu und seit 1923 der Diesellastkraftwagen.

Trotz der hohen Kosten fanden die Automobile guten Absatz: sie wurden bald auch von vielen kleinen Firmen hergestellt – wobei sich aus diesen dann oft Großproduktionsstätten entwickelten (so kaufte die Firma Opel 1894 die kleine Automobilfabrik Lutzmann in Dessau und verlegte die Herstellung nach Rüsselsheim. 1914 fertigen die Opel-Werke 3514 Wagen; sie gehörten damit zu den größten Automobilfabrikanten).

Das Auto, soweit es nicht gewerblich genutzt wurde, gehörte zum Statussymbol der Oberklassen (›Herrenfahrer‹); doch leistete sich auch mancher Angehörige des Mittelstandes ein Auto zum Privatvergnügen. Um 1914 gab es in Deutschland rund 55000 Personenkraftwagen, 9000 Lastkraftwagen und 20600 Krafträder. Auf die einzelnen Städte und Gegenden verteilt, bedeuteten freilich diese Zahlen zunächst nur eine geringe Verkehrsdichte. 1907 zählte man zum Beispiel in Karlsruhe 14 Motorräder, 50 Automobile und sechs Lastkraftwagen. In Nürnberg gab es bis 1914 nur ganz wenige Privatwagen; nach Einführung des Führerscheins erhielt der dortige Autofabrikant *Ludwig Maurer* nach jahrelanger Fahrpraxis die erste Lizenz. Das erste Motortaxi wurde hier 1906 eingeführt; die Nürnberger Feuerwehr stellte 1912 eine Wache auf Motorwagen um; 1926 gab es zwei Tankstellen in der Stadt; 1928 wurde die erste Verkehrsampel am Königstor eingerichtet.

Eine solche geradezu idyllisch anmutende Entwicklung ändert freilich nichts an der Tatsache, daß die »Eroberung der Straße« durch das neue Verkehrsmittel dem kollektiven Bewußtsein und Unterbewußtsein als zunehmende Gefährdung des Lebens erschien. Während auf der einen Seite die Automobilisten beim Dahinrasen über die Landstraße das Triumphgefühl »gewaltiger Motorenkraft« voll auskosteten (die ersten Rennen fanden 1894 und 1895 in Frankreich und England statt), empfand die Mehrzahl der Bevölkerung Angst und Schrecken vor einer Entwicklung, die ein weiteres Stück Ruhe, Sicherheit und Geborgenheit wegnahm und damit die allgemeine Nervosität verstärkte.

In *Hermann Hesses* 1927 erschienenem Roman ›Der Steppenwolf‹ ist ein Raum des »magischen Theaters« mit der Inschrift »Auf zum fröhlichen Jagen! Hochjagd auf Automobile« versehen. Es handelt sich um das Teilstück einer traumhaften, surrealen Szenerie, in der sich der »Steppenwolf« (dem bürgerlichen Namen nach Harry Haller) von seinen Komplexen und Aggressionen zu befreien sucht. Im Spiel des »magischen Theaters« wird Haller, dessen Seelenkrankheit Teil der großen Zeitkrankheit ist, gezwungen, den Gang durch die Hölle der Zeit, die zugleich seine eigene Hölle ist, anzutreten, »einen bald angstvollen, bald mutigen Gang durch das Chaos einer verfinsterten Seelenwelt, gegangen mit dem Willen, die Hölle zu durchqueren, dem Chaos die Stirn zu bieten, das Böse bis zu Ende zu erleiden.«[254]

Umhergetrieben zwischen versinkender, alter europäischer Kultur und wuchernder moderner Technologie, zwischen humanistischer Idealität und atavistischer, animalischer Regression, überwindet Harry Haller die Zeitkrankheit, indem er sie nicht beschönigt und verdrängt, sondern voll durchlebt und durchsteht.

»Die Inschrift ›Auf zum fröhlichen Jagen! Hochjagd auf Automobile‹ lockte mich an, ich öffnete die schmale Türe und trat ein. Da riß es mich in eine laute und aufgeregte Welt. Auf den Straßen jagten Automobile, zum Teil gepanzerte, und machten Jagd auf die Fußgänger, überfuhren sie zu Brei, drückten sie an den Mauern der Häuser zuschanden. Ich begriff sofort: Es war der Kampf zwischen Menschen und Maschinen, lang vorbereitet, lang erwartet, lang gefürchtet, nun endlich zum Ausbruch gekommen.«[255]

Der Eisberg und der Luxusliner

»Freudig sich dem Kampfe anschließen«: *Hermann Hesses* Seelen-Analyse und -Therapie, bei ihm auf die »wilden zwanziger Jahre« bezogen, kann man auch zur Beurteilung des kollektiven Psychogramms der Zeit vor dem Ersten Weltkrieg heranziehen. Im Zeichen eines neuen Tempos auf Straßen und Schienen und bald darauf in der Luft, inmitten einer vibrierenden, durch Zeitnot bedingten Nervosität ergriff den Menschen Euphorie: ein grenzensprengendes Lustgefühl vor dem Ende. Während bei Haller, dem Prototyp einer zerrissenen Welt, der triebdynamisch bewirkte Aggressionsstau, angeheizt durch die Reizflut der modernen Welt, fiktiv abkanalisiert, im psychoanalytischen Verfahren sublimiert wird, gab es für die Wirklichkeit des beginnenden 20. Jahrhunderts keine Lösung, keine Erlösung. Die Nutzbarmachung des dynamoelektrischen Prinzips und der Ausbau der Elektrizitätsanwendung führte zwar seit den letzten Jahren des 19. Jahrhunderts zu einer »Erhellung« des Maschinenzeitalters und seiner Gesellschaft, die vielfach als Höhepunkt technologischer Aufklärung empfunden wurde; die »Welt im Gaslicht« hatte sich in strahlenden Glanz verwandelt; bald jedoch gingen in Deutschland und in Europa die Lichter aus. Der Weltkrieg beendete das Zeitalter industrieller Entfaltung.

In seinem 1915 geschriebenen Essay ›Zeitgenössisches über Krieg und Tod‹ zeichnet *Sigmund Freud* im Rückblick das Bild der Vorkriegsgesellschaft als ein urbanes, durch technischen Fortschritt geprägtes Panorama. Wen die Not des Lebens nicht festhielt, der konnte Europa in voller Offenheit und Schönheit erleben; der »Vernetzungstraum« schien zumindest für das Bürgertum Wirklichkeit geworden.

»Vertrauend auf diese Einigung der Kulturvölker haben ungezählte Menschen ihren Wohnort in der Heimat gegen den Aufenthalt in der Fremde eingetauscht und ihre Existenz an die Verkehrsbeziehungen zwischen den befreundeten Völkern geknüpft. Wen aber die Not des Lebens nicht ständig an die nämliche Stelle bannte, der konnte sich aus allen Vorzügen und Reizen der Kulturländer ein neues, größeres Vaterland zusammensetzen, in dem er sich ungehemmt und unverdächtigt erging. Er genoß so das blaue und das graue Meer, die Schönheit der Schneeberge und die der grünen Wiesenflächen, den Zauber des nordischen Waldes und die Pracht der südlichen Vegetation, die Stimmung der Landschaften, auf denen große historische Erinnerungen ruhen, und die Stille der unberührten Natur. Dieses neue Vaterland war für ihn auch ein Museum, erfüllt mit allen Schätzen, welche die Künstler der Kulturmenschheit seit vielen Jahrhunderten geschaffen und hinterlassen hatten. Während er von einem Saale dieses Museums in einen anderen wanderte, konnte er in parteiloser Anerkennung feststellen, was für verschiedene Typen von Vollkommenheit Blutmischung, Geschichte und die Eigenart der Mutter Erde an seinen weiteren Kompatrioten ausgebildet hatten. Hier war die kühle unbeugsame Energie aufs höchste entwickelt, dort die graziöse Kunst, das Leben zu verschönern, anderswo der Sinn für Ordnung und Gesetz oder andere der Eigenarten, die den Menschen zum Herrn der Erde gemacht haben.«[256]

Die »Welt von gestern« bot sich hier im verführerischen Glanze dar; es handelte sich um die Vergangenheit einer Illusion. Von den großen weltbeherrschenden Nationen weißer Rasse, denen man die Führung des Menschengeschlechts zuordnete, die man mit der Pflege weltumspannender Interessen beschäftigt glaubte, deren Schöpfungen die technischen Fortschritte in der Beherrschung der Natur wie die künstlerischen und wissenschaftlichen Kulturwerte waren, von diesen Völkern hätte man erwarten können, daß sie es verstehen würden, Mißhelligkeiten und Interessenkonflikte auf anderem als dem kriegerischen Wege zum Austrage zu bringen. Der Krieg, an den man nicht hatte glauben wollen, brach aus, und er brachte grenzenlose

Enttäuschung. »Er wirft nieder, was ihm im Wege steht, in blinder Wut, als sollte es keine Zukunft und keinen Frieden unter den Menschen nach ihm geben. Er zerreißt alle Bande der Gemeinschaft unter den miteinander ringenden Völkern und droht eine Erbitterung zu hinterlassen, welche eine Wiederanknüpfung derselben für lange Zeit unmöglich machen wird.«[257]

Der technische Fortschritt, durch den Kampf der Arbeiterbewegung zunehmend humanisiert, schlug um in technische Barbarei; die Kriegsmaschinerie stellte die Maschinenwelt in ihren Dienst. Die erworbene bzw. erkämpfte Sicherheit wie der Traum nach ihr wurden in Stahlgewittern zerschlagen. Der »gefesselte Prometheus« entpuppte sich als blindwütiger Mars; die Erbschaft des industriellen Zeitalters; der Versuch, trotz aller Widrigkeiten menschliches Dasein ein Stück glücklicher zu machen, Menschenwürde in einem tragfähigeren ökonomischen wie zivilisatorischen Unterbau zu fundieren, und damit für die Gesamtheit der Menschen lebenswürdige Verhältnisse zu schaffen, wurde vertan. Die Zeit-Not akzentuierte nun das Stakkato der Maschinengewehre. Die Eisenbahnen lieferten die Menschenmassen für die Verblutungsstrategie. Die Vision vom fliegenden Menschen, um die Jahrhundertwende durch Zeppelin und Flugzeug realisiert, endete in Absturz, Vernichtung. Die technischen und wirtschaftlichen Blütenträume schienen gereift, die sozialen und humanen Ideen zeigten hoffnungsvolle Ansätze – da ging alles unter im furchtbaren Erwachen: Der Aufbruch der Industrialisierung endete im Rückfall in die Barbarei.

Die Geistes-Gegenwart war wie der Schock, der sie hervorrief, pervertiert: »Der Geist der Materialschlacht und des Grabenkampfes, der rücksichtsloser, wilder, brutaler ausgefochten wurde als je ein anderer, erzeugte Männer, wie sie bisher die Welt nie gesehen hatte. Es war eine ganz neue Rasse, verkörperte Energie, und mit höchster Wucht geladen. Geschmeidige, hagere, sehnige Körper, markante Gesichter, Augen in tausend Schrecken unterm Helm versteinert. Sie waren Überwinder, Stahlnaturen eingestellt in den Kampf in seiner gräßlichsten Form.«[258]

Die »Menschheitsdämmerung« hatte sich vor 1914 vielfach angekündigt; die Dichter und die Sozialisten erahnten das kommende Unheil. Die schwarze Vision des Expressionismus signalisierte Endzeitstimmung. ›Weltende‹ hieß ein Gedicht des 1887 in Berlin als Sohn eines Arztes geborenen, in den 20er Jahren in eine Irrenanstalt eingelieferten und 1942 von den Nationalsozialisten deportierten und ermordeten *Jakob van Hoddis*:

»Dem Bürger fliegt vom spitzen Kopf der Hut,
in allen Lüften hallt es wie Geschrei
Dachdecker stürzen ab und gehn entzwei
und an den Küsten – liest man – steigt die Flut.

Der Sturm ist da, die wilden Meere hupfen
an Land, um dicke Dämme zu zerdrücken.
Die meisten Menschen haben einen Schnupfen.
Die Eisenbahnen fallen von den Brücken.«[259]

»Europa, diese Gräberstätte, ist von Völkern bewohnt, die singen, bevor sie sich gegenseitig umbringen«, so charakterisierte *Georges Sorel* im Dezember 1912 den Zustand spätmaschinenzeitlicher Euphorie. So wie einst das Erdbeben von Lissabon für weite Kreise der Menschheit den aufgeklärten Glauben an die Theodizee, die beste aller Welten, zum Einsturz gebracht hatte, zerschellten die industriekulturellen Hoffnungen an dem Eisberg, mit dem die ›Titanic‹ 1912 kollidierte. Ein technisches Spektakulum endete mit einem furchtbaren Unglück, das von vielen Zeitgenossen des Ereignisses mit Recht als Ankündigung kommenden Verhängnisses empfunden wurde. Der Dampfer ›Titanic‹, 46329 Bruttoregistertonnen, 1911 vom Stapel gelaufen, war das damals größte Schiff der Welt. Er hatte 900 Mann Besatzung und konnte 2203 Passagiere, 505 in der I. Klasse, 564 in der II. Klasse, 1134 in der III. Klasse, aufnehmen. Er glich einer schwimmenden Stadt mit vielen Palästen und Mietskasernen (wie Hinterhöfen). Einen Geschwindigkeitsrekord wollte er aufstellen, das ›Blaue Band‹, die Trophäe für die schnellste Atlantiküberquerung, gewinnen.

In ihrer Zeit-Not, vibrierend im Geschwindigkeitsrausch, mißachtet die ›Titanic‹ fünf Eiswarnungen. Mit der vollen Geschwindigkeit von 21 Knoten stößt sie am 14. April 1912, um 23.40 Uhr, bei den Neufundlandbänken gegen einen Eisberg, der das Schiff in fast neunzig Meter Länge, von der Vorpiek bis zum vorderen Kesselraum, aufschlitzt. Um 2.18 Uhr gehen die Lichter aus, kurz darauf versinkt das Schiff im Ozean. Die mit äußerster Kesselkraft herbeigeeilte ›Carpathia‹ der Cunard Linie kann 703 Überlebende an Bord nehmen; für 1503 Menschen gibt es keine Rettung mehr.

36. »Angezogen vom Leuchtturm und dann von dessen mächtiger Wirkung geblendet, stoßen die Vögel auf die Scheiben und zerschmettern sich Köpfe oder Flügel.« (Zugvögel am Leuchtturm von Cuxhaven)

In der ›Geschichte einer Jugend‹: ›Die gerettete Zunge‹ erzählt *Elias Canetti* von den persönlichen Erschütterungen und der Massentrauer, die der Untergang der ›Titanic‹ hervorrief. »Ich kann mich nicht erinnern, wer zuerst vom Untergang der ›Titanic‹ sprach. Aber unsere Gouvernante weinte beim Frühstück, ich hatte sie noch nie weinen sehen, und Edith, das Hausmädchen, kam zu uns ins Kinderzimmer, wo wir sie sonst nie sahen, und weinte mit ihr zusammen. Ich erfuhr vom Eisberg, von den furchtbar vielen Menschen, die ertranken und was mir am meisten Eindruck machte, von der Musikkapelle, die weiterspielte, als das Schiff versank. Ich wollte wissen, was sie gespielt hatten, und bekam eine grobe Antwort. Ich begriff, daß ich etwas Unpassendes gefragt hatte und begann nun mitzuweinen. So weinten wir eigentlich zu dritt zusammen, als die Mutter von unten nach Edith rief, vielleicht hatte sie es eben erst selber erfahren. Dann gingen wir auch hinunter, die Gouvernante und ich, und da standen schon die Mutter und Edith weinend zusammen.«[260]

Die großen Dampfschiffe in ihrer Pracht und Sicherheit hatten im ganz besonderen Maße die Identitätsgewißheit des Maschinenzeitalters verkörpert. Die Schnelligkeit, mit der sie Menschen und Waren über die Meere transportierten und die Kontinente miteinander verbanden, evozierte ein Triumphgefühl, das die Herrschaft der Technik über Natur und Welt verlieh; nun hatten die Naturgewalten sich als stärker, hatte die technische Wunderwelt sich als höchst verletzlich erwiesen.

Wieder einmal waren die Menschen in ihrem nervösen Geschwindigkeitsrausch den Maschinen zum Opfer gefallen, hatten die »eisernen Engel« als »eiserne Teufel« sich erwiesen. Der industrie-kulturelle Stolz, wie er sich seit den Tagen des Biedermeier immer stärker herausgebildet hatte, war erschüttert.

»... Das Wasser schießt in die Schotten.
An dem leuchtenden Rumpf
gleitet, drei Meter hoch
über dem Meeresspiegel, schwarz
und lautlos der Eisberg vorbei
und bleibt zurück in der Dunkelheit.«[261]

Metropolis oder die häßlichen goldenen Jahre

Anton S. wurde am 6. Januar 1881 in Pinzing geboren; mit fünfzehn Jahren ging er auf die Walz; 1903 erhielt er in Radolfzell am Bodensee eine Anstellung bei der Eisenbahn. Dort lernte er seine spätere Frau kennen; er heiratete 1908; aus der Ehe gingen fünf Kinder hervor. 1914 meldete sich *Anton S.* freiwillig zum Kriegsdienst; er wurde Rangiermeister; bei Wilna verwundete ihn 1916 eine Granate an der Stirn. Bewußtlos lag er auf einer Eisenbahnschiene; eine Lok fuhr ihm beide Beine ab. Mit Draht banden Lokführer und Heizer die Stumpen ab. Er kam nach Wilna ins Lazarett, von dort aus nach Berlin. Über das schlechte Essen beschwerte er sich bei der Regierung; als die Kontrolle kam, feierten die Schwester und Ärzte im Keller mit den Rationen der Verwundeten.

Nach dem Tod seiner Frau zog *Anton S.* nach Cham in die Oberpfalz. Dort ließ er sich 1920 ohne Beine mit seinen Kindern photographieren und ein paar tausend Drucke von der Aufnahme machen; er fuhr nach Oberammergau zu den Passionsspielen, stellte sich mit einem Fahrstuhl vor den Eingang und verkaufte die Karten für eine

Reichsmark das Stück. Sein Haus erweiterte er um einen Stall; kaufte zwei Pferde, handelte mit Alteisen und Schleifholz. Später gründete er ein Bierdepot und stellte einen Knecht ein. Für die Kriegsteilnehmer veranstaltete er Weihnachtsfeiern mit Verlosung; Gewinne erbettelte er von den Geschäftsleuten. Das Kriegerdenkmal ließ er schön schmücken, bei den Feiern trugen seine Kinder Gedichte vor. Nun aber kamen die Neider und schrieben an die Rentenstelle; es sollte die Rente gekürzt werden. *Anton S.* ging in die Berufung. Von Sanitätern ließ er sich ohne Prothesen in den Gerichtssaal tragen. Er sagte: »Ich bin hilflos, ohne und mit Prothesen, ich brauche immer Leute für jede Tätigkeit. Aber ich muß etwas unternehmen können, sonst verkomme ich. Der Verdienst geht so ziemlich Null für Null auf, weil ich das Futter für meine Pferde kaufen muß, da ich ja keine Landwirtschaft habe. Meine Haxen wachsen leider nicht mehr, die habe ich dem Vaterland geopfert.« Das Verfahren wurde eingestellt, *Anton S.* verkaufte seinen kleinen Besitz und zog in die Großstadt; mit 61 Jahren starb er. *Anton S.* war ein Bürger der Weimarer Republik, einer von den vielen Namenlosen, die es schwer hatten und schauen mußten, wie sie zurechtkamen.[262]

Oskar Maria G. war ein anderer Bürger; dumpf und armselig seine Existenz; gepeinigt und gequält vom Bruder. »Zehn Jahre war ich alt, als einer in mein Leben trat, erzogen von Soldaten, Unteroffizieren und Offizieren, und meine Erziehung in die Hand nahm. Zehn Jahre, als einer zu befehlen begann, mich anschrie, prügelte und mich immer noch mehr prügelte.

Zehn Jahre war ich alt, als ich anfing zu wissen, was Zwang ist, und anfing, ihn zu hassen, sinnlos zu hassen.

Zehn Jahre war ich alt und ging in die fünfte Klasse der Volksschule, als wir nach bestandener erster Beichte für die Kommunion vorbereitet wurden. Der Pfarrer, der uns unterrichtete, erzählte uns von der ungeheuren Wandlung... Ich hatte Angst, Angst, Angst!«[263]

Oskar Maria G. schlängelte sich durch das Labyrinth des Krieges. In der Großstadt wollte er seine arme Herkunft, die Leib und Geist gefesselt hatte, loswerden. Die Revolution von 1918 erlebte er in München. »Christenmenschen predigten in Versammlungen, Nacktkulturanhänger verteilten ihre Kundgebungen, Individualisten und Bibelforscher, Leute, die den Anbruch des tausendjährigen Reiches verkündeten und Käuze, die für Vielweiberei eintraten, eigentümliche Darwinisten und Rassentheoretiker, Theosophen und Spiritisten trieben ein harmloses Unwesen. Einmal nachts ging ich über den Stachus. Ein magerer Mensch schoß auf mich zu, steckte mir hastig einen Zettel zu und lief eilends in der trüben Dunkelheit weiter. Ich trat unter eine Laterne und besah den Wisch. Nichts weiter stand darauf als: ›Der Jude spricht dazwischen! Deutsche besinnt euch!‹ Zu alledem stieg die Gärung in den Massen immer mehr. Die bürgerlichen Zeitungen erschienen wieder, aber der Zensurrat redigierte sie. Die sozialistischen Parteien bekämpften sich unablässig und mit größter Hitzigkeit. Im Hotel Wagner tagte eine proletarische Versammlung in Permanenz. Spartakisten und Unabhängige hielten dort ständig Reden, Mehrheitssozialisten wurden niedergeschrien. Resolutionen wurden abgefaßt, Abordnungen zusammengestellt, die ihre Forderungen sofort dem Zentralrat im Landtag überbrachten. Ein fortwährendes Aus und Ein, ein dauerndes Hin und Her war es.«[264]

Die Revolution wird niedergeschlagen. *Oskar Maria G.* sieht die langen Reihen verhafteter, zerschundener, blutig geschlagener Arbeiter mit hochgehaltenen Armen. »Sie sind alle Hunde gewesen wie ich, haben ihr Leben lang sich kuschen und ducken müssen, und jetzt, weil sie beißen wollten, schlug man sie tot. Wir sind Gefangene!«[265]

Jahre danach hat sich *Oskar Maria Graf* mit dem autobiographischen Bekenntnisbuch ›Wir sind Gefangene‹ von der Last der frühen Jahre freigeschrieben. Als Bürger der Weimarer Republik war er ein bekannter Schriftsteller, »der sich und die Sache fühlte«. Ein vom Lande in die Stadt aufgebrochener Rebell, der den Weg nach Utopia suchte. Ein plebejischer Tor, mit der Vision einer neuen Gemeinschaft. »Uns kann nur die Revolution retten!«

Franz Biberkopf ist Zement- und Transportarbeiter; gegen die Großstadt und ihre Amoralität kommt er nicht auf. In einem Streit bringt er seine Geliebte um, muß ins Gefängnis; kaum entlassen, wird er wieder dem Laster und Verbrechen zugetrieben; er wird erneut Zuhälter, Einbrecher, verliert sein Mädchen, das ein Kumpan ermordet. Schließlich landet er im Irrenhaus. Er kommt frei. Zuletzt sehen wir ihn am Alexanderplatz in Berlin. »Sehr verändert, ramponiert, aber doch zurechtgebogen.« Das »furchtbare Ding«, das sein Leben war, bekommt einen Sinn; es ist eine Gewaltkur mit Franz Biberkopf vollzogen worden. »Dies zu betrachten und zu hören, wird sich für viele lohnen, die wie Franz Biberkopf in einer Menschenhaut wohnen und denen es passiert wie diesem Franz Biberkopf, nämlich vom Leben mehr zu verlangen als das Butterbrot.«[266]

Ein Gleichnis für den Weg Deutschlands seit der Niederlage 1918 hat *Alfred Döblin* mit seinem Roman ›Berlin Alexanderplatz‹ gegeben. Die Großstadt erscheint als modernes Babylon, als Heimat der Gauner, Huren, Zuhälter, Hehler. Der Himmel »blickt auf die dunklen Stätten der Menschheit«. Der Mensch wird auf seine animalischen Funktionen festgelegt. Er geht herum, lebt, blüht, säuft, frißt, verspritzt seinen Samen, verbreitet weiter Leben.[267]

Dora D. wurde 1902 als Tochter eines Werkzeugmachers geboren. Die Mutter starb bei der Geburt des siebten Kindes nach sieben Ehejahren. Der Vater heiratete nochmals. Die Stiefmutter hatte zwanzig Jahre in einer Weinhandlung gearbeitet und dort das ›Dudeln‹ (Trinken) gelernt. Im Rausch schlug sie die Kinder; sie wurde wegen Kindesmißhandlung zu einem Vierteljahr Gefängnis verurteilt. Die Kinder sollten in ein Waisenhaus eingeliefert werden. Da nahm die Großmutter die Enkel zu sich. *Dora D.* ging in Stellung. Als die Großmutter an Krebs erkrankte, pflegte *Dora*, damals 14jährig, sie bis zu ihrem Tode. Anschließend nahm sie eine neue Stelle als Dienstmädchen an. Dort blieb sie bis zu ihrer Heirat.

Ihr Mann, die einzige ›Bekanntschaft‹ in ihrem Leben, war Reparaturschlosser. Er war wie sie mit einer Stiefmutter aufgewachsen und hatte kein richtiges Zuhause gehabt. Bei der Heirat besaßen beide nichts als einen Holzkoffer mit Wäsche und Kleidung. So gründeten sie ihr eigenes Heim; sie mieteten zwei kleine Zimmer für 22 Mark im Monat. Von Arbeitskollegen bekamen sie ein paar alte Möbel: Bett, Tisch, Stuhl, Sessel, Waschschüssel mit Ständer, Ofen und Petroleumlampe. Der Mann trug die Möbel auf dem Buckel nach Hause, die Geschwister brachten Schüssel, Topf, Häfele und Teller. Messer und Gabeln schaffte sich Dora selber an; jeden Monat kaufte sie ein Stück.

»Was wir alles mitgemacht haben: Inflation, Streiks, Arbeitslosigkeit und zwei Kriege. Nach der Inflation hat alles nimmer gestimmt.« *Doras* Mann war insgesamt acht Jahre arbeitslos; während dieser Zeit machte er heimlich in Gaststätten Musik, um die Arbeitslosenunterstützung mit etwa drei bis vier Mark pro Abend aufzubessern. ›Schön ist die Jugend‹, ›Püppchen, du bist mein Augenstern‹, ›Wer hat denn den Käse zum Bahnhof gerollt?‹ hat er in einer Kapelle mit Harmonika, Violine und Schlagzeug gespielt.[268]

Pinneberg, Buchhalter in bescheidener Stellung, und ›Lämmchen‹, seine Freundin, die schwanger geworden ist, heiraten. Trotz äußerster Sparsamkeit können sie den minimalen Lebensunterhalt kaum bestreiten. Pinneberg fällt dem Personalabbau zum Opfer; beide ziehen nach Berlin zur verwitweten Mutter Mia, die dort einen Zirkel von Falschspielern und Amüsiermädchen unterhält. Über den Liebhaber seiner Mutter erhält Pinneberg eine Stellung in der Herrenkonfektionsabteilung eines Warenhauses; auch dort wird er wieder »abgebaut«. Die Familie muß in ein Schrebergartenhäuschen vor der Stadt ziehen. Den verwahrlost aussehenden Pinneberg weist ein Polizist eines Tages vom Gehsteig. Nun bricht sein Selbstbewußtsein vollends zusammen. Aber die familiäre Geborgenheit gibt ihm Halt.

»Kleiner Mann – was nun?« fragt *Hans Fallada* im gleichnamigen Roman. Es sei ein Buch, meinte *Hermann Hesse*, »vom armen geduldigen kleinen Mann, der zwischen der Not seines bedrückten Lebens und den Werbungen der Parteien sich an das einzige hält und klammert, was er als wirklich, als Leben inmitten von all dem Papier und Schwindel erkennt: an seine Frau, an sein Kind, an sein bißchen bedrohtes Glück und Menschentum«. Trotz Arbeitslosenelend und Wirtschaftskrise versucht der Angestellte Pinneberg mit ›Lämmchen‹, seiner jungen, aus einer klassenbewußten Arbeiterfamilie stammenden Frau, und mit seinem Kind ›Murkel‹ den Traum vom kleinbürgerlichen Idyll zu verwirklichen. »Es ist das alte Glück, es ist die alte Liebe. Höher und höher, von der befleckten Erde zu den Sternen. Und dann gehen sie beide ins Haus, in dem der Murkel schläft.«[269]

Auf eine Rundfrage des Gewerkschaftsbundes der Angestellten schrieben Stellenlose:

»Früher Betriebsleiter mit etwa 400 RM Gehalt. Mußte Möbel und Pelz verkaufen und ein Zimmer vermieten. Ich bin 40 Jahre alt und verheiratet. Vater von zwei Kindern (Junge 3½, Mädchen ½ Jahr). Stellenlos seit 1. 4. 25.«

»39 Jahre, verheiratet, drei Kinder (14, 12, 9 Jahre). Drei Jahre nichts verdient. Zukunft? Arbeit, Irrenanstalt oder Gashahn.«

»Zukunft? Trostlos, falls nicht bald etwas für uns ältere, doch noch voll arbeitsfähige und durchgebildete Angestellte in irgendeiner Art und Weise getan wird. 44 Jahre, verheiratet.«[270]

Lebensgeschichten aus der Weimarer Republik. Schicksale von Namenlosen, ohne Prätention aufgezeichnet oder erzählt; und Schicksale von Namenlosen, denen dichterische Ingeniosität zur Unvergeßlichkeit verhalf.

Ein neuer Staat war entstanden; der alte weste weiter. *J. Leviné* sprach von einer Räterepublik ohne Räte, von einer proletarischen Diktatur ohne Proletariat, von revolutionären Phrasen ohne revolutionären Inhalt. *Heinrich Mann* fühlte sich in eine Republik ohne Republikaner versetzt. Das Diktat des Vertrags von Versailles, bürgerkriegsähnliche Zustände, revolutionäre Wirren und wirtschaftlicher Niedergang prägten die häßlichen zwanziger Jahre. Der maßlose Strom des Lebens tobte, heulte, keuchte, lachte und starb. (*Alfred Döblin*)

Die zwanziger Jahre waren aber auch goldene Jahre: Ein Fest des Geistes, beflügelt von der Hoffnung, daß der Militarismus (›Potsdam‹) endgültig besiegt sei und ein Staatswesen wie eine gesellschaftliche Ordnung unter dem Vorzeichen von ›Weimar‹, als Rekonstruktion eines sublimierten Individualismus angesichts sich formierender Massen, möglich wären. Berlin war Mittelpunkt intellektueller Brillanz und narzißtischer Koketterie, faszinierender Urbanität und sorgloser Operettenstimmung. »Wir machen Epoche!« hieß die Parole. Allen wirtschaftlichen und politischen Problemen zum Trotz verbreitete sich ein kultureller Optimismus, der dem Reich des Geistes inmitten aller Nöte große Chancen einräumte. Auch dort, wo Weltschmerz, Untergangsstimmung und das Gefühl von einer transitorischen Epoche vorherrschten, war noch Lust, vorwiegend freilich »Lust am Untergang«, unverkennbar. »Wir machen Epoche«: das bedeutete Morgenrot und Abendrot, Aufbruchs- und Endzeitstimmung, Angst vor der großen Kälte und Gefühlsrausch. Das neue junge Deutschland genoß die Zerrissenheit, so wie das Theater dieser Zeit gleichermaßen entfesselt, kulinarisch, realistisch und visionär war. Inmitten eines vielfach verderbten Milieus, geprägt durch Kriegsgewinnler, Schieber und Spießer, abgetakelte Militaristen und falsche Propheten, die ihre Visionen zu Markt trugen (*George Grosz* hat in diesem Sinne die Physiognomie der Zeit gezeichnet!), erhielt sich, gewissermaßen in einer Enklave, eine O-Mensch- und O-Welt-Gesinnung, die bei aller Vergeistigung die Züge tumber Torheit trug. Der expressionistische Parzival war ständig auf der Suche nach dem Gral. Die Zeichen der Zeit wiesen jedoch auf »neue Sachlichkeit«. – Die Tagträume waren stark ausgeprägt; für die mühevolle Klein- und Dreckarbeit der Reform aber waren die Intellektuellen, die das Klima der goldenen zwanziger Jahre bestimmten, weitgehend ungeeignet. Was die Größe der Weimarer Zeit ausmachte –

nämlich ihre Geistigkeit und Kultiviertheit –, bewirkte zugleich ihre Lähmung.

Das Übermaß des Denkens verstellte den Mut zum Handeln. »Die wundervollsten Jahre Deutschlands und Berlins, seine Pariser Jahre voll von Talenten und Kunst«, nannte *Gottfried Benn* die Weimarer Epoche; »es kommt nicht wieder.«[271]

Eine Krankheit zum Tode war der Weltkrieg gewesen. Nun blühte neues, hektisches Leben aus den Ruinen. Die Furchtbarkeit des Krieges wurde in einer Vergnügungssucht sondergleichen hinweggewirbelt. Der einzelne wollte wieder ein solcher sein; er versuchte, sich im Meer der Massen auf die Insel der Privatheit zu retten. Diese Massen hatten sich mit der industriellen Revolution, der sprunghaft zunehmenden Bevölkerungsvermehrung und dem damit verknüpften Übergang der Agrar- in die Industriegesellschaft vorwiegend in den Städten zusammengeballt. Die herrschende bürgerliche Gesellschaft, welche die proletarischen Massen mit Hilfe politischer, wirtschaftlicher, sozialer und allgemein kultureller Repression diszipliniert und zunächst aus ihrem Klassenbewußtsein verdrängt hatte, mußte nun den »Aufstand der Massen« hinnehmen. Das Ringen um eine neue Lebensordnung setzte ein. Das Psychogramm der Zeit ist – expressionistisch-dichterisch formuliert – durch »Sturz und Schrei«, »Erweckung des Herzens«, »Aufruf und Empörung«, »Liebe den Menschen« markiert; *Kurt Pinthus* hatte 1919 seine Gedicht-Anthologie ›Menschheitsdämmerung‹ dergestalt gegliedert. Es war eine Sammlung der Erschütterungen und Leidenschaften, der Sehnsüchte und Qualen der Epoche. Gezeigt wurde die »schäumende, chaotische, berstende Totalität der Zeit«. Die Lyrik sei das Barometer seelischer Zustände, der Bewegung und Bewegtheit der Menschheit. Vorgestellt werde die charakteristische Dichtung einer Jugend, die recht eigentlich als die junge Generation des letzten Jahrzehnts zu gelten habe, »weil sie am schmerzlichsten an dieser Zeit litt, am wildesten klagte und mit leidenschaftlicher Inbrunst nach dem edleren, menschlicheren Menschen schrie«.[272] Keine mechanische, historische Folge wurde angestrebt, sondern dynamisches, motivisches Zusammenklingen: Symphonie.[273]

Irisierender Glanz lag über harter, brutaler Faktizität: Die flimmernde Leinwand der Kinos, die Glitzerwelt der Reklame, die Delirien des Amüsements (vom Boxsport bis zum Sechs-Tage-Rennen, vom Schlager bis zur Revue)! Diejenigen, die – wie *Bert Brecht* – aus

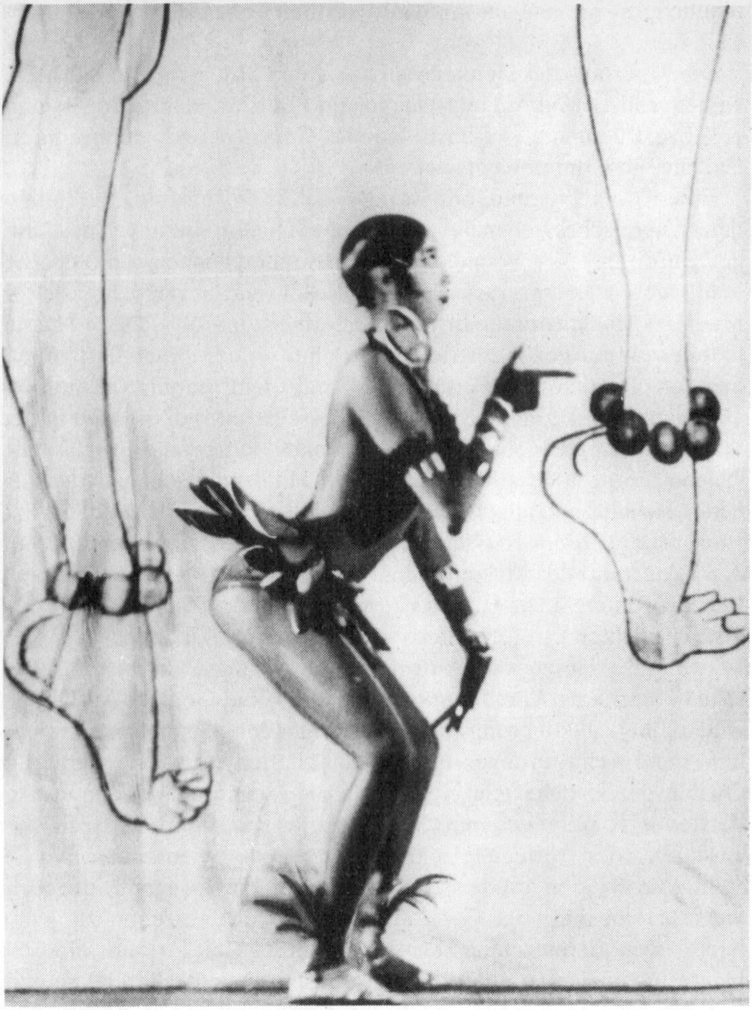

37. Josephine Baker in Berlin.

den »schwarzen Wäldern« in die Asphaltstädte verschlagen waren, entwickelten eine wölfische Existenz, voller Gier nach der Beute der Vergnügung. Der »Steppenwolf« in *Hermann Hesses* gleichnamigem Roman beklagt zwar den Verlust bürgerlicher Geborgenheit; sie blieb zurück im heiligen Schatten der Araukarie, in Wohnungen voll von strahlendem Mahagoni, Anstand und Gesundheit, mit Frühaufstehen, Pflichterfüllung, gemäßigt heiteren Familienfesten, frühem Schlafengehen; viel mehr aber genießt er die Wildheit des Asphaltdaseins, wie es immer wieder mit ungebändigter Sinnlichkeit und Gewalt heranbrandet.

»Aus einem Tanzlokal, an dem ich vorüberkam, scholl mir, heiß und roh wie der Dampf von rohem Fleisch, eine heftige Jazz-Musik entgegen. Ich blieb einen Augenblick stehen; immer hatte diese Art von Musik, so sehr ich sie verabscheute, einen heimlichen Reiz für mich. Jazz war mir zuwider, aber sie war mir zehnmal lieber als alle akademische Musik von heute, sie traf mit ihrer frohen rohen Wildheit auch bei mir tief in die Triebwelt und atmete eine naive redliche Sinnlichkeit.«[274]

Wer geglaubt hatte, daß in den Materialschlachten des Weltkrieges mit seinen unerhörten Menschenopfern der optimistische Glaube an die Kraft der Technik verglüht sei, wurde eines anderen belehrt. *Oswald Spengler*, dieser »Optimist des Untergangs«, feierte rhapsodisch den Sieg der Zivilisation über die Kultur; in der Einleitung zum ›Untergang des Abendlandes‹ schreibt er: »Wenn unter dem Eindruck dieses Buches sich Menschen der neuen Generation der Technik statt der Lyrik, der Marine statt der Malerei, der Politik statt der Erkenntniskritik zuwenden, so tun sie, was ich wünsche und man kann ihnen nichts Besseres wünschen.«[275] Parallel zum expressionistischen Aufbegehren wird hier der technokratischen Anpassung das Wort geredet. Eingefärbt mit elitärem Stolz, überantwortet man sich dem wieder auferstandenen technischen Zeitgeist. Kontrapunktorisch zur »Aktion Vatermord«, die eine neue Bruderschaftsgesinnung zu etablieren versuchte, wird der Weg zum spätpreußischen Führerstaat gewiesen.

Solches Denken entspricht insgesamt dem »tragischen Bewußtsein« der Soziologie in den zwanziger Jahren. In Furcht vor der organisierten Arbeiterschaft, vor den sozialistischen Massen, sollte der Kulturpessimismus die Anpassung an die faschistischen Massen legitimieren, da diese eben nicht nivellierte Massen, sondern elitär geleitete Massen wären. Die Träger eines derartigen tragisch-soziologischen Lebensgefühls entstammten ihrem geistigen Habitus nach durchwegs der geistigen Welt des monarchistischen Staatswesens: Der bevorstehende Kulturtod befriedigt sie, da sie damit auch ihre eigene Neurotik zu überwinden hoffen. Von dem erhabenen Sitz ihrer Einsicht aus beobachten sie mit Freude, wie die Dämmerung über die Menschen hereinbricht. Die Soziologie erweist sich als Religion, die dem Opfergang die szientistisch-ritualistische Aura verleiht.

Für viele Söhne aus bürgerlichem wie proletarischem Haus, die vor 1914 im Rahmen der strengen Klassentrennung nicht miteinander in Berührung gekommen waren, hatte der Weltkrieg eine gegenseitige Entdeckung gebracht. Er war ein Schmelztiegel gewesen: Man erkannte die Klassengegensätze und brachte die Überzeugung mit nach Hause, daß diese im Geiste einer Volksgemeinschaft aufzuheben seien. So bot sich die idealistisch-soziale Erfahrung dar. Zugleich aber hatte man die Macht des politischen Potentials der Arbeiterschaft kennengelernt. Kriege, aber auch die Macht im Staat, waren offenbar nur mit Hilfe der Arbeiterschaft zu gewinnen. »Der Industriearbeiter ist der erste und stärkste Faktor beim Aufmarsch des modernen Nationalismus«, formulierte *Ernst Jünger* programmatisch[276]; »der Klassenstaat wird vernichtet werden durch den nationalistischen Staat«.[277]

Jünger verlangte eine Fragestellung, durch die der Arbeiter in die nationale Front einbezogen werde. Hier wurde, wenn auch mit wesentlich tieferer Fundierung, als es die Publizisten und Propagandisten der Rechten normalerweise taten, die Arbeiter vom konservativen und reaktionären Standpunkt aus vereinnahmt, der »totalen Mobilmachung« (mit ihrer Ausrichtung auf »Kriegsarbeit«) integriert. »Und so sehe ich ein neues, führendes Geschlecht im alten Europa auftauchen, ein Geschlecht furchtlos und fabelhaft, ohne Blutscheu und rücksichtslos, gewohnt, Furchtbares zu erdulden und Furchtbares zu tun und das Höchste an seine Ziele zu setzen. Ein Geschlecht, das Maschinen baut und Maschinen trotzt, dem Maschinen nicht totes Eisen sind, sondern Organe der Macht, die es mit kaltem Verstand und heißem Blute beherrscht. Das gibt der Welt ein neues Gesicht.«[278]

Ernst Jüngers Schrift ›Der Arbeiter. Herrschaft und Gestalt‹ erschien zwar erst im Jahre 1932, aber die ihr zugrundeliegende Philosophie und Analyse sind in den Jahren des Krieges und der unmittelbaren Nachkriegszeit gewachsen.[279] Für Jünger bedeuteten die Materialschlachten des Weltkrieges den Zusammenbruch eines hoffnungslos verlorenen Zeitalters. Er war überzeugt von dem Heraufziehen einer nationalistisch-kriegerischen Welt, welche die bürgerlich-dekadente abzulösen im Begriffe war. Humanität, friedliche Geschäftigkeit, Vernunftglaube, internationale Wirtschaftsordnung, Demokratie, Parlamentarismus, liberaler Rechtsstaat, all das, was nach dem Ersten Weltkrieg mit soviel Hoffnung bedacht wurde, galten ihm als »ausgebrannte Fassade«. Hierin trafen sich die Kommunisten und aktivistischen Nationalisten; doch während jene sich dem Kern der Masse angehörig und damit als deren Vollzugsorgan empfanden, waren diese überzeugt, daß die Masse für elitäre Zwecke manipuliert werden müsse. Der lebensfeindliche, seinsvergessene Intellekt war im Kult des autonomen, unantastbaren Individuums genauso am Werk wie im bürgerlichen Utilitarismus, in der positivistischen Wissenschaft wie in der sensitiv-verfeinerten Kunst. Dem bürgerlichen Verfall wurde die Hoffnung auf einen Zukunftsstaat entgegengestellt, welche die kriegerisch-nationalistische Diktatur antizipierte bzw. (wenn auch in anderer Form als dann im Nationalsozialismus verwirklicht) ersehnte. Vier Grundpfeiler sollten den neuen Staat stützen: »der nationale, der soziale, der kriegerische und der diktatorische Gedanke«.[280]

Der Arbeiter war Träger und damit Garant des neuen Staates. In ihm schlossen sich Sozialismus und Nationalismus auf der Basis von Heldentum zusammen. Ähnlich hatte *Oswald Spengler* bereits 1919 in ›Preußentum und Sozialismus‹ die Ideologie eines »Kriegssozialismus« propagiert.[281] Immer wieder erfolgte der Rückgriff auf die Erfahrungen des Krieges, da, wie *Hans Zehrer* 1931 in der ›Tat‹ schrieb, diese Generation sozialistisch nach Hause zurückgekommen sei, »nicht, weil sie Karl Marx gelesen und verstanden hatte, sondern, weil sie in einer Lebensgemeinschaft auf Tod und Leben zutiefst das soziale Unrecht erspürt und die Berechtigung des sozialen Ressentiments, das in der Arbeitsschaft lebte, begriffen hatte«.[282]

Wenn *Jünger* von der Arbeit spricht, so meint er damit weder die körperliche noch geistige, weder Arbeit im ökonomischen Verständnis noch technische Tätigkeit; Arbeit ist ihm Ausdruck eines neuen Seins: »eines besonderen Seins, das seinen Raum, seine Zeit, seine Gesetztätigkeit zu erfüllen sucht.« Arbeit ist ihm alles: »das Tempo der Faust, der Gedanken, des Herzens, das Leben bei Tag und Nacht, die Wissenschaft, die Liebe, die Kunst, der Glaube, der Kultus, der Krieg; Arbeit ist die Schwingung des Atoms und die Kraft, die Sterne und Sonnensysteme bewegt.«[283]

Eine solche Mythisierung wie Mystifikation von Arbeit mußte all jenen willkommen sein, die, anstelle der konkreten Veränderung sozialer Verhältnisse, die Massen als Stimmvieh für sich zu gewinnen hofften, indem sie tiefgreifende Sehnsüchte auf das Über-Ich des Führers zu projizieren suchten.

So wie einerseits *Ernst Jüngers* Ideensyndrom als »preußischer Leninismus«[284] empfunden wurde, andererseits Sozialimus wie Kommunismus mit dem Nationalismus sich liierten, zeigte generell die Parole von »Aufruf und Empörung« widersprüchliche, ambivalente Züge. Es gab den Aufruf für den Sozialismus wie gegen ihn; Empörung für die Freiheit wie gegen sie. Immer mehr wurde deutlich, daß das, was im Gegensatz zu ›Potsdam‹ mit ›Weimar‹ begonnen werden sollte, wieder auf ›Potsdam‹ zuglitt; daß die von der Solidarität der Massen getragene humane Utopie auf revanchistische Gewalt hin sich umorientierte. Die politischen Ideen des deutschen Nationalismus zwischen 1918 und 1933 waren die eines antidemokratischen Denkens; sie breiteten sich vehement aus. In der Strömung des politischen Irrationalismus mit seinem Antiintellektualismus und seiner Politik aus dem Gemüt heraus war der wahre Staat der autoritäre bzw. totalitäre Staat. Die sich selbst bestimmende Genossenschaft suspendierte ihren Sozietätsbegriff im Ruf nach dem Führer. Die Demokratie von Weimar erwies sich als Produkt einer Aporie, war »eine Demokratie quasi aus Verlegenheit«.[285] So war es nicht allzu schwer, den »nationalen Durchbruch« zu bewirken.

Nach *Kurt Sontheimer*, der die umfassendste Studie zum antidemokratischen Denken in der Weimarer Republik verfaßt hat, stehen im Zentrum des antidemokratischen Denkens eine Reihe von Grundbegriffen und Wesenszügen, die als Topoi durch die gesamte rechte Literatur und Politik ziehen; sie machten die Substanz dieses Denkens aus und gaben ihm Ziel und Inhalt. Es waren die Begriffe des Volkes, der Gemeinschaft, der Nation, des Organismus, einer neuen Politik, einer neuen Freiheit, des nationalen Sozialismus.[286]

Im Volksgedanken artikulierte sich das spezifisch Deutsche, Antiwestliche des antidemokratischen Denkens. Die Zerrissenheit des Volkes in Parteien und Klassen wurde als bedrückend empfunden. Wenn gerade das Bürgertum sich mit besonderer Inbrunst dem Volksgedanken ergab, so war dies im Grunde ein Versuch, den gesellschaftlichen und politischen Wandel im Übergang vom 19. ins 20. Jahrhundert zu verdrängen. »Das Bürgertum war nach 1919 aus seinem nationalen, staatstragenden Stand zu einer Klasse unter anderen geworden, seine verlorene Vormachtstellung hoffte es sich mit Hilfe des völkischen Gedankens wieder sichern zu können, wenn auch unter Verleugnung der liberalen Ideen, mit denen es groß geworden war.«[287] Zugleich glaubte man, der Kompliziertheit und Problematik der industriellen Gesellschaft mit Hilfe des Mythos vom Volksgeist entgehen zu können – mit einer neuen Totalität des Lebens, einer gemeinschaftlichen Ganzheit, die anstelle der »Zerklüftung« hochdifferenzierter staatlicher Institutionen und Organisationen eine einfache Lösung anbot.

Gesellschaft war böse, Gemeinschaft gut; Gesellschaft war künstlich, Gemeinschaft organisch; Gesellschaft ein Gebilde von Menschenhand, Gemeinschaft Gottes Schöpfung. »Volksgemeinschaft! Die Jugend erbebt in hohem, höchstem Gefühl, wenn dieses Wort fällt, denn es ist ihr ein Wort, das höchste Vergangenheit über die entartete bourgeoise Epoche hinweg mit fruchtbar Zukünftigem verbinden soll.« (*Jonas Lesser*)[288]

Mit dem Begriff der ›Nation‹ wurde von einem anderen Denkansatz aus die Einheit betont. Nation bedeutet nicht nur völkische Einheit im politischen Sinne, sondern Einheit des Geistes, gemeinsames Festhalten an überlieferten Werten, gemeinsames Arbeiten zur Kräftigung und Stärkung des volkhaften deutschen Staates. Mochte das Volk auch reich sein an Ausdrucksmöglichkeiten und vielfältig in seinen Bestrebungen, als nationale Größe mußte es von *einem* Willen beseelt, von *einem* verbindlichen historischen Bewußtsein getragen werden. Da gerade die Weimarer Republik die Vielfalt der geistigen Standpunkte und Entwicklungen betonte, entbehrten die Massen eines einheitlichen nationalen Wertbewußtseins, das ihnen eine handfeste Lösung ihrer Frustrationen hätte anbieten können. Die Nation war das große Über-Ich, an dem die Furcht vor individueller Selbstbestimmung Halt fand.

Die Vokabel »organisch« stammte aus der romantischen Staatsphilosophie des frühen 19. Jahrhunderts. Der durch Technik und Vermassung bewirkten »Entseelung« wurden organische Ideologien gegenübergestellt, die den »einfachen« Prozeß des »Stirb-und-Werde« in allen Bereichen des menschlichen Daseins am Werke sahen (selbst – wie bei *Oswald Spengler* – in der Kulturentwicklung). Mit dem Wort »organisch« wurde auch der Kampf gegen die Ratio geführt: der Geist sei Widersacher der Seele, Glauben wichtiger als Denken. Den

Kräften des Gemüts und der Instinkte sollte freie Bahn gegeben und Vernunft möglichst weitgehend ausgeschaltet werden. Entscheidung und Tat: das antidemokratische Denken der Weimarer Republik war ein Denken des Entweder-Oder. Es verteufelte die rationale Darlegung von Gründen und Begründungen; es forderte die charismatische Führergestalt, die aus instinktivem oder intuitivem Erleben heraus die »richtigen« Maßstäbe setzte, die »richtigen« Handlungen bewirkte. Die dezisionistischen »Philosophien« waren die Vorbedingungen für den sich anbahnenden Führerstaat.[289] »Der Glaube an die Dezision schließt den demokratischen Glauben an die Möglichkeit des Kompromisses aus. Dem dezisionistischen Denken wohnt ein ästhetizistisches Moment inne. Es hat seine Lust an der Eindeutigkeit, der Klarheit und Konsequenz der Entscheidung.«[290]

Unter »neuer Politik« verstand man die Abfolge von großen Taten großer Männer. Aus diesem Grunde war das antidemokratische Denken vorwiegend an der Außenpolitik interessiert, denn das, was im Innern geschah, war sowieso geprägt durch die Einheit von Volkswillen und nationalem Gemeinschaftsgeist; hier hatte alles seinen Standort und seine ihm zugedachte Funktion. Nach außen hin aber galt es, den Ruhm und die Kraft des Staates zu nähren. »Volk ohne Raum« wurde zum Motto einer Politik, die auf Expansion und Weltherrschaft ausging.[291] »Politik wird letztlich zum geforderten Vollzug eines schicksalsmäßig vorgeschriebenen Weges deutscher Geschichte, wird zur Erfüllung der deutschen Sendung.«[292]

Die »neue Freiheit« verachtete den individualistischen, liberalen Freiheitsbegriff. Dieser galt als Wurzel der politischen Misere der liberalen Demokratie; denn die liberalen Freiheiten des einzelnen gegenüber dem Staat würden dessen Schwäche und innere Zerrissenheit bedingen. Sie müßten in letzter Konsequenz zur Anarchie führen. Ein Staat, in dem regiert werden und Ordnung herrschen solle, könne individuelle Freiheiten seinen Bürgern nicht zubilligen. Der Staat sei kein Dienstleistungsinstitut, kein Vertrag, abgeschlossen zur Sicherung der Freiheitssphäre des Bürgers und zum Schutze gegenüber dem Mitmenschen, sondern ein souveräner Herrschaftsverband, der sich selbst wähle. Freiheit: das war in Wirklichkeit die rückhaltlose Bejahung von Ordnung und Unterordnung. »Diese neue Freiheit ist erst die wahre Freiheit; sie ist nicht äußerlich, nicht festgelegt in Grundrechten, sondern ruht auf der Bindung an das Ganze. Es handelt sich um eine innere sittliche Freiheit, die zugleich organische Bindung ist.«[293] Freiheit bestand letztlich darin, daß sie nicht mehr bestand, d. h. nicht mehr als Freiheit des einzelnen. Die Autonomie des Menschen, seine ›Selbstherrlichkeit‹, sollte zugunsten staatlicher Ordnung gebrochen werden. »Die Idee der Freiheit wird ausgelöscht als individuelle Freiheit, weil diese individuelle Freiheit das Ganze in seiner Kraft und Geschlossenheit beeinträchtigt, weil, wie *F. G. Jünger* an einer Stelle sagt, diese Freiheiten dazu ausgebeutet werden, den Staat zu bekämpfen. Die neue Freiheit hingegen erfüllt sich im Aufgehen des einzelnen im Ganzen, sie will die Unterordnung und Einordnung in das Ganze. Der als Freiheit verbrämte Dienst des einzelnen für das Ganze sichert erst die Freiheit des Ganzen. ›Frei ist der Mensch, wenn er in seinem Volke frei ist. Frei ist der Mensch, wenn er in einem konkreten Gemeinwillen steht.‹« (*H. Freyer*)[294]

Der »nationale Sozialismus« verband den antibourgeoisen Affekt und die Ablehnung des kapitalistischen Wirtschaftssystems mit nationalistischen Ressentiments und kriegerischem Enthusiasmus. Das Bürgertum wurde vom nationalen Sozialismus genauso bekämpft wie der internationale Kommunismus. Wo der Marxismus ende, da beginne Sozialismus; der deutsche Sozialismus sei berufen, in der Geistesgeschichte der Menschheit allen Liberalismus abzulösen, meinte *Moeller van den Bruck* in seinem Buch ›Das Dritte Reich‹ (1923), das – einem Brennglas gleich – alle Topoi des antidemokratischen Denkens zusammenfaßt oder vorwegnimmt.[295]

Die Kultur der Weimarer Republik erwies sich als eine faszinierende, aber späte Blüte am Stamme der Industriekultur. Die Kommunikations- und Verkehrsdichte beförderte Urbanität; trotz der vernichtenden Wirkung des Weltkrieges, der alle Humanität zerstört zu haben schien, und der niederdrückenden Wirkung des Vertrags von Versailles[296], der Deutschland auf lange Zeit zu isolieren versuchte, entwickelte sich eine neue Form von Kosmopolitismus. Bevorzugter Ort dieser Großstadtkultur der 20er Jahre war das Kaffeehaus, nach *Hermann Kesten* »ein Wartesaal der Poesie«. Die Atmosphäre des Kaffeehauses war eine Mischung aus Weltschmerz und Lebensfreude; in euphorischen Diskussionen wurden gegenwärtige und zukünftige Perspektiven be- und zerredet. Die Kaffeehausliteraten fühlten sich am Nabel der Welt. Das Kaffeehaus war eine literarische Karawanserei; man nahm seine Inspirationen aus Ost und West und inspirierte seinerseits die halbe Welt. Was abends in den Berliner literarischen Cafés erörtert wurde, war ein paar Tage später Thema in

New York, London, Paris und Rio de Janeiro. Schulreformer saßen neben weltanschaulichen Fanatikern, Revolutionäre neben Taschendieben, Rauschgiftsüchtige neben Vegetariern. Solche Mischungen erzeugten allerhand Verwirrungen, wirkten aber auch als starke Stimulanzien. Tiefsinn und Charme gingen eine prickelnde Verbindung ein. Das Café war Bastion geistiger Freiheit – einer Freiheit, die freilich mehr in den Feuilletons denn in der sozialen und politischen Wirklichkeit zu Hause war. »In jenen Jahren war die Literatur freier als je in Deutschland. Es wohnten Hunderte Literaten in Berlin. Ausländische Schriftsteller kamen aus aller Welt. Die Berliner Theater, Zeitungen, Zeitschriften, Verlage, Universitäten, Museen, Kunsthandel und die Filmindustrie florierten.«[297]

Das Kaffeehaus war der Ort, von dem die neuesten Stimmungen und Strömungen ausgingen; man dachte, fühlte und lebte à la mode, versorgte sich und seinesgleichen mit immer neuen Reizen, nahm immer neue Attitüden an. »Sie dichten, komponieren, schmieren Papier voll und streiten sich um Richtungen, das muß sein. Sie sind expressionistisch und supranaturalistisch; sie sitzen neben dicken Damen auf dem Sofa, kriegen plötzlich lyrische Kalbsaugen und sprechen mit geziertem Mündchen, und sind feige und lassen sich verleugnen oder lügen telefonisch. Sie dirigieren Symphonien und fangen einen kleinen Weltkrieg an, und sie haben für alles eine Terminologie. Welche Aufregung –! Welcher Eifer –! Welcher Trubel –! Horch: sie leben«, schrieb *Peter Panter* (*Kurt Tucholsky*) 1927 in der ›Bilderausstellung eines Humanisten‹.[298] Man glaubte daran, daß Probleme durch Diskussion bewältigt würden; man liebte die Worte, so wie man die Häuser, Plätze, Chausseen, die Großstadt insgesamt liebte. Doch fand man den Weg von den Hügeln des Geistes in die Gassen des Wirklichen nur selten. Man blieb unter sich und versäumte, das, was man erspekuliert hatte, vom Kopf auf die Füße zu stellen.

Deshalb konnte die späte Blüte der Weimarer Industriekultur auch so rasch der Kälte einer Weltanschauung zum Opfer fallen, welche die Regression auf dunkle Instinkte mit gewissenlosem technokratischem Futurismus verband. In ›Mein Kampf‹ verkündete *Adolf Hitler*:

»Alles, was wir heute auf dieser Erde bewundern – Wissenschaft und Kunst, Technik und Erfindungen – ist nur das schöpferische Produkt weniger Völker und vielleicht ursprünglich einer Rasse. Von ihnen hängt auch der Bestand dieser ganzen Kultur ab. Gehen sie zugrunde, so sinkt mit ihnen die Schönheit dieser Erde ins Grab ... Was wir heute an menschlicher Kultur, an Ergebnissen von Kunst, Wissenschaft und Technik vor uns sehen, ist nahezu ausschließlich schöpferisches Produkt des Ariers. Gerade diese Tatsache läßt den nicht unbegründeten Rückschluß zu, daß er allein der Begründer höheren Menschentums überhaupt war, mithin den Urtyp dessen darstellt, was wir unter dem Wort ›Mensch‹ verstehen. ... Solange er den Herrnstandpunkt rücksichtslos aufrechterhielt, blieb er nicht nur wirklich der Herr, sondern auch der Erhalter und Vermehrer der Kultur... Hier freilich kommt der echt judenhaft freche, aber ebenso dumme Einwand des modernen Pazifisten: Der Mensch überwindet eben die Natur... Mit der Zertrümmerung der Persönlichkeit und der Rasse fällt das wesentliche Hindernis für die Herrschaft des Minderwertigen – dieser aber ist der Jude... Indem ich mich des Juden erwehre, kämpfe ich für das Werk des Herrn.«[299]

Stiernackig, aber rhetorisch trickreich wurde der Zivilisation der Geist ausgetrieben. Der Arier, so *Alfred Rosenberg,* der Künder des »Mythus des 20. Jahrhunderts«, müsse den Asphaltdschungel der Großstadt von Neger- und Judenbastarden säubern. »Gebären die Frauen einer Nation Neger- oder Judenbastarde; geht eine Schlammflut von Nigger-Begeisterung und Niggerkunst weiter so ungehindert über Europa hinweg wie heute; darf die jüdische Bordell-Literatur weiterhin ins Haus gelangen wie jetzt; wird der Syrier vom Kurfürstendamm noch weiter als Volksgenosse und ehe-möglicher Mann betrachtet, dann wird einmal der Zustand eintreten, daß Deutschland und Europa in seinen geistigen Zentren nur von Bastarden bevölkert sein wird.«[300]

Dem kommenden Typus, der vom zweiten ins dritte Reich sich hineinträumte, Kulturpessimismus zur Waffe gegen den urbanen Geist schmiedete, Alldeutschtum verkündete, vom Wandervogel zum Jungenstaat aufbrach, antisemitisch den Mythos vom Volk verkündete und die radikale Gegenrevolution in Gang setzte[301] – diesem Typus mit seiner stahlharten Gewissenlosigkeit und seinem windhundflinken Opportunismus, mit seiner braunplüschernen Kulturverachtung und seinem gefühllos-techniziden Perfektionismus waren weder linke Ingeniosität noch linke Melancholie gewachsen. Die Liebe zu den kleinen Leuten und den kleinen Freuden galt nicht mehr. Der Individualismus hatte ausgespielt. Im gleichen Schritt und Tritt vollzog sich der Marsch in die neue gewaltige, strahlende Zeit. – Die Weltwirtschaftskrise beschleunigte den Sturz der Republik. Vor dem Getöse eines dampfenden, schwitzenden, alle Gegensätze niederbügelnden Aufbruchs verklang die immer leiser werdende »Großstadtmelodie« in ihrer zwischen Sentimentalität und Schnoddrigkeit hin und her pendelnden Tonlage.

»Jetzt ruhn auch schon die letzten Großstadthäuser.
Im Tanzpalast ist die Musik verstummt
Bis auf den Boy, der einen Schlager summt.
Und hinter Schenkentüren wird es leiser.

Es schläft der Lärm der Autos und Maschinen,
Und blasse Kinder träumen still vom Glück.
Ein Ehepaar kehrt stumm vom Fest zurück,
Die dürren Schatten zittern auf Gardinen.

Ein Omnibus durchrattert tote Straßen.
Auf kalter Parkbank schnarcht ein Vagabund.
Durch dunkle Tore irrt ein fremder Hund
Und weint um Menschen, die ihn blind vergaßen.

In schwarzen Fetzen hängt die Nacht zerrissen,
Und wer ein Bett hat, ging schon längst zur Ruh.
Jetzt fallen selbst dem Mond die Augen zu...
Nur Kranke stöhnen wach in ihren Kissen.

Es ist so still, als könnte nichts geschehen.
Jetzt schweigt des Tages Lied vom Kampf ums Brot.
– Nur irgendwo geht einer in den Tod.
Und morgen wird es in der Zeitung stehen...«
(*Mascha Kaléko*)[302]

Der Lautsprecher

Die häßlichen goldenen zwanziger Jahre waren laute Jahre. Der Lautsprecher war die adäquate »Maschine« der Epoche. Auf der Grundlage der in den 80er Jahren des 19. Jahrhunderts erzielten Forschungsergebnisse des deutschen Physikers *Heinrich Hertz* über die Ausbreitung elektromagnetischer Wellen entwickelte der Italiener *Guglielmo Marconi* die erste Sendeantenne für drahtlose Nachrichtenübermittlung. Bereits in den Jahren vor dem Weltkrieg wurde die

Radiotechnik vervollkommnet, während des Krieges dann intensiv ausgebaut. Damit war auch die Grundlage für die wirtschaftliche Nutzung des Funks geschaffen. Das Ursprungsland der Rundfunkindustrie waren die Vereinigten Staaten; es folgten Großbritannien und Deutschland. 1921 wurde in Pittsburgh der erste für die Öffentlichkeit bestimmte Rundfunksender in Betrieb genommen; Ende 1922 gab es in den USA dreißig Stationen mit Sendelizenz, 1924 bereits fünfhundert. In Deutschland begann der Unterhaltungsrundfunk am 29. Oktober 1923.[303]

Maßgebend für die Entwicklung des Rundfunks in Deutschland war *Hans Bredow*, den man mit Recht »Vater des deutschen Rundfunks« genannt hat. Er wurde 1879 in Hinterpommern geboren; sein Hochschulstudium konnte er aus Geldnot nicht abschließen; ohne jedes Diplom ging er in die Ingenieurspraxis, wurde jedoch bald Leiter der von den Firmen AEG und Siemens getragenen ›Gesellschaft für drahtlose Telegraphie GmbH‹ (Telefunken). Damals beherrschte die britische Firma Marconi den internationalen Funkverkehr, speziell den Schiffs- und Küstenfunk, auch den deutschen. Als *Bredow* einen eigenen Funkdienst aufbaute, verweigerte *Marconi* jeden Verkehr mit Schiffen, die nicht von *Marconi* ausgerüstet waren. Vier Jahre dauerte der Kampf; *Bredow* setzte sich durch; 1912 wurde auf einem Kongreß in London, bei dem *Bredow* nebenbei die erste Funkausstellung der Welt durchführte, ein allgemeiner »Weltfunkfrieden« geschlossen.

1917 veranstaltete *Bredow* vor Reims mit Grammophonmusik für Soldaten die erste Rundfunksendung; die Idee des allgemeinen »Rund-Funks«, den jedermann empfangen könne, trug er 1919 dem Hauptausschuß der Nationalversammlung vor; bald darauf wurde er ins Reichspostministerium berufen. Der technische Schriftsteller *Hans Dominik* schrieb im Berliner ›Lokalanzeiger‹: »Trotzdem der Vortragende streng auf dem Boden der Sachlichkeit blieb, konnte er doch gelegentlich Zukunftsperspektiven von *Jules Verne*scher Kühnheit entwerfen, so beispielsweise den künftigen politischen Redner, der seine Rede an einer Stelle in den drahtlosen Sendeapparat spricht, während sie gleichzeitig in ganz Deutschland von Millionen gehört wird.«[304] Bald darauf war die Fiktion Wirklichkeit. »Eine Sensation« – unter dieser Überschrift vermittelte die ›Berliner Illustrirte Zeitung‹ am 6. Januar 1924 ihren Lesern in einem Schemabild die praktische Anwendung des Radios: »Mitteilung von Wahlergebnissen in London durch Lautsprecher an die wartende Menge.« Sie zeigte den

38. Kurt Günther: Der Radionist (Temperafarben auf Holz, 1927).

»Spezialapparat«, der für diese Zwecke aufgestellt war. Und darunter veröffentlichte sie ein Bild des deutschen Reichskanzlers bei seiner Weihnachtsansprache, die durch das »Radio« verbreitet wurde (Radio schrieb man damals noch in Anführungszeichen!).[305]

Der Weimarer Rundfunk war staatsnah, zentralistisch, kommerziell. Die einzelnen regionalen Sendegesellschaften waren florierende Aktiengesellschaften. Man wollte unpolitisch, vor allem belehrend sein; besonders der Deutschlandsender (1925 gegründet) diente diesem Ziel.

1926 schied *Bredow* aus seinem Beamtenverhältnis als Staatssekretär beim Reichspostministerium aus und übernahm mit dem Titel »Rundfunk-Kommissar« als Vertrauensmann der Reichspost und der Rundfunkgesellschaften den Vorsitz in dem Verwaltungsrat der eben gegründeten Dachorganisation ›Reichs-Rundfunk-Gesellschaft‹. 1933 wurde *Bredow* verhaftet. Der von *Goebbels* angestrengte Prozeß gegen die Weimarer Rundfunkprominenz versandete freilich aus Mangel an stichhaltigen Anklagepunkten.

Rudolf Arnheim, 1904 in Berlin geboren, von 1928 bis 1933 Redakteur der ›Weltbühne‹, dann in die USA emigriert, sah die Faszination des neuen industriekulturellen Mediums »Rundfunk« (in seinem Buch ›Rundfunk als Hörkunst‹, das Anfang der 30er Jahre konzipiert wurde und 1936 erschien) unter anderem darin, daß man mit einem Fingerdruck die Länder durcheinanderpurzeln lassen und Begebenheiten erlauschen könne, die so irdisch klängen, als habe man sie im eigenen Zimmer erlauscht. Der Rundfunk sei zusammen mit dem Fernsehen das bisher letzte Glied einer Entwicklung, die mit den ersten Seefahrern und Karawanen begonnen habe. Der Mensch verlasse seinen Stammsitz, überquere Land, Gebirge und Meer, tausche Produkte, Erfindungen, Kunstgegenstände, Sitten, Religion, Kenntnisse aus. Europäische Ärzte, Missionare, Instruktionsoffiziere in Asien und Afrika, Chinesen, Japaner, Inder, Neger an europäischen Universitäten, der afrikanische Fetisch im Großstadtsalon und der steife Herrenkragen um den Hals des schwarzen Häuptlings... und nun heute die singende, lehrende, predigende, herrschende Stimme, die von überall her überallhin dringe und alle im Augenblick zu Mitwissern an allem mache. Der Wagen und das Segelschiff seien von der Eisenbahn und dem Dampfschiff übertrumpft worden, und diese wiederum vom Flugzeug; aber je einfacher und schneller sich der Mensch von Ort zu Ort bewegen könne, um so mehr vermöge er auf diese Beweglichkeit zu verzichten, denn Hören, Sprechen und Sehen, die einen so großen Teil seiner Tätigkeit ausmachten, würden immer vollkommener und auch über den Raum hinweg möglich. Immer schneller reisten die Briefe um die Welt; der Telegraph schalte die Reisezeit vollkommen aus; das Telefon mache den Umweg über die Schrift überflüssig, die Photographie ersetze das Augenzeugnis; die Bildtelegraphie erübrige den Posttransport der Bilder, und über Ton- und Bildrundfunk endlich hörten und sähen beliebig viele Menschen gleichzeitig, was allenthalben in der Welt geschehe. Der Rundfunk diene auf unbefangenste Weise allem, was Verbreitung und Gemeinsamkeit bedeute, und schädige alle Absonderung und Isolierung. Während Buch, Film und Zeitung erst ›exportiert‹ werden müßten (ein Vorgang, den Ausfuhr- und Einfuhrland nach Belieben beeinflussen könnten), sei der Rundfunk ebenso unmittelbar diesseits wie jenseits der Landesgrenzen. Er sei kein Brief, kein Bote, kein Telegramm oder Telefongespräch, das unterbrochen oder an der Grenze abgefangen werden könne; er passiere alle Zollposten, brauche kein Kabel, dringe durch alle Mauern und sei selbst bei Haussuchungen schwer zu ertappen. Alle Versuche, gewisse ausländische Sender durch Störsender zu übertönen oder den Hörern den Empfang gewisser ausländischer Stationen zu verbieten, seien bisher ohne rechten Erfolg geblieben. Der Rundfunk plaudere alles aus – jedenfalls überall, wo er sich verständlich machen könne. Er stelle ein neues Werkzeug im Sinne internationaler Verständigung dar.

»Es wird immer schwieriger, die öffentliche Meinung eines einzelnen Volkes unter geistiger Isolierung gegen das Ausland in einem bestimmten Sinne zu steuern, was besonders bedeutungsvoll im Falle eines Krieges wird. Man stelle sich einen Krieg vor, währenddessen jeder Rundfunkhörer in täglichem Kontakt mit dem Leben der feindlichen Parteien bleiben kann, in dem er die Reden und Kriegsberichte von drüben hören, das Leben im Hinterlande der andern auf dem Fernsehschirm betrachten kann. Zur Erzeugung einer kriegerischen Stimmung ist ja doch eine gewisse stilisierende Umformung der Vorstellung, die man von dem fremden Volke hat, notwendig. Man muß vergessen, daß jenseits der Schützengräben Menschen wie man selbst auf die gleiche Weise wie man selbst leben. Wird sich die in früheren Kriegen durch Zeitung, Witzblattzeichnung, Film, Buch und Rede geschaffene Figur des Feindes aufrechterhalten lassen, wenn gleichzeitig der Fernsehrundfunk in Tätigkeit ist? Es sind dies Fragen, welche die Militärfachleute zu studieren haben werden.«[306]

In dieser optimistisch-kosmopolitisch eingefärbten Deutung erweist sich der Rundfunk als Medium interkultureller Botschaft. Von den frühen Radioaktivitäten an ging es jedoch bereits auch um die Frage, wem der Rundfunk gehöre. »Es gibt keine tendenzlose Kunst, keine tendenzlose Wissenschaft – es gibt überhaupt keine Tendenzlosigkeit. Die Benutzung des Rundfunks den Klassentendenzen des Proletariats vorenthalten, heißt den Rundfunk zur Waffe gegen das Proletariat machen«, schrieb *Erich Mühsam*.[307]

Die »Arbeiter-Radio-Bewegung«, Organ des Kampfes der Arbeiterschaft, ein universales publizistisches Medium in ihren Dienst zu stellen, geht bis auf den November 1918 zurück. Für die Arbeiter- und Soldatenräte war der Funk ein wesentliches Kommunikations- und Koordinierungsinstrument. Als die meuternden Matrosen in Kiel die Funkanlagen besetzten, erkundigte sich die russische Sowjetregierung wenige Tage später in einem Funkspruch: »An alle Arbeiter-, Soldaten- und Matrosenräte Deutschlands! Wir haben Radio von Kiel erhalten, daß Arbeiter, Soldaten und Matrosen Deutschlands die Macht erlangt haben... Verbindet euch mit uns durch Funkspruch, ruft die Moskauer und Zarskoje Seloer Funkstation an und teilt mit, was in Deutschland geschieht.«[308]

Nach den Erfahrungen mit dem ›Funkerspuk‹ während der Revolution bestanden vor allem Reichswehr und Innenministerium darauf, daß die Sender in der Verfügungsgewalt des Staates blieben.

In einem Geheimschreiben des Reichsinnenministers an das Postministerium heißt es: »Seit der Staatsumwälzung hat sich immer mehr der Mangel fühlbar gemacht, daß die Reichsregierung nicht über die nötigen Apparate verfügt, um ihre Meinung in der Öffentlichkeit zum Ausdruck zu bringen... Ich muß unter diesen Umständen unbedingt Wert darauf legen, daß alle noch verbleibenden Möglichkeiten, hier einen Ersatz zu schaffen, nicht an irgendwelche Privatgesellschaften, deren Einstellung zur jeweiligen Reichsregierung schwankend ist, vergeben, sondern in erster Linie für das Reich und seinen Einfluß selbst genützt werden.«[309]

In einem Brief an das Reichsinnenministerium schreibt der preußische Innenminister *Severing*: »Alle Wahrscheinlichkeit spricht dafür, daß das im Rundfunkwesen liegende Beeinflussungsmittel sehr bald eine solche Bedeutung gewinnen wird, daß eine Regierung, die darauf keinen maßgeblichen Einfluß hat, überhaupt den Boden unter den Füßen verloren hat.«[310]

Die Geschichte der proletarischen Radio-Bewegung und des bürgerlichen Rundfunks, wie sie *Peter Dahl* in seinem Buch ›Arbeitersender und Volksempfänger‹ beschrieben hat, zeigt, daß von beiden Seiten verhältnismäßig rasch die Wichtigkeit des Rundfunks als Machtinstrument erkannt wurde. Die einen versuchten, den Rundfunk sozialistischer Realitätssicht nutzbar zu machen, die anderen in den Dienst affirmativer, die Verhältnisse stabilisierender Kultur zu stellen. Den Gegensatz der beiden Lager macht das Gedicht einer

Arbeiterin aus dem Jahre 1932 deutlich, das in der Zeitschrift ›Arbeitersender‹ erschien; diese war ein Organ des »Freien Radio-Bundes Deutschland«, zu dem »werktätige Rundfunkhörer«, die der kommunistischen Partei nahestanden, sich zusammengeschlossen hatten.

»Ich möcht' einmal am Sender stehn
Und sprechen dürfen. – Ohne Zensur.
Ein einziges Mal. – Eine Stunde nur –
›Hetzen‹ – und Haß und Feuer säen. –
Laßt einmal mich am Geräte stehn
Und nur einen Tag aus meinem Leben
Wahrhaft und nüchtern ›zum Besten‹ geben
– Nichts weiter. – Es würde ein Wunder geschehn.
– – Ich möchte die wütenden Fratzen sehn
Der satten Bürger und lächelnden Spießer,
Der Jazz- und Rumba-Radau-Genießer. –
All derer, die an der Skala kauern
Auf Hindenburg-Reden und ›Funkbrettl‹ lauern,
Wenn's hieße: Achtung! – Deutsche Welle!
Eine Arbeiterin spricht! – Thema: Die Hölle . . .«[311]

1929, als *Bertolt Brecht* Radioautor wurde und sich in zunehmendem Maße mit Radiopraxis und Radiotheorie beschäftigte, war der deutsche Rundfunk sechs Jahre alt. Er hatte drei Millionen Teilnehmer; es arbeiteten zehn Sendegesellschaften mit einem jährlichen Gesamtetat von 30 Millionen Mark.

Für die künstlerische Entwicklung des Funks war *Brechts* Hörspiel ›Lindberghflug‹, das 1930 in Baden-Baden zur Aufführung kam, ein bedeutsames Ereignis. Zwei Medien moderner Industriekultur, der Rundfunk und das Flugzeug, waren da in ihrer Aura gewissermaßen vereint worden. *Brecht* stellte freilich eher resignierend fest – angesichts der Erfahrung, daß ein Stück, das den Rundfunk verändern sollte, vom Rundfunk in der gewohnten Weise verwertet und verändert wurde –:

». . . viele gründe ergaben den plan jener öffentlichen übung
neuer verwendung der vorhandenen ungenützten apparate
und entschuldigten ihn vor den fachleuten aber
wieviele gründe immer dafür sprachen einer zumindest
fehlte den plan

auszuführen
nachdenkend über jenen grund der fehlte
vielen gründen gegenüber die vorhanden waren.«[312]

Mit der nationalsozialistischen »Rundfunkrevolution« fanden sowohl der proletarische wie der bürgerliche Rundfunk ihr Ende. Der Rundfunk solle das »Braune Haus deutschen Geistes« sein, forderte der neue Reichssendeleiter *Eugen Hadamovsky* auf einer Kundgebung des ›Reichsverbandes Deutscher Rundfunkeilnehmer‹ im Berliner Sportpalast 1933. Wenig später schrieb er im ›NS-Funk‹: »Ich klage das System Bredow vor dem deutschen Volke an: der politischen Verlotterung und Pfründenwirtschaft, der jüdischen Versippung und des Kultur-Bolschewismus, der Profitjägerei und Dividendengesinnung, der Sabotage an der nationalsozialistischen Erhebung.« Im Rundfunk dürfe es nichts geben, was nicht auf den letzten und tiefsten Sinn der Propaganda hinziele. »Wahrer, rechter Rundfunk ist Propaganda schlechthin. Er ist der Inbegriff des Wortes ›Propaganda‹.«[313]

Der Volksempfänger machte das Volk zum Befehlsempfänger: aus dem Lautsprecher ertönte der »Führer« als Laut-Sprecher. Die drahtlose Gleichschaltung erwies sich als ein besonders erfolgreiches Instrument nationalsozialistischen Machtanspruchs: Der Hallraum der Unmenschlichkeit konnte ins Unermeßliche gesteigert, die abgründigste Bosheit mit forscher Begleitmusik versehen werden. Die wilden Zwanziger, die häßlich goldenen, die golden häßlichen Jahre der Weimarer Republik, waren laute Jahre gewesen: es tönte und widertönte.

Ab 1933 gab es nur noch *einen* »Richtstrahl«: den der nationalsozialistischen Weltanschauung und Weltdeutung. »Das ist das Wunder unserer Zeit, daß ihr mich gefunden habt – daß ihr mich gefunden habt unter so vielen Millionen! Und daß ich euch gefunden habe, das ist Deutschlands Glück«[314], sagte *Hitler* am 13. September 1936 auf dem Parteitag in Nürnberg. Der Rundfunk förderte in einem ungemeinen Maße solche ›Vereinigung‹. *Hitler* als Laut-Sprecher vermittelte sich über den Lautsprecher. Er ist, meinte der Tiefenpsychologe *Carl G. Jung* 1938, »der Lautsprecher, der das unhörbare Wispern der deutschen Seele verstärkt, bis er vom bewußten Ohr der Deutschen gehört werden kann. Er ist der erste Mensch, der jedem Deutschen sagt, was er die ganze Zeit, besonders seit der Niederlage im Weltkrieg, in seinem Unbewußten über das deutsche Schicksal gedacht und gefühlt hat.«[315] Die Zuhörer erwiesen sich als Hörige eines Mannes, dessen halluzinierter Auftrag es war, die deutsche Niederlage von 1918 rückgängig zu machen und die Wiedergeburt nationaler Weltgeltung zu ermöglichen.

Am 1. Januar 1939 gab es über zehn Millionen Rundfunkteilnehmer. So konnte bald darauf fast das ganze Volk an der Verkündung bzw. Verkündigung des Krieges durch *Hitler* am 1. September 1939 teilnehmen; drahtloser Beifall umtoste das Eröffnungssignal für die letzte, lange und furchtbare Wegstrecke zum Untergang. Totaler Krieg und Rundfunk waren eng miteinander verschränkt; aber auch die Botschaften der Freiheit drangen drahtlos in die »Festung Deutschland«, die ein Gefängnis war, ein. (Am 17. September 1941 wurden die ersten Todesurteile wegen Abhörens von Feindsendungen ausgesprochen.)

Das Dritte Reich bringt sich um; doch die Leiche heißt Deutschland, notierte *Erich Kästner* in seinem Tagebuch, Berlin, 27. Februar 1945. Das Ende des totalen Krieges kam kurz darauf; nach dem Selbstmord *Hitlers* am 30. April 1945 erfolgte die bedingungslose Kapitulation der deutschen Wehrmacht am 7. und 8. Mai in Reims und Berlin-Karlshorst.

Unerhörte Menschenopfer hatte der Zweite Weltkrieg gekostet. Die Bilanz der Katastrophe ergab (wobei man auf Schätzungen angewiesen ist): In Europa 19,6 Millionen Soldaten gefallen oder vermißt, darunter 3,7 Millionen Deutsche. 14,7 Millionen Zivilisten getötet (von den 3640000 Deutschen waren 540000 Opfer der Bombenangriffe und etwa 2 Millionen Opfer der Vertreibung); etwa 6 Millionen Juden vieler Nationalitäten ermordet (umgekommen in den Konzentrationslagern insgesamt 9 Millionen Menschen). 9,6 Millionen nach Deutschland zwangsverschleppte Personen versuchten, in ihre Heimat zurückzukehren; 12 Millionen Deutsche waren als Heimatvertriebene auf der Flucht. 6 bis 7 Millionen deutsche Soldaten befanden sich in Kriegsgefangenschaft. Rund 2 Millionen deutsche Soldaten und Zivilisten waren Kriegsbeschädigte, 3 Millionen Menschen obdachlos; 2,25 Millionen Wohnungen total, 2,5 Millionen Wohnungen zum Teil zerstört. Die Schuttmenge, die sich als Folge der Kriegszerstörungen ergab, umfaßte etwa 400 Millionen Kubikmeter.

Die Technik, die schon im Ersten Weltkrieg in der Hand verantwortungsloser Kriegsführung die furchtbare Massenvernichtung von

39. Der NS-Propagandaminister Josef Goebbels am Mikrophon.

40. Werner Heldt: Aufmarsch der Nullen.

Menschen und Sachen ermöglicht hatte, war von den Nationalsozialisten systematisch für die »Industrialisierung« des Massenmordes an Minderheiten eingesetzt worden. Vernichtungslager wie Auschwitz waren das Ergebnis eines individuellen wie kollektiven Wahns, bei dem sich die Regression auf abgründige Barbarei mit der Fähigkeit zu ausgeklügelter Logistik verband.

»Auf den Schlachtfeldern der Massenkriege wurde die Vernichtungskraft moderner Technik erprobt, in den Schlachthäusern der Konzentrationslager die Zerstörungsmacht moderner Organisation. Die Neuzeit hat die Menschen von unbegreifbaren Mächten befreit, zugleich aber ihre Tötungsmacht ins Unermeßliche gesteigert. Daran gemessen wirken frühere Formen der Macht lückenhaft und unrationell, roh in ihren Mitteln und begrenzt in ihrer Reichweite. Entstanden an der Schwelle des zwanzigsten Jahrhunderts, erreichte der organisierte Terror in den deutschen Lagern seine extremste Form. In seiner anthropologischen Bedeutung steht das Konzentrationslager dem modernen Krieg nicht nach. Mit Hilfe der Waffentechnik kann sich die Menschheit auf einen Schlag selbst auslöschen, durch die Organisation des Terrors ist sie in der Lage, den Menschen selbst methodisch zugrunde zu richten.« (*Wolfgang Sofsky*)[316]

Von besonders perfider Perfektion erwies sich dabei die »Leistung« der Deutschen Reichsbahn, die im Rahmen der »Endlösung«, der Vernichtung des europäischen Judentums durch die Nationalsozialisten, rund 3 Millionen Menschen in die Vernichtungslager transportierte. Die Fahrpläne, ursprünglich der friedlichen Vernetzung der Menschheit dienend, waren »verläßlich«; die Maschinerie des Eisenbahnwesens funktionierte bis in die Schlußphase des Krieges hinein weitgehend exakt. Die Judendeportationen wurden von der Reichsbahn wie jeder andere Ziviltransport behandelt, nur mit dem Unterschied, daß nicht Personen-, sondern Güter- und Viehwagen verwendet wurden – unter Berechnung des Personentarifs der Dritten Klasse. Es gab ein Rabattsystem; zudem konnte die Belegungsdichte zynisch gesteigert werden: Ein Teil der Transportierten bzw. Deportierten starb schon während der Fahrt. Eine Überlebende berichtet:

»Als wir in die Viehwaggons hineingestoßen wurden, die Türen sich hinter uns schlossen, um sich erst wieder in Auschwitz zu öffnen, griff wohl kalte Angst nach uns und entpreßte meinem Mann die Worte: ›So, jetzt sind wir in der Falle.‹ Aber schon begannen wir, uns auch dieser Situation anzupassen, schichteten fein sorgfältig die Gepäckstücke und richteten uns häuslich ein. Ganz mechanisch, gewohnheitsmäßig taten wir das; auch in einem Waggon mit 58 Menschen und Gepäckstücken vollgepreßt, mit einem Kübel zur Verrichtung der Notdurft und einem Krug Trinkwasser, fanden wir irgendwo Raum für unsere Körper. Wo viele Kranke und Kinder waren, gab es natürlich panikartige Stimmungen. In unserem Zuge waren viele Kranke und allein 300 elternlose Kinder. Ein kleines Mädchen mit einer Puppe auf dem Rücken – so groß wie sie selbst – sah ich einsteigen, ein süßes winziges Ding.

Wir fuhren 32 Stunden, einen Nachmittag, eine Nacht und einen Tag. Im Waggon waren zwei kleine Gucklöcher und da stand immer einer, um zu berichten, wo ungefähr wir uns befanden. Wenn zufällig draußen jemand vorüberging, riefen wir mit angstgepreßten Stimmen: ›Wohin fahren wir, bitte sagen Sie uns, wohin wir fahren.‹

Unterdessen floß der Kübel mit Unrat über, machte das Trinkwasser unbrauchbar, beschmutzte unser Gepäck und uns selbst. Unruhe wechselte mit müder Stumpfheit. Die besonders Geschickten hatten sich allmählich ein Plätzchen zum Liegen zurecht geschoben, andere konnten kaum stehen. Einer schlief etwas erhöht über mir, ein großer, schwerer Mann, und im Schlaf fiel er immer über mich, nachdem

41. Felix Nussbaum: Jude im Fenster (1943).

auch ich für Minuten in einen Halbschlummer gesunken war. Das entnervte mich so (noch heute schäme ich mich dessen), daß ich anfing zu weinen, das letzte Mal während der ganzen Konzentrationshaft. Resultat, daß mein Mann um einen Platz für mich kämpfte. Immer werde ich es vor mir sehen, das arme verstörte Gesicht meines Mannes. Das mußte furchtbar für einen Mann sein, seine Frau und Kinder so leiden zu sehen, ohne helfen zu können. Da waren Männer, die im Kriege gekämpft hatten, und da waren sie doch Männer unter sich und jetzt mit Frauen und Kindern, das raubte ihnen die letzte Kraft, so daß wir Frauen oftmals die Stärkeren sein mußten.« (*Grete Salus*)[317]

Was *Sigmund Freud* 1915, angesichts des Ersten Weltkrieges, festgestellt hatte, bestätigte sich auf ungeheuerliche Weise: Der Haß und Abscheu, mit dem die Kulturvölker sich nun gegeneinander wendeten, zeige, daß sie einander nicht kennten. Der Staat fordere das Äußerste an Gehorsam und Aufopferung von seinen Bürgern, entmündige sie aber durch ein Übermaß an Verheimlichung und eine Zensur der Mitteilung und Meinungsäußerung, welche die Stimmung der so intellektuell Unterdrückten wehrlos mache gegen jede ungünstige Situation und jedes wüste Gerücht. Die Doppelmoral der Gesellschaft gipfle in der Doppelmoral des Staates. Der Staat fordere seine Bürger auf, Taten von Grausamkeit, Tücke, Verrat und Roheit zu begehen, deren Möglichkeit man mit dem angenommenen kulturellen Niveau für unvereinbar gehalten hätte. »So mag der Kulturweltbürger... ratlos dastehen in der ihm fremdgewordenen Welt, sein großes Vaterland zerfallen, die gemeinsamen Besitztümer verwüstet, die Mitbürger entzweit und erniedrigt.«[318]

Nach dem Zweiten Weltkrieg hat *Theodor W. Adorno* mit tiefem Pessimismus festgestellt, daß Auschwitz – stellvertretend für die gesamte Topographie des Schreckens – das Mißlingen der Kultur unwiderleglich bewiesen habe: »Daß es geschehen konnte inmitten aller Tradition der Philosophie, der Kunst und der aufklärenden Wissenschaften, sagt mehr als nur, daß diese, der Geist, es nicht vermochte, die Menschen zu ergreifen und zu verändern.« Zugleich aber kommt *Adorno* zu dem Ergebnis, daß *Hitler* den Menschen im Stande ihrer Unfreiheit einen neuen kategorischen Imperativ aufgezwungen habe: »Ihr Denken und Handeln so einzurichten, daß Auschwitz nicht sich wiederhole, nichts Ähnliches geschehe.«[319]

Kontinuität und Neuanfang

42. Der zerstörte Herkulesbrunnen am Lützowplatz in Berlin, 1946.

Mit Vollgas ins vermeintliche Glück

Das Ende des Zweiten Weltkrieges als Ende des Dritten Reiches bedeutet einen so tiefgreifenden Einschnitt, daß »Stunde Null« als Bezeichnung dafür durchaus berechtigt erscheint. Mit der Konstituierung der Bundesrepublik Deutschland 1949 – vorauslaufend die »Inkubationszeit« der Trümmerjahre und die Währungsreform – folgte die »Stunde Eins«: Fundierung eines demokratisch-republikanischen Staatswesens, das zum ersten Mal in der deutschen Geschichte dauerhafte Verläßlichkeit verspricht.

Aus weiterem Abstand betrachtet, treten die Zusammenhänge der Zeit vor 1945 und danach freilich deutlicher hervor; es besteht eine fatale Kontinuität, die sich als Kehrseite äußeren wie inneren Wandels erweist. Schlaglichter auf die Entwicklung und Bedeutung des Autos seit den dreißiger Jahren können die damit verbundene industriekulturelle Ambivalenz (als Teil einer insgesamt widersprüchlichen und vieldeutigen sozioökonomischen Entwicklung) illustrieren.

»Wir, die diese Straße gebaut haben/ werden auf ihr fahren nur/ in Tanks und Lastwagen« – was *Bertolt Brecht* voraussah[320], haben 1933 wohl nur wenige »Volksgenossen« geglaubt; statt dessen »kraftfahrzeugpolitische« Euphorie. Der »Führer« erschien nicht nur als größter Stadtplaner und Wirtschaftsfachmann, später als größter Feldherr aller Zeiten, sondern auch als herausragender Automobilist. Sein Erscheinungsbild war mit einem offenen schwarzen Mercedes untrennbar verbunden (im Spielzeugkatalog »Führermercedes« genannt): »Er stand im Auto, so in der typischen Haltung, das faszinierte irgendwie«, heißt es in einem Zeitzeugen-Bericht; in einem anderen: »Hitler…, freistehend im offenen Auto, er war faszinierend.«[321]

Kurz nach der Machtergreifung, am 11. Februar 1933, eröffnete der »Führer« – der erste deutsche Reichskanzler, der so etwas tat – die Internationale Automobil- und Motorrad-Ausstellung in Berlin. Die Herren der Automobilindustrie waren höchst erfreut. 1934, beim gleichen Anlaß, verkündete *Hitler*, daß er eine Treibstoffversorgung Deutschlands auf synthetischer Basis anstrebe und die Schaffung eines Volkswagens beabsichtige. Die von Anfang an vorhandene aggressive »Motorik«, wie sie ja bereits den faschistischen Futurismus geprägt hatte, war zunächst in einen friedlichen verschleiernden Schein gehüllt; schließlich war das allgemeine Bewußtsein noch stark vom weiblich-mokant-eleganten Charme der Weimarer Automobilkultur geprägt. Damals wurde, mit dem Einstieg des schönen Geschlechts ins Auto (in komfortable glänzende Karossen mit weichen Polstern, schwingenden Federn und vielfältigen, die warenästhetischen Bedürfnisse bedienenden Accessoires), das Auto zum Volksidol, befördert von Film und Massenpresse. Die Nationalsozialisten wollten nun die verweichlicht-dekadenten Automobilisten, die im Asphaltdschungel herumkutschierten, auf die Straßen des Führers umleiten, damit sie eines Tages dort als stahlharte Naturen in Wehrmachtskübelwagen dem Krieg entgegenführen. Versprochen wurde ein Volkswagen, der Kraft und Freude spenden sollte; produziert wurde allerdings der Volkswagen nur als Wehrmachtswagen: eben als Kübelsitzwagen, ein offener türloser PKW mit Schalen-Sitzen. Er kam dann zwischen Nordkap und Schwarzem Meer zum Einsatz.

Die Deutschen wurden freilich in ihrer Autosehnsucht keineswegs nur vertröstet, auch wenn der Volkswagen auf sich warten ließ. Was Hitler in der Eröffnungsrede zur Berliner Internationalen Automobilausstellung 1936 beanstandete, nämlich die geringe Motorisierung, wurde mit hohem technologischen und volkswirtschaftlichen Aufwand angegangen. Während in den USA rund 23 Millionen Kraftwagen vorhanden seien und jährlich 3–4 Millionen neue fabriziert würden, hätten die Staatsorgane in der Weimarer Republik die Zahl der Kraftwagen auf knapp 450000 beschränkt; die Fabrikationsziffer sei 1932 gar auf 46000 herabgesenkt worden. Das deutsche Volk habe jedoch dasselbe Bedürfnis, sich des Kraftwagens zu bedienen, wie das amerikanische. Die »volklichen« Bedingungen für einen wesentlichen Anstieg des Verkehrswesens habe man nun geschaffen.

Die Rechnung ging in der Tat auf – anders jedoch, als die naturfreudige Freizeitlyrik es ausmalte (»...ein Motor treibt des Sehnens lichtverlangend Schiff...«[322]); 1939 konnte die Wehrmacht auf einen privaten Autobestand von erheblichem Umfang zurückgreifen: 1420000 Personenkraftwagen und 1755000 Krafträder – gegenüber 510000 Personenkraftwagen und 852000 Krafträdern zu Beginn des Dritten Reiches. Ein Großteil wurde zum Kriegsdienst »einberufen«. »Mit Vollgas ins Glück« hieß der Titel eines nationalsozialistischen Unterhaltungs- und Beschwichtigungsfilmes, in dem der beliebte Rennfahrer *Hans Stuck* mitwirkte (der Rennsport wurde übrigens als wichtige

43. Straßenszene der Zwanziger Jahre, Berlin.

Form der Wehrertüchtigung empfunden). Mit Vollgas endete man in Stalingrad. Die Kriegsverluste umfaßten auch »Autoverluste«; 1946 waren im Gebiet der späteren BRD 192439 Personenkraftwagen übriggeblieben; im gleichen Raum hatte es bei Kriegsbeginn 802129 PKWs gegeben.

44. Titelblatt der »Motor-Schau«, 1938.

Wolfgang Sachs bemerkt in seinem Buch »Die Liebe zum Automobil. Ein Rückblick auf die Geschichte unserer Wünsche« (1984) – damit verdeutlichend, daß es auch für das Automobilwunder im Wirtschaftswunderland der Nachkriegszeit keine Stunde Null, also keinen Ausgangspunkt der Unschuld gab –: »Hitler war der erste Regierungschef, der das deutsche Volk auf Rädern und die deutschen Lande mit Rollbahnen überzogen sehen wollte. In der Geschichte der Automobilisierung nimmt das Dritte Reich eine Schlüsselstellung ein: zum Programm wurde ein Projekt, das über Jahrzehnte Anziehungskraft gewonnen hatte, und als Programm sollte es überdauern, nachdem dieses Reich schon längst in Schutt und Asche versunken war.«[323]

»Jetzt kommt das Wirtschaftswunder/ jetzt kommt das Wirtschaftswunder/ jetzt gibts im Laden Karbonaden schon und Räucherflunder/ jetzt kommt das Wirtschaftswunder...«, begann ein Song von *Wolfgang Neuss* in den fünfziger Jahren. Vor allem gab's, nach einigen Jahren der Zwangsbewirtschaftung alter Autobestände, endlich wieder Neuwagen; besser: Neuwägelchen, denn die zweite Welle der deutschen Massenmotorisierung, diesmal unter friedlichen Auspizien, begann mit Kleinst- und Kleinautos (gewissermaßen Motorrädern mit drei oder vier Rädern bzw. Autos mit Motorradeigenschaft). Ein von *Fritz Fendt* entwickelter einsitziger dreirädriger Wagen (»Fendt-Flitzer«) wurde in veränderter Form von 1953 bis 1962 von den Regensburger Messerschmitt-Werken, die im Krieg vor allem durch ihre Flugzeugkonstruktionen bekannt geworden waren, produziert; Absatz insgesamt etwa 70000 Stück. Die Isetta 300, ab 1955 von BMW hergestellt – als verbesserter Nachbau eines Kabinenrollers der Mailänder Iso-Werke – war ein weiteres sehr populäres Kleinstfahrzeug. »Tante Barbara hatte eine Isetta gekauft. Papa behauptete, sie wäre nichts anderes als eine Vespa mit Regenschutz... Fred gab ihm recht; so etwas ist kein Auto, so was ist eine Sardinenbüchse«, heißt es in einem Roman von *Angelika Mechtel*, der den bezeichnenden Titel ›Wir sind reich. Wir sind arm‹ führt.[324] Das Goggomobil, 1955 bis 1967 von der Hans-Glas-GmbH im niederbayerischen Dingolfing hergestellt, war der erfolgreichste deutsche Kleinwagen nach dem Krieg; von ihm wurden insgesamt 245000 hergestellt.

Das Volkswagenwerk, das zu den ersten Fabriken gehörte, die nach der bedingungslosen Kapitulation wieder arbeiteten, war bald – zunächst unter englischer, ab 1948 unter deutscher Leitung (*Heinrich*

Nordhoff) – die größte Autofabrik auf deutschem Boden. Daimler Benz nahm 1946, Opel 1947, Ford 1948, die im Westen neugegründete Auto-Union 1950, BMW/München 1952 die Produktion wieder auf. In den meisten Fällen stellte man Vorkriegsmodelle her; die erste deutsche Personenwagen-Neukonstruktion brachte Borgward (ein Neuling, seit 1949) mit seinem Hansa 1500 heraus. Dessen rassige Ponton-Form mit Chromzierat und Weißwandreifen entsprach in der Mitte der fünfziger Jahre dem Prestigebedürfnis der nach oben strebenden Mittelstands-Gesellschaft. Der sich immer mehr verstärkende Autofetischismus fand jedoch sein besonderes Zielobjekt im Mercedes, wie ihn auch, und zwar einen SL, die Frankfurter Edelprostituierte *Rosemarie Nitribitt* fuhr (sie wurde unter geheimnisvollen Umständen ermordet). In dem Roman ›Rosemarie – des deutschen Wunders liebstes Kind‹ von *Erich Kuby* – das Buch und der danach gedrehte Film riefen einen Skandal hervor – erscheint der »Engel mit dem SL« als Projektionsfigur neureicher Gier und Begehrlichkeit: »Die reichen Männer stellten nicht nur fest, daß dieses Mädchen teuer war, weil es einen teuren Wagen fuhr, den Wagen, den sie selbst fuhren oder hätten fahren können, wenn sie gewollt hätten; sie sahen auch angesichts dieser schamlosen und radikalen Person im offenen Wagen eine Art körperlicher Vereinigung in Permanenz zwischen einem blonden Mädchen und einem schwarzen Auto, ausgeführt auf offener Straße, mitten in Frankfurt, und wenn sie sich dessen auch nicht bewußt waren, so gerieten sie doch spontan in einen Zustand, in dem sie gierig wurden, die Rolle des Wagens zu übernehmen, und glaubten plötzlich ebenfalls über 105 PS zu verfügen, oder vielmehr: über 105 Männerstärken.«[325]

Der mobilen Gesellschaft, die das Auto vor allem auch deshalb so liebte, weil nun endlich das so lange unterdrückte Fernweh gestillt werden konnte – der Humorist *Jürgen von Manger* sprach von »Hinfahren, aussteigen, schönfinden, einsteigen, weiterfahren« –, diesem »Volk auf Rädern« wurde zwar von der 68er Protestbewegung und den nachfolgenden Ökologen bzw. Grünen energisch die Leviten gelesen, doch ohne jeden Erfolg. Die bundesdeutsche Auto-Erfolgsstory scheint eine unendliche Geschichte. 1953 erreicht der Bestand an Personenkraftwagen wieder die Millionengrenze; er verfünffachte sich in den folgenden acht Jahren; 1970 registrierte man 13168000, fünfzehn Jahre später 25377637 Wagen. 1990 gab es in den westlichen Ländern der Bundesrepublik rund 33 Millionen Kraftfahrzeuge. In der früheren DDR, wo man nach der deutschen Vereinigung endlich die Chance gekommen sah, Anschluß an die westliche glitzernde Autogesellschaft zu finden, wurden bis dahin 1,2 Millionen PKWs erworben (was einen Gesamtbestand von 4,8 Millionen ergab).

Die Entzauberung des Autos ist, nach über hundert Jahren seit seiner Erfindung, wohl noch nicht so weit fortgeschritten, daß ein Fortschritt nahe scheint, wie ihn etwa *Frederic Vester* fordert: daß nämlich der materielle Verkehr in einen immateriellen zu verwandeln sei. Statt virtueller Wirklichkeit lieben die Menschen weiterhin als »reelle« Wirklichkeit die Automobilität. »Wieder auf der Autobahn bin ich/ auf dem Weg zu dir/ über mir der romantische Abendhimmel/ unter mir die harte Straße ...«[326]: Der Anfang dieses Liebesgedichtes von *Hans J. Scheurer* verheißt immerhin bessere Fahrt als *Bertolt Brechts* dunkle Vision.

Neue Schienenstränge

Nach Kriegsende waren Millionen unterwegs: Flüchtlinge, Vertriebene, Kriegsgefangene, Verfolgte, solche, die aus den Städten flohen, solche, die wieder in die Städte wollten, solche, die aus ihrer Heimat vertrieben waren, solche, die ihre Heimat wieder aufsuchten, solche, die im Zeitstrom untergingen, solche, die sich nur mühsam über Wasser halten konnten, solche, die erfolgreich wie Korken auf der Oberfläche dahintanzten. Der Bewegung zur Innerlichkeit hin, auf ein geistig-seelisches Dasein ausgerichtet, entsprach eine Gegenbewegung, die an einem neuen Realitätsprinzip sich ausrichtete; dieses war aus der Not geboren, machte aus dieser Not eine Tugend und kam schließlich beim Wirtschaftswunder an. Die Trümmerzeit ist eine transitorische Zeit. Man gelangt von totalitärer Unkultur zu einer demokratischen Kultur, von eindimensionaler Verdumpfung zur Offenheit einer pluralen Gesellschaft. Die Nachkriegsgesellschaft ist ständig »unterwegs«, zunächst aus Entbehrung, dann, weil Mobilität Nutzen bringt. Durch das geschichtliche Schicksal wird Beweglichkeit auferlegt; die Fluktuation auf den Straßen und entlang der Schienenstränge ist Ausdruck einer Migrationskultur, die improvisorische Qualitäten fördert und die Unsicherheit des Reisens mit vagantenhafter Unbekümmertheit bewältigt.

Dieses Oszillieren zwischen Besatzungszonen und Befindlichkeiten, Regionen und Verhaltensweisen, inmitten einer zerklüfteten deutschen Wirklichkeit, findet Ausdruck in einer umfangreichen Reportage-Literatur, die impressionistisch-realistisch die großen Wanderungsbewegungen der Zeit festhält. *Hans-Werner Richter* nannte den Schienenstrang, der kreuz und quer durchs Land läuft, die neue Lebensader des geschlagenen Volkes. »Tausende von Gesprächen werden an ihm geführt, zwischen Menschen, die sich nie gesehen haben und die sich nie wiedersehen werden. Die Gespräche flattern auf und verklingen, sie kommen und gehen, tagaus, tagein, und enthalten doch alle ein Stück der Wahrheit, die der graue Alltag mit sich bringt. Wo sich ein Volk auf Reisen begibt, wird das Gesicht der Zeit sichtbar. Und heute ist ein Volk unterwegs. Es wandert vom Norden nach dem Süden, vom Osten zum Westen und vom Westen nach dem Osten. Es ist zum Teil heimatlos und bevölkert die Bahnhöfe und Züge. Es führt ein Leben am Schienenstrang. In tausend Gesprächen versucht es seine Existenzberechtigung zu beweisen, in tausend Unterhaltungen irrt es auf den Wegen der Vergangenheit und sucht die Hoffnung von morgen. Es sind immer die gleichen Gesprächsthemen, die es bewegen, der verlorene Krieg, die Zonengrenzen, die deutschen Mädchen, die Denazifizierung, die vermeintliche Demokratie und die hoffnungslose Zukunft.«

Das Wort »Demokratie« werde gebraucht wie eine ausgelutschte Apfelsinenschale; es werde mit Niederlage, Hunger, Elend, Korruption und Bürokratismus gleichgesetzt. Wenn das Zugabteil keine Fensterscheiben hat, wenn die Toilette zu dicht besetzt ist, wenn der Zug mit Verspätung ankommt, dann sagen sie: Das ist Demokratie! Eine neue Verordnung der Militärregierung, die Kürzung der Fettrationen, der Registrierschein, die Kennkarte, das Schlangestehen, alles sind für sie Wesenszüge der Demokratie. Die deutschen Mädchen – beanstandet wird ihr Mangel an Nationalgefühl. Haben Sie das in Hamburg gesehen, sagt ein älterer Herr mit einem Kneifer und unrasierten, eingefallenen Wangen zu einem jüngeren, der sich, sehr gepflegt, eine amerikanische Zigarette anzündet: Alle Tommies mit deutschen Mädchen! Das geht zu weit, das geht entschieden zu weit. Darauf der Jüngere: Da müssen Sie erst mal nach Frankfurt kommen. Da können Sie was erleben. – Eine alte Frau, die sehr weitgereist aussieht, mischt sich ein: Was reden Sie da! Hunger tut weh. Und schließlich: Es gibt auch noch anständige Mädchen!

45. Neue Schienenstränge.

Der Bürokratismus: Nichts hat die deutsche Verwaltung unserer Zeit so in Mißkredit gebracht wie der Fragebogen und der ständig wachsende Papierkrieg. Immer wieder der Vergleich mit der nationalsozialistischen Bürokratie – und daß es nur noch schlimmer geworden sei. Dreihundert Gramm Fett und zehn Fragebogen und zwanzig Registrierscheine und dreißig Kennkarten und hundert Beamte, um das alles zu verwalten. Vom verlorenen Krieg spricht man nicht, dafür um so mehr vom kommenden Krieg. Die Russen werden kommen, und dann ist es aus mit den neudeutschen Demokraten, sagen die einen; und die anderen: Die Amerikaner werden die Russen bis an den Ural zurückjagen, und dann haben wir Ruhe. Denken wir an die Atombombe, meint ein wohlbeleibter nervöser Mann zu einem anderen, der wie ein entlassener Offizier aussieht. Unsinn, antwortet dieser; halb so schlimm, die Russen haben viel zuviel Panzer; bei denen liegt die Entscheidung; auch heute noch. Eine Frau: Warum sprechen Sie immer vom Krieg? Es gibt keinen Krieg, es darf keinen Krieg geben.[327]

Er kam dann auch nicht. Die ein Gleichgewicht des Schreckens bewirkende Atombombe verhinderte zumindest den heißen Krieg, ließ freilich die Welt im »kalten« erstarren – bis auch dieser schließlich mit dem Zusammenbruch des Kommunismus dahinschmolz. Damit wurden in Deutschland wie überall in Europa die gekappten und abgebrochenen Schienenstränge wieder zu verbindenden Kommunikationsadern. Das Netzwerk des Eisenbahnwesens gewann die Chancen zurück, die es einst, im 19. Jahrhundert, gehabt und genutzt hatte. Streckenstillegungen aus ökonomischen Gründen brachten zwar das Ende vieler »Vizinalbahnen« (sie mögen eines Tages in anderer Organisationsform wieder fahren); aber »tote Gleise« im Sinne ideologisch-politischer Blockierung kennt die Eisenbahnlandschaft nun nicht mehr. Die Grenzen haben eine neue faszinierende Durchlässigkeit erhalten. Was *Wolfgang Borchert* in einer im Sommer 1947 veröffentlichten Kurzgeschichte (»Eisenbahnen, nachmittags und nachts«) als grenzenlosen Rhythmus des Unterwegsseins ekstatisch-expressionistisch beschwor, ist am Ende dieses Jahrhunderts wieder zur europäischen Realität, zu einer Wirklichkeit von Intercity und Interrail geworden. »Auf Brücken und Dämmen hämmern die Bahnen. Durch schwarzgrünatmende Wälder und die sternbestickten seidigen samtenen Nächte fauchen die Güterzüge heran und davon mit dem unablässigen Hintereinander der Räder. Über Millionen schwieliger Schwellen vorwärtsgerumpelt. Unaufhaltsam. Ununterbrochen: Die Bahnen. Über Dämme hinhämmernd, über Brücken gebrüllt, aus Diesigkeiten herandonnernd, in Dunkelheiten verdämmernd: Summende brummende Bahnen. Güterzüge, murmelnd, eilig, irgendwie träge und ruhelos, sind sie wie wir.«[328]

Aufstieg des Flugzeugs

Mit der Feststellung »Alles veloziferisch!« sah *Goethe* das »Prinzip Geschwindigkeit« als wesentliches Element der Modernität voraus: »Man verspeist im nächsten Augenblick den vorhergehenden, und so springt's von Haus zu Haus, von Stadt zu Stadt, von Reich zu Reich und zuletzt von Weltteil zu Weltteil.« In einem Brief an den Freund *Zelter* 1825 heißt es: »Reichtum und Schnelligkeit ist, was die Welt bewundert und wonach jeder strebt. Eisenbahnen, Schnellposten, Dampfschiffe und alle möglichen Fazilitäten der Kommunikation sind es, worauf die gebildete Welt ausgeht.«[329]

Nach der Eisenbahn, die als Vernetzungstraum das individuelle wie kollektive Bewußtsein und Unterbewußtsein in ganz besonderem Maße prägte, und dem Auto, das für jeden einzelnen Geschwindigkeit »handhabbar« machte, erfolgte mit dem »Aufstieg« des Flugzeugs (im doppelten Wortsinne) die menschheitsgeschichtlich bedeutsamste Beschleunigung beim Transport von Menschen, Gütern und der Post. Die bereits den Mythos durchziehende Hoffnung, daß der Mensch es den Vögeln gleichtun könne, trat in die erste Phase ihrer Verwirklichung, als am Ende des 18. Jahrhunderts Fluggeräte »leichter als Luft« (Ballone) entwickelt wurden. (Am 21. November 1789 stiegen zwei mutige französische »Aviatiker« mit einem von den Brüdern *Montgolfier* gebauten Heißluftballon in die Lüfte.) Mit der Absicht, »Apparate« für zielgerichtetes Fliegen zu entwickeln, entstanden seit der Mitte des 19. Jahrhunderts in mehreren Ländern Gesellschaften zur Förderung der Luftschiffahrt – in Deutschland z. B. 1882. Wenige Jahre später, 1889, veröffentlichte *Otto Lilienthal*, der Maschinenbau studiert und eine Maschinenfabrik gegründet hatte, ein Buch mit dem Titel ›Der Vogelflug als Grundlage der Fliegekunst‹. Die von ihm entwickelten »Gleiter« – er selbst stürzte am 6. August 1896 mit einem Fluggerät dieser Art tödlich ab – inspirierten weitere Versuche, bei denen den Brüdern *Wright* mit ihrem »Flyer Nr. 1« ein Durchbruch gelang: Das Flugzeug blieb beim ersten Start am 17. Dezember 1903 12 Sekunden in der Luft, beim vierten fast eine Minute.[330]

Parallel mit der weiteren Entwicklung »lenkbarer Ballone«, sogenannter Luftschiffe – maßgebend bestimmt durch *Graf Zeppelin* (er bekam sein erstes Patent auf ein starres Luftschiff aus Aluminium 1895) –, ging der weitere Aufstieg des Flugzeugs, u. a. nach Erfindung des Benzinmotors, zügig voran; 1909 überquerte *Louis Blériot* den Kanal von Frankreich nach England.

Kulturell-emotionale Schubkraft erhielt das Flugwesen durch die von Italien ausgehende literarische, künstlerische und politische Bewegung des Futurismus, die in dieser technischen Innovation eine geradezu mystische Elevation sah. »Wie der Adler im sandigen Tal nicht mit einem einzigen Schwung sich erhebt, sondern mit immer kräftigeren Flügelschlägen seinen Anlauf nimmt, sich langsam in leichter Steigung von seinem Schatten trennt und dann endlich frei auf der Breite seiner Schwingen sich im Wind emporschraubt – erst zeichnen seine Krallen tiefe Spuren, dann werden sie leichter und leichter, bis sie zuletzt kaum noch den Sand zu ritzen scheinen und die letzte Spur fast unsichtbar wird –, so stürmte die Maschine auf ihren drei leichten Rädern in ihrer blauen Rauchwolke, die aussah, als brenne die dürre Heide unter ihr, dahin und erhob sich von der Erde.« So *Gabriele d'Annunzio*.[331]

Wesentlich nüchterner heißt es in einem Bericht *Franz Kafkas* über die Schwierigkeiten der Aeroplane im Aerodrom, anläßlich einer Flugschau in Brescia 1909 – er registriert die Anwesenheit *d'Annunzios* auf dem Flugfeld –: »Ein Arbeiter faßt den einen Flügel der Schraube, um sie anzudrehn, er reißt an ihr, es gibt auch einen Ruck, man hört etwas wie den Atemzug eines starken Mannes im Schlaf; aber die Schraube rührt sich nicht weiter. Noch einmal wird es versucht, zehnmal wird es versucht, manchmal bleibt die Schraube gleich stehn, manchmal gibt sie sich für ein paar Wendungen her. Es liegt am Motor. Neue Arbeiten fangen an, die Zuschauer ermüden mehr als die nahe Beteiligten. Der Motor wird von allen Seiten geölt; verborgene Schrauben werden gelockert und zugeschnürt; ein Mann läuft ins Hangar, holt ein Ersatzstück; da paßt es wieder nicht; er eilt zurück, und hockend auf dem Boden des Hangars bearbeitet er es mit einem Hammer zwischen seinen Beinen ... Wieder wird die Schraube angedreht, vielleicht besser als früher, vielleicht auch nicht; der Motor kommt mit Lärm in Gang, als sei er ein anderer; vier Männer halten rückwärts den Apparat, und inmitten der Windstille ringsherum fährt der Luftzug von der schwingenden Schraube her in Stößen durch die Arbeitsmäntel dieser Männer. Man hört kein Wort, nur der Lärm der Schraube scheint zu kommandieren, acht Hände entlassen den Apparat, der lange über die Erdschollen hinläuft wie ein Ungeschickter auf Parketten.«[332]

Wie so oft in der Technikgeschichte erwies sich das militärische Interesse an Erfindungen auch für die Flugzeugentwicklung als höchst bedeutsam. Vor allem für Fragen der Fertigungstechnik und Pilotenausbildung stellte die Zeit des Ersten Weltkrieges einen Durchbruch dar, wobei die Luftkämpfe auf beiden Seiten propagandistisch als be-

46. Internationale Flugausstellung Wien, 1912.

sonders »ritterlich« romantisiert wurden. »Wies die junge Flugzeugindustrie zu Beginn des Krieges nur wenige hundert Beschäftigte auf, so vervielfachte sich diese Zahl bis zum Kriegsende rasch; über 200000 Flugzeuge wurden weltweit produziert. Zunächst als Aufklärer eingesetzt, erfolgte der Einsatz des Flugzeugs bald auch als Bomber und Jäger. Nach dem Krieg wurden viele Militärflugzeuge, für die nun keine Verwendung mehr bestand, für zivile Zwecke umgerüstet. Ehemalige Militärpiloten gründeten kleine Fluggesellschaften, die häufig allerdings nur kurze Zeit bestanden. In Deutschland war aufgrund der Bedingungen des Versailler Vertrages der Flugzeugbau bis auf wenige Ausnahmen verboten. Dies bedeutete, daß deutsche Flugzeugkonstrukteure im Inland nur auf dem Gleit- und Segelflugsektor arbeiten konnten. Auf diese Weise bekamen sie aber ein Gespür für besonders leichte Konstruktionen, was nach Aufhebung der Versailler Bestimmungen auch dem Motorflugzeugbau zugute kam. Das Versailler Verbot, in Deutschland Höchstleistungsmotoren zu bauen, hatte jedoch einen Vorsprung des Auslandes, zumal der USA und Großbritanniens zur Folge, der sich bis zum Beginn des Zweiten Weltkrieges nicht einholen ließ.«[333]

Wiederum war es der Krieg, nun der Zweite Weltkrieg, der ab 1939 die technische Entwicklung, die bereits ein Netz von Linienflugdiensten ermöglicht hatte, optimierte. So waren die ersten zivilen Flugzeuge, die dann nach 1945, unbeeinflußt von dem in der Troposphäre ablaufenden Wettergeschehen, in großer Höhe den Atlantik überqueren konnten, aus den amerikanischen Transport- und Bombenflugzeugen des Zweiten Weltkrieges abgeleitet worden. Der Kalte Krieg wiederum bewirkte den verstärkten Ausbau des Strahlantriebes bei Militärflugzeugen, was das Jet-Zeitalter für die Zivilluftfahrt vorbereitete. 1955, als der Probeflug des britischen Düsenverkehrsflugzeuges »Comet III« stattfand – entwickelt von dem britischen Flugzeugkonstrukteur *Geoffrey de Havilland*, der auch das erste vierstrahlige Düsenverkehrsflugzeug »Comet I« entworfen hatte (fünf Abstürze!) –, in dem Jahr, in dem das britische Düsenflugzeug »Canberra« die Strecke London–New York–London in 14 Stunden und 21 Minuten flog, nahm die Deutsche Lufthansa den Flugverkehr wieder auf.

Technikeinschätzung und Postmoderne

Alles veloziferisch! Für *Wolfgang König*, den Herausgeber der Propyläen-Technikgeschichte, erreicht die seit dem 18. Jahrhundert zu erkennende ungeheuere Akkumulation der Technik und die Beschleunigung des technischen Wandels mit der Jahrtausendwende einen, freilich die eigene Dialektik (den Umschlag ins Gegenläufige) einschließenden Höhepunkt. Die in manchem großen mittelalterlichen oder frühneuzeitlichen Handelszentrum in einem Jahr umgesetzte Gütermenge lösche zum Beispiel heute ein einziges Containerschiff. Und die Zahl der gegenwärtig forschenden Wissenschaftler übertreffe die aller vergangenen Zeiten zusammengenommen. »Die wechselseitige Verflechtung und Befruchtung technischer Entwicklungen hat im historischen Verlauf immer mehr zugenommen. Ermöglichten im 19. Jahrhundert Generatoren elektrolytische Verfahren in größerem Maßstab, so konnte man mit diesen reineres Kupfer herstellen und mit diesem wieder bessere elektrische Maschinen bauen. So schaukelten sich technische Innovationen gegenseitig hoch, und gefundene Lösungen regten zu neuem Suchen an.« Heute stießen wir freilich an Grenzen dieser Akkumulation und Beschleunigung, an Grenzen, die in der Endlichkeit der Erde und in der Veränderbarkeit des Menschen und seiner sozialen Gliederungen lägen.[334]

Die Spaltung des Atoms hat eine neue Primärenergiequelle erschlossen; doch mit der Atombombe und den keineswegs sicheren Reaktoren (mit Tschernobyl als besonders furchtbarem Menetekel) wird die Gefährdung menschlicher Existenz heraufbeschworen. Das ökologische Gleichgewicht der Erde ist gefährdet. Während man auf dem Mond landete und mit Satelliten weit in den Weltraum vorstieß, ist der »grüne Planet« bedroht. Eine Fülle neuer chemischer Stoffe und daraus hergestellter Produkte hat die materielle Lebensqualität erheblich erhöht, zugleich aber Entsorgung zum gravierenden Problem gemacht. Die Apparate-Medizin wie gentechnisch hergestellte Medikamente leisten Hervorragendes bei der Bekämpfung von Krankheiten; doch wurde die psychosomatische Ganzheit des Menschen vernachlässigt.

Die wohl größte Revolution der Technikgeschichte, die Chip-Revolution (nicht nur Handarbeit, sondern auch Kopfarbeit kann auf »Maschinen mit Hirn« übertragen werden!), hat mit ihrem algorithmischen, binärkodierten Denken den Vernunftbegriff radikal vereinseitigt. Vernunft als Totalitätsbegriff, im antiken Sinne beglückende Schaukraft im Menschen (logos, nous, lumen naturale), Erkenntnisdrang, am göttlichen Guten als lebenszielsetzender Macht orientiert, hat sich vielfach in instrumentelle Vernunft verwandelt, die, zweckhaft organisiert, »mechanisch« handhabbar, sich »in Dienst« stellen läßt. An die Stelle des »Prinzips Verantwortung«, das Vernunft im aufgeklärten Sinne beseelt, tritt die Beliebigkeit der Wertfreiheit. Instrumentelle Vernunft erweist sich als Teil der Maschinerie, die sie konstruiert und produziert hat; sie verliert die Kraft zum Transzendieren auf ein Höheres hin. Die Bindungslosigkeit von instrumenteller Vernunft macht Vernunft zum Objekt; instrumentelle Vernunft, die mit jedem Modernisierungsschub technologische Triumphe feiert, reflektiert nicht, was sie tut.

Eine Welt auf Siliziumbasis – ein Siliziumplättchen in der Größe von nur 91 Quadratmillimetern kann 4 194 304 Bits speichern (das entspricht dem Inhalt von 250 Schreibmaschinenseiten oder einer Zeitung von 20 Seiten) –, eine Welt, die sich immer mehr zu abstrakten »Informationspaketen« verdichtet (black box), verliert sinnliche und einsehbare Anschaulichkeit. Künstliche Intelligenz (Artificial Intelligence, AI) steht in Form superintelligenter Maschinen bereit; doch verstärkt sich die Sorge, daß, abgesehen von technokratischen Eliten, der Mensch auf Subintelligenz hin regrediert. Die totale Verkabelung fördert dies noch; vor allem das Fernsehen werde, so *Neil Postman*, ein neues Analphabetentum und damit Dehumanisierung bewirken. Die Menschen genössen dabei die eigene Unterdrückung, da sich mit dem Verlust von Individualität auch der Leidensdruck mindere. Wer keinen Verstand mehr habe, brauche auch nicht besorgt sein, daß er ihn verliere.[335] *Günter Anders* spricht von der »Antiquiertheit des Menschen« in der modernen Matrizenwelt.[336] In seiner Bilanz der ›Technisierung des Lebens seit 1945‹ stellt *Werner Kaiser* fest, daß die unsere Epoche charakterisierende High Technology (High-tech) in der beruflichen wie privaten Sphähre kaum noch wegzudenkende Erleichterungen gebracht und somit Euphorie hervorgerufen habe.

»Dadurch, daß zum Beispiel Audio- und Videogeräte, Personal Computer und Automobile Teil des täglichen Lebens geworden sind, ist die Faszination der Technik kein Staunen aus der Distanz mehr, sondern unmittelbare persönliche Erfahrung.« Doch gebe es genauso die Distanz zu dieser Hochtechnik. Häufig könne man im Verhalten der Menschen sogar eine tiefe Furcht vor der Moderne erkennen. Dies habe damit zu tun, daß die Menschen mit dem Erwerb von Wissen und praktischen Fähigkeiten den Maschinen kaum noch zu folgen vermögen. Sinnlich nicht mehr erfaßbare Dimensionen der Technik seien eine andere Quelle der Angst, und zwar bei beiden Extremen: sowohl in Hinblick auf die Anlagen der Großtechnik als auch bei der nur noch schwer nachvollziehbaren Miniaturisierung und Leistungssteigerung in der Mikroelektronik. Für die Zukunft werde eine der wichtigsten Aufgaben darin bestehen, die Menschen zu begaben, »Technikeinschätzung« vornehmen zu können. »Zu hoffen ist, daß Technik über die unmittelbare Sicherung der Existenz und über die Erleichterung des Lebens hinaus auch die Grenzen des Wachstums als Aufgabe annimmt, und zwar ungeachtet der Frage, wo denn genau die durch die Ressourcen an Energie, an Rohstoffen und durch die Leistungsfähigkeit des Menschen gegebenen Schranken gesetzt sind. Schwierig wird es sein, dies mit dem immanenten Drang der Technik,

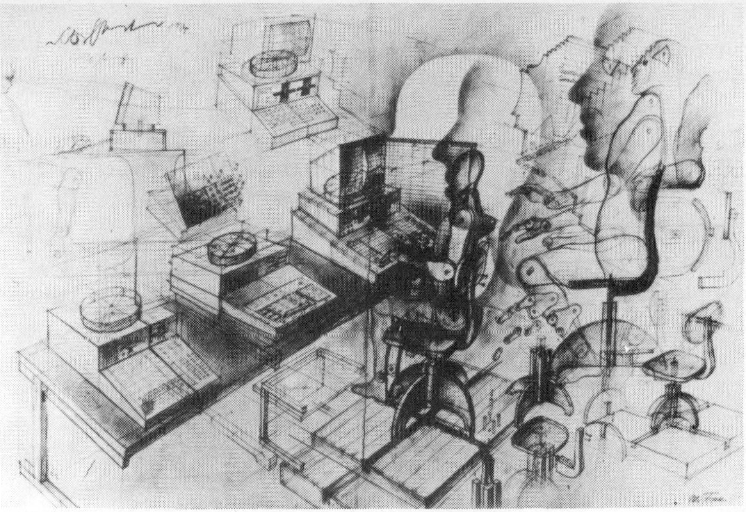

47. Peter Freese: »Anpassungsfiguration« (1984).

die eigenen Grenzen hinauszuschieben, in Einklang zu bringen. Mehr noch: Solange Technik als ein durch Eigendynamik geprägter Prozeß, nicht jedoch als ein die Folgen bedenkendes technisches Handeln aufgefaßt wird, wird sie nicht leicht in ein harmonisches Verhältnis zu Mensch und Natur zu bringen sein.«[337]

Die industriekulturelle Landschaft zu Ende des 20. Jahrhunderts bietet sich als ein Panorama neuer Unübersichtlichkeit dar. Von der Position einer um die Klarheit von sinnvoller Struktur und Ordnung bemühten Aufklärung wird die Beliebigkeit der Postmoderne als Absage an die Fortschrittsidee empfunden. Die »Dialektik der Aufklärung«, die Verkehrung von Aufklärung in ihr Gegenteil, mit dem Instrumentarium der Kritischen Theorie eruiert und analysiert, wird, wenn man sich dem »Prinzip Hoffnung« verpflichtet fühlt, als aufhebbar erachtet. Ist die Moderne auch ein »unvollendetes Projekt« – Titel einer Rede, die *Jürgen Habermas* im September 1980 bei der Entgegennahme des Frankfurter *Adorno*-Preises gehalten hat –, sie könnte durchaus weitergeführt, vielleicht sogar »vollendet« werden, wenn Aufklärung zu ihrem ursprünglichen Elan zurückfände und, im Kontext der gegebenen geschichtlichen Entwicklung, ihre Prämissen, Konzepte, Methoden, Ziele überprüfte. Würde die Moderne sich aus sich selbst heraus modernisieren (etwa sich nicht mehr nur am sozialökonomischen Aufbau, sondern am sozialökologischen Umbau orientieren), gewönne sie die Kompetenz zurück, Unübersichtlichkeit zu überwinden.[338]

Vom Gegenstandpunkt des Irrationalismus aus erweist sich Unübersichtlichkeit mit ihren Dunkelheiten und Nischen, ihren Mäandern und Verwerfungen als faszinierendes Terrain für mythische Abenteuer, dem eine immer größer werdende Schar von Antidogmatikern, Mystikern, »Aleatorikern« und natürlich Gegenaufklärern zustrebt. Diese Gegenmoderne, für die sich die Bezeichnung »Postmoderne« eingebürgert hat, zu orten, ist nicht nur deshalb so schwer, weil sie sich begrifflicher Eindeutigkeit entzieht, sondern weil sie mit ihren Kontrasten eine höchst unterschiedliche Interpretation erfährt: gegen die Aufklärung gerichtet, ist sie anti-aufklärerisch; gegen die »Dialektik der Aufklärung« gerichtet, stellt sie Aufklärung in Form der Dialektik der Dialektik der Aufklärung wieder her. Die »Geometrie« der Denksysteme in bizarre Bruchstücke zerbrechend und diese ornamental ausgestaltend, löst sie sich von klassifikatorischer Intention; aber die neue Dunkelheit erweist sich als Clair-obscur, in dem »erhellte« Weltanschauungen komplexe Nuancierungen erfahren. Das Vertrauen in den Mythos regrediert auf vorneuzeitliche, »mittelalterliche« Positionen; Mythos kann aber auch den Vernunftglauben abstützen, als »Mythos der Vernunft« Aufklärung, die sich nicht aus sich selbst heraus zu legitimieren vermag, »beglaubigen«.

Ob Moderne und Postmoderne sich immer weiter auseinanderentwickeln oder zu einer neuen Synthese zusammenfinden werden, dürfte sich als die große Frage der kulturellen Entwicklung (in Richtung 21. Jahrhundert) erweisen. Synthese hieße: »unübersichtliche Übersichtlichkeit«, nämlich Vielfalt in der Einheit; das Bewußtsein von phänomenologischer Überfülle und deren Akzeptanz; die Anstrengung des Begriffs, jedoch als sinnliche Erschließung von Gedankenräumen, als Versöhnung von Logik, Ästhetik und Moral. Befördert würde solche Synthesis durch einen steten Diskurs, der Semiotik genauso ernst nimmt wie Semantik, der also nicht nur den Reiz der Zeichen genießt, sondern sich auch um die Wahrheit der Inhalte bemüht.

Mit »kommunikativer Vernunft« (und, daraus folgend, »kommunikativem Handeln«) umschreibt *Jürgen Habermas* die Chance, die sich einer gefährdeten Welt dann auftut, wenn diese integraler wie antizipatorischer Vernunft zur Wirksamkeit verhilft. Sowohl die globalen als auch die regionalen Probleme – Krieg und Aufrüstung, Hunger und Verelendung, Arbeitslosigkeit und Frustrationsaggressivität, ökologische Ausbeutung und ökonomische Krisen – können durch eine in Subsysteme aufgespaltene Gesellschaft und Politik nicht mehr bewältigt werden; vernetztes Denken und Handeln sind notwendig. Eine zukunftsoffene Moderne hat einerseits die »Problemtrends« hochzurechnen; muß aber auch, mit dem Willen zu einer humanen Zukunft, negativer Determiniertheit entgegensteuern, also den Sprung in andere »Qualitäten« wagen.

Hilfreich dürfte dabei der Umgang mit Geschichte sein: Zukunft braucht Herkunft (*Odo Marquard*). Geschichtsschreibung hätte im Zusammenhang mit den Bemühungen dieses Buches die Aufgabe, im Sinne eines Wortes von *Gustav Heinemann*, jene Kräfte aufzuspüren und ihnen Gerechtigkeit widerfahren zu lassen, die dafür gekämpft und gelebt haben, daß das deutsche Volk heute politisch mündig und moralisch verantwortlich, sein Leben und seine Ordnung selbst gestalten kann. Man lerne aus der Geschichte, daß man nichts lerne – solchem Pessimismus ist die Hoffnung entgegenzusetzen, daß der Mensch sich doch, zumindest nach längeren Erfahrungen, als lernfähiges Wesen erweist, für ihn also Geschichte mehr ist als das, was *Goethe* einmal ironisch-skeptisch eine Art, sich das Vergangene vom Halse zu schaffen, nannte. Wenn man sich mit Geschichte beschäftigt und sie zu »bewältigen« sucht, so sollte man sie »loswerden« in einem anderen Sinne als demjenigen der »Entledigung«: Es geht darum, daß, aus der Fülle der Details, aus den quantitativ oft überwältigenden »sinnlichen« Vorkommnissen und Ereignissen, Folgerungen und Reflexionen »entbunden«, die Anschauung von Geschichte in ein Nachdenken über sie und in ein vorausschauendes Bedenken der Zukunft verwandelt wird. Der »Steinbruch« der Geschichte, das heißt die schier unerschöpfliche Ereignisfülle, wie sie Vergangenheit jeweils darstellt, sollte Bausteine für die »Errichtung« kollektiver Identität abgeben: Wer sich seiner selbst und des Volkes, dem er angehört, »sicher« sein will bzw. sich seiner Zugehörigkeit zur Nation »vergewissern« will, kann geschichtliche Besinnung nicht aussparen. Dies bedeutet, um zwei Leitbegriffe historischen Bewußtseins aufzugreifen: Trauerarbeit und Stolzarbeit.

Solche »Arbeit«, die Schuld, Versäumnisse, Verfehlungen nicht kaschiert, dem Abgründigen der Geschichte nicht aus dem Wege geht, aber auch Leistungen, Errungenschaften, Fortschritte fest-hält, die »dankbar« zu sein vermag, verknüpft mit der daraus abzuleitenden Aufforderung zu weiterer, neuer humaner Anstrengung –, solche »Arbeit« sollte von einem aufgeklärten Bewußtsein aus erfolgen. Natürlich impliziert »aufgeklärtes Bewußtsein« das Bekenntnis zu ganz bestimmten »Inhalten«; der Aufklärung liegt zum Beispiel eine »negative Anthropologie« zugrunde, die wohl das Positivste ist, was der »Pluralismus« eines demokratisch-republikanischen Staatswesens zu garantieren vermag: nämlich einen Begriff vom Menschen zu haben, der die Unmöglichkeit *eines* Begriffs vom Menschen begrifflich nachweist.

Dies bedeutet »Skepsis gegen die Endgültigkeit von Vernunftwahrheiten jenseits des vernünftig-humanen Grundkonsenses der liberalen Demokratie über die Form unseres Miteinanderlebens, Skepsis gegen die ideologischen Annahmen des anthropologischen Optimismus, also Bewußtsein der Fragwürdigkeit, Endlichkeit, Fehlbarkeit, Widersprüchlichkeit unseres Wissens sowohl wie unseres Tuns. Geschichte als Aufklärung ist vom Geist solcher aufgeklärten Skepsis methodisch und substantiell getragen. Geschichte als Aufklärung hat sich von der Übermacht der Traditionen befreit und hält uns davon frei. Geschichte als Aufklärung hat uns von der Geschichte der Sieger und der Geschichte der Herrschenden befreit und hält uns davon frei. Geschichte als Aufklärung befreit uns heute von der neuen Macht von Ideologien und Utopien, die Vernunft- und Zukunftsziele setzen und monopolisieren wollen, ihre Werte und Parteinahmen mit dem Anspruch der Wissenschaft durchsetzen wollen und danach ein Bild der Geschichte präsentieren. Geschichte übernimmt so Ideologiekritik als Erbe der Aufklärung und überträgt es auf Aufklärung, wo sie Ideologie wird. Geschichte durchbricht die Gehäuse, die wir uns immer bauen, indem sie Vergangenheit unbefangen und unverzerrt vor Augen bringt. Das allein ermöglicht das realistische Bewältigen der Welt und auch ihre Veränderung im Sinne von Freiheit und Vernunft. In diesem Sinne kann Geschichte heute Aufklärung sein.« (*Thomas Nipperdey*)[339]

Geschichte als Aufklärung – bezogen auf diesen Band über Menschen und Maschinen: Eine Bilanz der industriekulturellen Entwicklung vom Biedermeier bis zur Postmoderne kann »eindeutig« nicht gezogen, nicht mit dogmatisch-inhaltlichem Absolutheitsanspruch verkündet werden. Generell läßt sich jedoch sagen, daß die rückwärts gerichtete Spurensuche, die Bestandsaufnahme der Lebensformen und Lebensräume im Zeitalter der Industrialisierung uns darin bestärken kann, einen Weg zu finden bzw. zu beschreiten, auf dem der vernünftig-humane Grundkonsens der liberalen Demokratie über die Formen unseres Miteinanderlebens, also auch das Bewußtsein von der Fragwürdigkeit, Endlichkeit, Fehlbarkeit, Widersprüchlichkeit unseres Wissens wie unseres Tuns, verstärkt zur Geltung kommt. Eine solche allgemeine skeptische Befindlichkeit angesichts des »entfesselten Prometheus«, wie er uns aus dem Maschinenzeitalter entgegentritt, sei in zwei Überlegungselemente aufgefächert:

1. Es ist für unsere Identität notwendig, Ehrfurcht vor denjenigen zu empfinden, die »forschrittlich«, im Sinne persönlich-subjektiver wie dinglich-objektiver Leistung, das Maschinenzeitalter bewältigten.
2. Es ist für unser Überleben notwendig, angesichts der Weichenstellung, welche die Industrialisierung bedeutete, ständig über neue »Streckenführungen« und »Zielorte« nachzudenken und entsprechende Handlungsvorschläge zu machen. Die Fahrt ist bei den Grenzen des Wachstums angekommen. Wie soll es weitergehen?

Die ehrfürchtige Zuwendung zu denjenigen, die als Individuen, Gruppen, Gesellschaftsschichten in der schwierigen Zeit der Industrialisierung ihr Leben »mit Anstand« lebten, in oft aussichtsloser Lage mit Tapferkeit durchstanden, oder, meist namenlos, den »Verhältnissen« zum Opfer fielen, sollte auch kulturpolitische Folgen haben: Die Kultur der »Leute« muß als Kultur mehr gewürdigt, besser erhalten, eindrucksvoller vermittelt werden (etwa in Ausstellungen und Museen). Die Kultur der Leute ist wichtiger als die der Herrscher und Dynastien.

Im Sinne einer konkreten Sozialgeschichtsschreibung von unten gilt es, Alltäglichkeit, alltägliche Menschlichkeit, sanfte Wirkungskräfte in ihrer Größe herauszustellen, Umwertungen vorzunehmen, das Kleine ernst zu nehmen. Man sollte nicht nur zeigen, wodurch die Menschen bewegt werden, sondern vornehmlich, was sie selbst bewegte und was sie selbst in Bewegung setzten. Angesichts der überwältigenden Macht der Ideologen und Systeme kann man mit *Hans Magnus Enzensberger* die sperrige und widerborstige Mentalität der Leute preisen:

»Einfach vortrefflich
all diese großen Pläne:
das Goldene Zeitalter
das Reich Gottes auf Erden
das Absterben des Staates.
Durchaus einleuchtend.

Wenn nur die Leute nicht wären!
Immer und überall stören die Leute.
Alles bringen sie durcheinander.

Wenn es um die Befreiung der Menschheit geht
laufen sie zum Friseur.
Statt begeistert hinter der Vorhut herzutrippeln
sagen sie: Jetzt wäre ein Bier gut.
Statt um die gerechte Sache
kämpfen sie mit Krampfadern und mit Masern.
Im entscheidenden Augenblick
suchen sie einen Briefkasten oder ein Bett.
Kurz bevor das Millennium anbricht
kochen sie Windeln.

An den Leuten scheitert eben alles.
Mit denen ist kein Staat zu machen.
Ein Sack Flöhe ist nichts dagegen.

Kleinbürgerliches Schwanken!
Konsum-Idioten!
Überreste der Vergangenheit!

Man kann sie doch nicht alle umbringen!
Man kann doch nicht den ganzen Tag auf sie einreden!
Ja wenn die Leute nicht wären
dann sähe die Sache schon anders aus.

Ja wenn die Leute nicht wären
dann ging's ruckzuck.

Ja wenn die Leute nicht wären
ja dann!
(Dann möchte auch ich hier nicht weiter stören.)«[340]

Daß im 19. und 20. Jahrhundert subjektive Humanität objektiver Inhumanität zum Opfer fiel, die Maschinerie der Industrialisierung

Menschlichkeit niederwalzte und das Glück wie Wohlergehen so vieler Menschen verhinderte bzw. behinderte, müssen wir mit Trauer feststellen. Die Optionen, welche die neue Zeit anbot, blieben vielfach ungenutzt, die Mythen des Fortschritts, die von oben Erlösung signalisierten, erreichten die da drunten in der Tiefe meist nicht. Das Maschinenzeitalter bedeutete den Beginn einer Entwicklung, die heute in voller Konsequenz auf uns zukommt. Der Glaube an die totale Beherrschbarkeit der Natur durch den Menschen hat Umweltbedingungen geschaffen, die das Überleben der Menschen überhaupt in Frage stellen. Die Technisierung und Industrialisierung bewirkte einen Ressourcenverbrauch und Eingriffe in das lebendige Regelsystem der Umwelt – der weltpolitischen wie der natürlichen –, die in unseren Tagen einen kritischen Punkt erreicht haben. Die Industrialisierung führte zur schrittweisen Verwirklichung »großer Systeme«; immer schneller, immer umfassender sollte der Fortschritt vor sich gehen; die Bedeutung der ökologischen Nische, als eines in sich geschlossenen autonomen Kleinsystems, das aufgrund seiner Unabhängigkeit »stabil« bleibt, wurde verkannt.

Die mit der Industrialisierung einhergehende Entwicklung zu Großsystemen (»Think big!«) stärkte den Prozeß der Entfremdung des Menschen vom Menschen und des Menschen von den Dingen. Demgegenüber wird heute mit Recht das Prinzip der kleinen Kreisläufe und der feingegliederten Strukturen verfochten (»Small is beautiful!«). Neben dem Prinzip der Dezentralisierung wird zudem in der ökologischen Bewegung das Prinzip der Ganzheitlichkeit betont.

Die Konzentrationstendenzen, die rapide Bevölkerungsvermehrung, die weltweite Unterernährung, die Ausbeutung der Rohstoffreserven, die Zerstörung des Lebensraumes ließen die zivilisatorischen Blütenträume, wie sie das 19. Jahrhundert bestimmten, nicht reifen. Der Optimismus des Maschinenzeitalters ist längst gelähmt, die furchtbaren Katastrophen zweier Weltkriege und die nukleare Bedrohung haben ein weltweites Gefühl der Angst hervorgerufen. Der moderne Zweifel an der Fähigkeit des Menschen, die rapide größer werdenden Menschheitsprobleme zu lösen und eine katastrophale Entwicklung zu verhindern, unterscheidet sich, so *Anton Andreas Guha*, wesentlich von dem Pessimismus, den es zu allen Zeiten gegeben hat, jenem »Unbehagen in der Kultur«, das sich utopisch nach einer besseren Welt sehnte und das in die eigenen, oft intellektuell glänzend begründeten Untergangsvisionen verliebt war. Die heutigen

Probleme seien gleichsam meßbar: Statt Prophezeiungen ließen sich begründete Prognosen aufzeigen; die Visionen beruhten auf Fakten, und statt Hoffnung könne man die Voraussetzungen anbieten, die zur Verhinderung einer Katastrophe notwendig wären. Den drei dominanten Weltproblemen (Umweltzerstörung, Rüstungswettlauf, Nord-Süd-Gefälle) sei eines gemeinsam: Die Problemlösungskapazitäten hielten nicht mehr Schritt mit der Geschwindigkeit, mit der sie anwüchsen und immer neue Unterprobleme erzeugten. Allmählich werde zur Gewißheit, daß die Lösungen, die auf realistische Weise notwendig wären, selbst utopisch würden und sich ins Illusionäre verflüchtigten.[341]

Man darf freilich die »Medaille des Fortschritts«, wie sie im 19. Jahrhundert geprägt wurde, nicht nur von ihrer düsteren Seite betrachten. Wenn auch Grund zu großer Sorge bestehe, heißt es im Bericht des »Club of Rome« (›Die Grenzen des Wachstums‹), so gebe es auch Grund zur Hoffnung. Eine bewußt vorgenommene Wachstumsbeschränkung werde schwierig sein, aber sie sei nicht unmöglich. »Die Generallinie des Vorgehens ist klar, die Schritte, die unternommen werden müssen, sind zwar neuartig für die menschliche Gesellschaft, aber sie liegen im Bereich ihrer Fähigkeiten. Gegenwärtig, für einen kurzen Zeitraum in der Geschichte, besitzt der Mensch die wirksamste Kombination aus Wissen, technischen Hilfsmitteln und Rohstoffquellen, alles, was physisch notwendig ist, um eine völlig neue Form der menschlichen Gemeinschaft zu schaffen, die für Generationen Bestand hätte. Was noch fehlt, sind ein realistisches, auf längere Zeit berechnetes Ziel, das den Menschen in den Gleichgewichtszustand führen kann, und der menschliche Wille, dieses Ziel auch zu erreichen. Ohne dieses Ziel vor Augen fördern die kurzfristigen Wünsche und Bestrebungen das exponentielle Wachstum und treiben sie gegen die irdischen Grenzen und in den Zusammenbruch. Mit diesem Ziel als Leitlinie wäre die Menschheit gerüstet für den geordneten und kontrollierten Übergang vom Wachstum zu einem weltweiten Gleichgewicht.« (*Denis Meadows*)[342]

Schon vor über hundert Jahren sprach *John Stuart Mill* davon, daß das Ende des Wachstums von Bevölkerung und Wohlstand keineswegs das Ende des Fortschritts generell bedeuten müsse. Es gäbe statt dessen jede Menge Raum für alle Arten geistiger Kultur, für moralischen und sozialen Fortschritt, für eine Vervollkommnung der Kunst des Lebens und eine weit größere Wahrscheinlichkeit für eine solche

Verbesserung, sobald der menschliche Geist nicht mehr nur vom Streben nach vermehrtem Reichtum erfüllt sei.

Die Industrialisierung förderte freilich nicht nur den Selbstzweck großer Systeme, sondern machte vor allem auch die Selbstverwirklichung des einzelnen Menschen möglich. Die durch Arbeitsteilung und Mechanisierung bewirkte Leistungssteigerung der Gesamtgesellschaft kam und kommt allerdings erst dann dem Leben und der Überlebensfähigkeit des einzelnen zugute, wenn soziale Gerechtigkeit vorwaltet. Die Weichenstellung der Industrialisierung bedeutete, daß endlich nun für die »Leute« eine Möglichkeit bestand, voranzukommen. Mußten früher viele auf den Feldern malochen, damit wenige in den Parks lustwandeln konnten, so bot die Industrialisierung die Chance, vom Proletarier zum Kleinbürger, vom Kleinbürger zum Bürger aufzusteigen. Die moderne Gesellschaft mit ihrer Erhöhung der Arbeitsproduktivität befreite im Rahmen sozialer Demokratie vom »Determinismus der Armut«.

Bildung, Freizeit, Altersversorgung etwa bieten heute Lebenschancen, wie sie frühere Generationen nur erträumen konnten. Die Segnungen der Modernität dürfen nicht durch leichtfertige Regression, durch Romantisierung des »einfachen Lebens« aufs Spiel gesetzt werden. Der Glaube, man könne »arm leben, aber mit Stil«, ist genauso elitäre Arroganz wie die kompensierende Feststellung, daß Armut einen großen Glanz von innen darstelle. Die ideologisch-grüne Alternative zum geilen und parasitären Konsumüberfluß sei – so *Rolf Schneider* – die härene Vision vom einfachen Leben, und alles geistesgeschichtliche Pochen auf den großen *Rousseau* ändere nichts daran, daß in dieser Vision sehr viel Irrationalismus und auch leise tickender Faschismus stecke.[343]

Regressive »grüne« Tendenzen müßten in einem »grünen Ethos« »aufgehoben« werden, das die Hoffnung eines Paradieses auf Erden mit einem realistischen Blick für seine Machbarkeit verbindet. Die Geschichte von den Menschen und den Maschinen lehrt, daß das Utopische durchaus real sein kann; Behagen in der Kultur eine konkrete Hoffnung ausmacht. Die Misere des Maschinenzeitalters ist vielfach überwunden – aber die historische Erfahrung massenhafter Armut und krasser sozialer Gegensätze sollte uns für die Aktualität der Not in weiten Bereichen der Welt das Bewußtsein schärfen.

Für eine neue Weltmoral und Weltkultur wird »nachmodernes« Bewußtsein einen entscheidenden Faktor darstellen. Die nachmoderne Gesellschaft verfahre (meinen *Theodor Leuenberger* und *Rudolf Schilling*) weder rein rational noch rein arational; sie sei nicht geistfeindlich, betone aber die Bedeutung emotionaler und intuitiver Erkenntnis. Der Begriff der Emanzipation bedeute für sie nicht wie im 19. Jahrhundert Befreiung von den Beschränkungen und Zwängen, die die Natur dem Menschen auferlege, impliziere nicht die Forderung, daß der Mensch die Natur zu beherrschen, sich dienstbar und nutzbar zu machen habe (Grundtendenz sowohl der liberalkapitalistischen wie auch marxistischen Emanzipationstheorien). Heute meine Emanzipation Befreiung gerade von dieser modernen Ideologie der Besitzergreifung. Der Ausgangspunkt sei, daß die rationalistische Wissenschaft und Technik nicht nur von der Natur, sondern auch vom Menschen und der Gesellschaft Besitz ergriffen habe. Die wissenschaftlich-technischen Systeme hätten die Menschen an sich angepaßt; zur durchrationalisierten Welt gehöre auch der durchrationalisierte Mensch. In der Geschichte der Moderne sei die Herrschaft der Technokratie an die Stelle einer politisch-menschlichen Herrschaft getreten; Außenlenkung durch die Interessen der Technologie und Ökonomie überwuchere die demokratische Selbstbestimmung. Hier nun setze der Protest ein und beginne der Wandel. Die Gerade sei der Feind alles Lebendigen; der Regulationszwang moderner Technologie stoße zunehmend auf Menschen, die sich zu weigern begännen, die der Intellektualität und Rationalität wieder Emotionalität, Intuition und ein ganzheitliches Begreifen entgegensetzten. Der Mensch wolle wieder Hauptakteur werden, von den technischen Systemen nicht kontrolliert werden, sondern diese seinerseits kontrollieren. Er wolle über die gegebenen Schemata produktiv hinausgreifen, die Dominanzansprüche bürokratisch-wissenschaftlich-technischer Großsysteme überwinden. Er nehme die bestehende gesellschaftliche Wirklichkeit nicht mehr als unabänderlich hin, sondern durchforsche sie auf Alternativen hin. »Wir sind daran, uns von der verengenden Idee einer einheitlich durchrationalisierten Gesellschaft frei zu machen. Der Übergang zur Nachmoderne bedeutet Übergang zu einem ›Mehr-Gesellschafts-Modell‹. Kein System, keine politische oder wirtschaftliche Ordnung kann absolute Geltung beanspruchen, weder eine Kirche noch ein Staat, noch eine Partei. Die modernen Systeme mit ihrer Vereinheitlichungstendenz haben sich als zu eng erwiesen. ›Unglaube‹ macht sich überall bemerkbar, es kommt zu Ablehnung orthodoxer Glaubenslehren. Häresie- und Spaltungserscheinungen sind in Ost und West an der Tagesordnung. Wir bewegen uns auf eine vielschichtige und offene Gesellschaft zu, auf die nachmoderne Gesellschaft.«[344]

Wer einen solchen Weg, der demokratisch-republikanische Identität auch für die Zukunft zu bewahren vermag, bejaht, der kann inmitten einer Welt und Umwelt, die vielerlei Lasten auferlegen und den Mut zur Reflexion wie die Tapferkeit des Standhaltens abfordern, aus der Geschichte der Leute viel lernen, Kraft aus vergangenen Beispielen für die eigene Ich-Stärke gewinnen. An den Grenzen des Wachstums offensichtlich angelangt, wird man beim Rückblick auf das Maschinenzeitalter, beim Anblick der Industrielandschaft des 19. und 20. Jahrhunderts wie des Homo faber, der in ihr unermüdlich und hemmungslos den Fortschritt schmiedete, im Nachvollzug der Schicksale von einzelnen und Gruppen, von Ständen und Schichten zum mitleidenden Beobachter einer großen *comédie humaine*. Im Wissen um die Hektik und die Gefährdungen einer ins Grenzenlose sich verlierenden, gleichermaßen sensiblen wie tätigen, nervösen wie brutalen Welt, bei dem Bemühen, die Geschichte der Industrialisierung in einem aufgeklärten Sinne zu begreifen, kann man die Bedeutung eines Wortes von *Günter Grass* ermessen: »Nur wer den Stillstand im Fortschritt kennt und achtet, wer schon einmal, wer mehrmals aufgegeben hat, wer auf dem leeren Schneckenhaus gesessen und die Schattenseiten der Utopie bewohnt hat, kann Fortschritt ermessen.«[345]

Anmerkungen

1 H. Chr. Andersen: *Eines Dichters Basar*. Weimar o. J., S. 33, 25.

2 Vgl. zum Nachfolgenden W. Müller: *Die wirtschaftlich-technische Entwicklung des Eisenbahnwesens in Mittelfranken im 19. Jahrhundert*. Zulassungsarbeit für das Lehramt an Volksschulen. Pädagogische Hochschule der Universität Erlangen–Nürnberg. Nürnberg 1969 (ungedruckt).

3 J. P. Eckermann: *Gespräche mit Goethe in den letzten Jahren seines Lebens*. Wiesbaden 1949, S. 558f.

4 F. List: Das deutsche Eisenbahnsystem II, 1841. In: *Schriften, Reden, Briefe*. Im Auftrag der Friedrich-List-Gesellschaft hrsg. von E. v. Beckerath. K. Goeser, F. Lenz, W. Notz, E. Salin, A. Sommer. Berlin 1932ff., Band 3, S. 331.

5 Vgl. hierzu S. Strandh: *Die Maschine. Geschichte, Elemente, Funktion*. Freiburg/Basel/Wien 1980, S. 113ff. A. Hemberger: *Die Eisenbahnfibel*. Bamberg 1954.

6 W. Müller: a. a. O., S. 46ff.

7 Vgl. K. Bosl: *Der technische Fortschritt in Bayerns Staat und Gesellschaft*. Festvortrag zum Verfassungstag 1979. Sonderdruck Nürnberg 1980, S. 13.

8 Zit. nach D. Sternberger: *Panorama oder Ansichten vom 19. Jahrhundert*. Hamburg 1955, S. 25.

9 E. Geibel: *Gesammelte Werke in acht Bänden*. Stuttgart/Berlin 1906, Band 3, S. 4ff.

10 Zit. nach R. R. Rossberg: *Vom Reiz der Eisenbahn*. Künzelsau/Thalwil/Straßburg/Salzburg 1979, S. 231.

11 Vgl. C. Magris: Das Schreiben und das wilde Leben des alten Mannes. Zu Italo Svevos 50. Todestag. In: *Akzente*, Heft 6/1978, S. 509.

12 D. v. Liliencron: *Ausgewählte Gedichte*, Berlin, Leipzig 1907, S. 11f.

13 Zit. nach W. Schivelbusch: *Geschichte der Eisenbahnreise. Zur Industrialisierung von Raum und Zeit im 19. Jahrhundert*. München/Wien 1977, S. 74.

14 F. Kafka: Das dritte Oktavheft. In: *Gesammelte Werke*, Band 6. Frankfurt am Main (Fischer Taschenbuch Verlag) 1976, S. 54.

15 Zit. nach R. R. Rossberg: *Vom Reiz der Eisenbahn*; a. a. O., S. 214f.

16 Zit. nach W. Schivelbusch: *Geschichte der Eisenbahnreise*; a. a. O., S. 39.

17 Vgl. H. Bebber: Uhrmacherei. In: H. Glaser/W. Ruppert/N. Neudecker (Hrsg.): *Industriekultur in Nürnberg. Eine deutsche Stadt im Maschinenzeitalter*. München 1980, S. 156.

18 L. Thoma: *Gesammelte Werke*. München 1925, Band 1, S. 633f.

19 Vgl. F. Grube/G. Ritter: *Das große Buch der Eisenbahnen*. Hamburg 1979, S. 274ff.

20 K. Fischer: *Denkwürdigkeiten und Erinnerungen eines Arbeiters*. Herausgegeben und mit einem Geleitwort versehen von P. Göhre. Leipzig 1903, Band 1, S. 123f.

21 Hierzu und für das Folgende U. O. Ringsdorf: *Der Eisenbahnbau südlich Nürnberg. 1841–1849*. Nürnberg 1978, S. 103, 117ff.

22 P. Rosegger: *Als ich noch der Waldbauernbub war*. Leipzig 1905, S. 99ff.

23 Zit. nach K. O. Conrady (Hrsg.): *Das große deutsche Gedichtbuch*. Kronberg/Ts. 1977, S. 563.

24 U. v. Kardorff: Säle der verlorenen Schritte. In: *Süddeutsche Zeitung*, 1. März 1979. Dazu Centre Georges Pompidou: *Le Temps des Gares*. Paris 1979 (Ausstellungskatalog). Deutsche Fassung Berlin 1980.

25 E. Straub: Verlorene Illusionen. Die Zeit der Bahnhöfe. In: *Frankfurter Allgemeine Zeitung*, 27. Januar 1979.

26 G. Engelhard: Die Liebhaber des Bahnhofs. In: *Deutsche Zeitung*, 1. Juni 1979.

27 H. Chr. Andersen: *Eines Dichters Basar*; a. a. O., S. 22f.

28 Vgl. W. Schadendorf: *Das Jahrhundert der Eisenbahn*. München 1965, S. 52.

29 Ebda., S. 58.

30 G. Mattenklott: Reisezeit. In: *Merkur*. Nr. 374/1979, S. 681.

31 Th. Wolfe: Dunkel im Walde, fremd wie die Zeit. Zit. nach R. R. Rossberg: *Vom Reiz der Eisenbahn*; a. a. O., S. 421.

32 P. Heyse: Auf dem Bahnhof. Zit. nach R. R. Rossberg: *Vom Reiz der Eisenbahn*; a. a. O., S. 188.

33 Chr. Morgenstern: Das Häuschen an der Bahn. Zit. n. R. R. Rossberg: *Vom Reiz der Eisenbahn*; a. a. O., S. 201.

34 G. Hauptmann: *Gesammelte Werke in sechs Bänden*. Berlin o. J., Band 6, S. 26.

35 Zit. nach G. A. Ritter/J. Kocka: *Deutsche Sozialgeschichte. Dokumente und Skizzen*. Band II: 1870–1914. München 1977, S. 25.

36 H. Hauser: Les méthodes allemandes d'expansion économique. Paris 1915. Zit. nach G. A. Ritter/J. Kocka: *Deutsche Sozialgeschichte*; a. a. O., S. 18f.

37 Zit. nach Werkbund Bayern: *Kontakte und Informationen. Johann Klöcker zum Thema Umweltpublizistik*. München 1979, S. 71.

38 Zit. nach R. Braun/W. Fischer/H. Großkreutz/H. Volkmann (Hrsg.): *Industrielle Revolution. Wirtschaftliche Aspekte*. Köln 1976, S. 22.

39 Ebda., S. 41.

40 Vgl. E. Friedell: *Kulturgeschichte der Neuzeit*. München 1929, Band 2, S. 301f.

41 Hierzu R. M. Hartwell: Die Ursachen der Industriellen Revolution. Ein Essay zur Methodologie. P. Mathias: Wer entfesselte Prometheus? Naturwissenschaft und technischer Wandel von 1600–1800: Beide in R. Braun u. a. (Hrsg.): *Industrielle Revolution*; a. a. O., S. 35ff. und S. 121ff. Ferner D. S. Landes: *Der entfesselte Prometheus. Technologischer Wandel und industrielle Entwicklung in Westeuropa von 1750 bis zur Gegenwart*. Köln 1973.

42 Vgl. M. Weber: *Die protestantische Ethik und der Geist des Kapitalismus*. O. O. 1905.

43 Hierzu und für das Folgende G. A. Ritter/J. Kocka: *Deutsche Sozialgeschichte*; a. a. O., S. 11ff.

44 Ebda., S. 14.

45 M. Stürmer: *Herbst des Alten Handwerks. Quellen zur Sozialgeschichte des 18. Jahrhunderts*. München 1979, S. 277.

46 Vgl. W. Ruppert: Sigmund Schuckert, Mechaniker. In: H. Glaser/W. Ruppert/N. Neudecker: *Nürnbergs Industriekultur*; a. a. O., S. 84ff.

47 Museum der Stadt Rüsselsheim: *Fabrikzeitalter. Dokumente zur Geschichte der Industrialisierung am Beispiel Rüsselsheim*. Gießen 1976, S. 34.

48 P. Adam: Lebenserinnerungen eines alten Kunstbuchbinders. Stuttgart 1951. Zit. nach W. Pöls: *Deutsche Sozialgeschichte. Dokumente und Skizzen*. Band I: 1815–1870. München 1973, S. 213.

49 G. Fischer: *Kleines Lesebuch für Sonntags- und Fortbildungsschulen*, München o. J., S. 164f.

50 Vgl. J. Weber-Kellermann: *Die Kindheit*. Frankfurt am Main 1979, S. 158ff.

51 W. Blos: *Die Deutsche Revolution. Geschichte der Deutschen Bewegung von 1848 und 1849*. Hrsg. und eingeleitet von Hans J. Schütz. Berlin/Bonn 1978, S. 378.

52 Ebda., S. 381.

53 W. Meyer: *Das Vereinswesen der Stadt Nürnberg im 19. Jahrhundert*. Nürnberg 1970, S. 181.

54 Zit. nach G. Schwarz: *»Nahrungsstand« und »erzwungener Gesellenstand«. Mentalité und Strukturwandel des bayerischen Handwerks im Industrialisierungsprozeß um 1860*. Berlin o. J., S. 61.

55 Ebda., S. 145.

56 K. Marx/F. Engels. *Studienausgabe in vier Bänden*. Hrsg. von I. Fetscher, Frankfurt am Main 1966, Band 1, S. 118ff.

57 P. Marschalck: Zur Rolle der Stadt für den Industrialisierungsprozeß in Deutschland in der 2. Hälfte des 19. Jahrhunderts. In: J. Reulecke (Hrsg.): *Die deutsche Stadt im Industriezeitalter. Beiträge zur modernen deutschen Stadtgeschichte*. Wuppertal 1978, S. 61.

58 Vgl. K. Rohe/H. Kühr: *Politik und Gesellschaft im Ruhrgebiet. Beiträge zur regionalen Politikforschung*. Königstein/Ts. 1979, S. 142.

59 A. Haardt u. a.: *»... und vor allen Dingen, dat is' wahr!« Eindrücke und Erfahrungen aus der Filmarbeit mit alten Menschen im Ruhrgebiet*. Duisburg 1978, S. 96f.

60 G. Werner: *Ein Kumpel. Erzählung aus dem Leben der Bergarbeiter*. Berlin 1929, S. 123f.

61 Vgl. hierzu R. Rübberdt: *Geschichte der Industrialisierung. Wirtschaft und Gesellschaft auf dem Weg in unsere Zeit*. München 1972, S. 79.

62 Ebda., S. 80f.

63 K. Bröger: *Die singende Stadt*. Nürnberg 1913, S. 9.

64 G. Weerth: Fragment eines Romans. Zit. nach H. M. Enzensberger u. a. (Hrsg.): *Klassenbuch 1. Ein Lesebuch zu den Klassenkämpfen in Deutschland 1756–1850*. Darmstadt und Neuwied 1972, S. 180f.

65 P. Göhre: *Drei Monate Fabrikarbeiter und Handwerksbursche*. Leipzig 1891, S. 1.

66 Ebda., S. 42f.

67 Ebda., S. 87.

68 Zit. nach G. A. Ritter/J. Kocka: *Deutsche Sozialgeschichte*; a. a. O., S. 153.

69 Vgl. A. Gehlen: *Die Seele im technischen Zeitalter. Sozialpsychologische Probleme in der industriellen Gesellschaft*. Hamburg 1957, S. 36.

70 F. Nietzsche: *Werke*. Hrsg. von K. Schlechta. Frankfurt am Main/Berlin/Wien 1979, Band 2, S. 131.

71 K. Marx/F. Engels: *Studienausgabe*; a. a. O., Band 2, S. 127f.

72 E. Friedell: *Kulturgeschichte der Neuzeit*. München 1931, Band 3, S. 99.

73 Zit. nach G. A. Ritter/J. Kocka: *Deutsche Sozialgeschichte*; a. a. O., S. 112.

74 R. Wagner: *Der Ring des Nibelungen. Ein Bühnenfestspiel für drei Tage und einen Vorabend. Das Rheingold und die Walküre*. Frankfurt am Main 1910, S. 33. Für das Nachfolgende H. Glaser: *Sigmund Freuds Zwanzigstes Jahrhundert. Seelenbilder einer Epoche. Materialien und Analysen*. München 1976 (als Fischer Taschenbuch Bd. 6395), S. 62ff.

75 F. A. Lange: *Geschichte des Materialismus und Kritik seiner Bedeutung in der Gegenwart*. Iserlohn 1877, S. 456f.

76 M. Weber. *Die protestantische Ethik und der Geist des Kapitalismus*. Tübingen 1934, S. 198f.

77 G. Simmel: *Philosophie des Geldes*. Leipzig 1907, S. VIII.

78 Ebda., S. 531.

79 Vgl. dazu D. Sternberger: *Panorama oder Ansichten vom 19. Jahrhundert*. Hamburg 1955, S. 94ff.

80 H. G. Zmarzlik: Der Sozialdarwinismus in Deutschland als geschichtliches Problem. In: *Vierteljahrshefte für Zeitgeschichte*, Heft 3/1963, S. 250f.

81 S. Freud: Formulierungen über die zwei Prinzipien des psychischen Geschehens. In: A. Mitscherlich/A. Richards/J. Strachey (Hrsg.): *Sigmund Freud*. Studienausgabe. Frankfurt am Main (S. Fischer Verlag) 1969ff. Band 3, S. 17.

82 Th. Mann: *Buddenbrooks*. Zürich o. J., S. 598.

83 St. Zweig: *Die Welt von Gestern. Erinnerungen eines Europäers*. Frankfurt am Main (S. Fischer Verlag) 1970, S. 14f.

84 W. Ruppert: *Bürgerlicher Wandel – Studien zur Herausbildung einer nationalen deutschen Kultur im 18. Jahrhundert*. Als Dissertation gedruckt. München 1977, S. 113.

85 B. Loewenstein: *Handel, Frieden und Aufklärung*; o. O., o. J., S. 128.

86 Zit. nach J. W. Goette/D. Mayer/Ch. Stumpf: *Kleine Leute. Ideologiekritische Analysen zu Nestroy, Weerth und Fallada*. Frankfurt am Main/Berlin/München 1979, S. 53.

87 Zit. nach *Kindlers Literatur Lexikon*. Zürich 1971, Band 4, S. 1667f.

88 G. Freytag: *Soll und Haben*. München 1977, S. 835.

89 P. Göhre: *Das Warenhaus*. Frankfurt am Main 1907, S. 104f.

90 W. Kempowski: *Aus großer Zeit*. Hamburg 1978, S. 26f.

91 P. Göhre: *Das Warenhaus*; a. a. O., S. 36f.

92 G. Richter: *Erbauliches, belehrendes, wie auch vergnügliches Kitsch-Lexikon von A bis Z*. Gütersloh/Berlin/München/Wien 1972, S. 227.

93 P.-K. Schuster: Schön und kolossal. Industrie-Ikonen. In H. Glaser/W. Ruppert/N. Neudecker: *Industriekultur in Nürnberg*, a. a. O., S. 294.

94 W. Bölsche: *Das Liebesleben in der Natur. Eine Entwicklungsgeschichte der Liebe*. Leipzig 1901, S. 6.

95 P. Göhre: *Das Warenhaus*; a. a. O., S. 12

96 W. Spies: Der Heilige Antonius im Metzgerladen. Schaufenster von gestern. In: *Frankfurter Allgemeine Zeitung*, 16. Juli 1977.

97 P. Dehn: *Das neue Nürnberg und seine internationale Bedeutung*. München 1883, S. 15.

98 Katalog der *Bayerischen Landes-Industrie-Gewerbe- und Kunst-Ausstellung*. Nürnberg 1882. Vorwort.

99 Zit. nach J. F. Wittkop: *Europa im Gaslicht. Die hohe Zeit des Bürgertums 1848–1914*. Zürich/Freiburg im Breisgau 1979, S. 64.

100 *Weltausstellungen im 19. Jahrhundert*. Idee, Auswahl und Texte: Chr. Beutler. Mit einem Beitrag von G. Metken. Die Neue Sammlung. München o. J., S. V.

101 Ebda., S. XI.

102 Ebda., S. XVIII.

103 Ebda., S. XI f.

104 K. Pinthus: *Menschheitsdämmerung. Ein Dokument des Expressionismus*. Hamburg 1959 (1920), S. 42 f.

105 R. Rübberdt: *Geschichte der Industrialisierung*; a. a. O., S. 269.

106 H. Matzerath: Städtewachstum und Eingemeindungen im 19. Jahrhundert. In: J. Reulecke (Hrsg.): *Die deutsche Stadt im Industriezeitalter*; a. a. O., S. 67 ff.

107 H. Matzerath: Städtewachstum; a. a. O., S. 87.

108 Zit. nach G. Hermann: *Das Biedermeier im Spiegel seiner Zeit*. Berlin/Leipzig/Wien/Stuttgart o. J., S. 55.

109 K. Mann: *Der Wendepunkt*. Frankfurt am Main 1952, S. 144.

110 W. Hofmann: Preußische Stadtverordnetenversammlung als Repräsentativorgane. In: J. Reulecke (Hrsg.): *Die deutsche Stadt*; a. a. O., S. 50.

111 Für das Folgende W. Meyer: *Das Vereinswesen der Stadt Nürnberg im 19. Jahrhundert*. Nürnberg 1970, S. 119 ff.

112 Zit. nach J. P. Kleihues/E. Spiegel/H. Bönnighausen: Planungsbeispiel Siedlung Dahlhauser Heide Bochum. *Dortmunder Architekturhefte*, Nr. 12, Köln 1978, S. 11.

113 Zit. nach: Das 19. Jahrhundert. Industrialisierung – Soziale Frage. *Informationen zur Politischen Bildung*. Bonn 1975, S. 19.

114 Zit. nach A. Müller: Armenquartier. In: H. Glaser/W. Ruppert/N. Neudecker (Hrsg.): *Industriekultur in Nürnberg*; a. a. O., S. 39.

115 Th. Fontane: Frau Jenny Treibel. In: *Gesammelte Werke*. Eine Auswahl in fünf Bänden. Berlin 1915, Band 3, S. 308 f.

116 C. Pese: Beletage. In H. Glaser/W. Ruppert/N. Neudecker (Hrsg.): *Industriekultur in Nürnberg*; a. a. O., S. 40 f.

117 Zit. nach J. P. Kleihues u. a.: Planungsbeispiel Siedlung Dahlhauser Heide; a. a. O., S. 11.

118 Ebda.

119 M. Scharfe u. a.: *Das andere Tübingen. Kultur und Lebensweise der Unteren Stadt im 19. Jahrhundert*. Untersuchungen des Ludwig-Uhland-Instituts der Universität Tübingen. Sonderband. Tübingen 1978, S. 231.

120 Ebda., S. 247.

121 Hierzu R. Binder: Die Nürnberg-Fürther Straßenbahn. In G. Hirschmann/W. Schultheiß (Hrsg.): *Verkehrsentwicklung Nürnbergs im 19. und 20. Jahrhundert*. Nürnberg 1972, S. 252 ff.

122 Zit. nach G. A. Ritter/J. Kocka: *Deutsche Sozialgeschichte*; a. a. O., S. 53.

123 Ebda., S. 54 f.

124 Zit. nach Kölnischer Kunstverein: *Entwurf zu einem Lexikon von Reliquien und Relikten aus zwei Jahrtausenden. ›Köln Incognito‹* nach einer Idee von Daniel Spoerri. Köln 1979, S. 169.

125 G. Riedl: Die bayerische Gewerbeaufsicht 1879–1979. In: Bayerisches Staatsministerium für Arbeit und Sozialordnung: *100 Jahre Bayerische Gewerbeaufsicht 1879–1979*. München 1979, S. 15.

126 *Festschrift* zur Eröffnung des neuen Krankenhauses der Stadt Nürnberg. Nürnberg 1898, S. Vf.

127 Akten des Stadtarchivs Nürnberg: Armenpflegschaftsrat Nr. 1.

128 Zit. nach H. Rischbieter: Wann spielt »Die Wupper«? In: *Theater heute*, Nr. 8/1976, S. 29.

129 E. Lasker-Schüler: Die Wupper. In: *Theater heute*; a. a. O., S. 41.

130 H. Ihering. In: *Theater heute*; a. a. O., S. 29.

131 E. Lasker-Schüler: Die Wupper; a. a. O., S. 39.

132 H. Ihering. In: *Theater heute*; a. a. O., S. 29.

133 G. A. Ritter/J. Kocka: *Deutsche Sozialgeschichte*; a. a. O., S. 288.

134 E. Bloch: *Erbschaft dieser Zeit*. Frankfurt am Main 1962, S. 33 ff.

135 G. A. Ritter/J. Kocka: *Deutsche Sozialgeschichte*; a. a. O., S. 244.

136 A. Popp: *Jugend einer Arbeiterin*. Berlin/Bonn-Bad Godesberg 1977, S. 48.

137 H. J. Schütz: Einleitung zu A. Popp: *Jugend einer Arbeiterin*; a. a. O., S. 8.

138 E. M. Johansen: *Betrogene Kinder. Eine Sozialgeschichte der Kindheit*. Frankfurt am Main (Fischer Taschenbuch Bd. 6622) 1978.

139 Ebda., S. 76.

140 Vgl. ebda., S. 101.

141 Ebda., S. 82.

142 F. Braun: Wer seinen Sohn lieb hat, der züchtigt ihn. Um 1912. In: W. Emmerich (Hrsg.): *Proletarische Lebensläufe. Autobiographische Dokumente zur Entstehung der Zweiten Kultur in Deutschland*. Band 2: 1914–1945. Reinbek bei Hamburg 1975, S. 75.

143 E. Key: *Das Jahrhundert des Kindes. Studien*. Berlin 1905. Motto.

144 I. Weber-Kellermann: *Die Kindheit. Eine Kulturgeschichte*. Frankfurt am Main 1979, S. 90 ff.

145 H. Hesse: *Unterm Rad*. Berlin 1956, S. 13, 10, 124, 242 f.

146 M. Gregor-Dellin (Hrsg.): *Deutsche Schulzeit. Erinnerungen und Erzählungen aus drei Jahrhunderten*. München 1979, S. 28.

147 Zit. nach ebda., S. 16 f.

148 St. Zweig: *Die Welt von Gestern. Erinnerungen eines Europäers*. Frankfurt am Main (S. Fischer Verlag) 1970, S. 35.

149 Zit. nach P. v. Rüden/K. Koszyk (Hrsg.): *Dokumente und Materialien zur Kulturgeschichte der deutschen Arbeiterbewegung. 1848–1918*. Frankfurt am Main/Wien/Zürich 1979, S. 24.

150 Vgl. F. K. Ringer: Bildung, Wirtschaft und Gesellschaft in Deutschland 1800–1960. In: *Geschichte und Gesellschaft*, Heft 1/1980, S. 5 ff.

151 F. Paulsen: *Das deutsche Bildungswesen in seiner geschichtlichen Entwicklung*. Leipzig 1912, S. 171.

152 Zit. nach Gregor-Dellin: *Deutsche Schulzeit*; a. a. O., S. 114.

153 J. Paul: Billet an meine Freunde anstatt einer Vorrede. Leben des Quintus Fixlein. *Jean Pauls Werke*. Dritter Teil. Berlin o. J., S. 9 ff.

154 H. Heine: *Werke und Briefe in zehn Bänden*. Hrsg. von H. Kaufmann. Berlin-Ost 1961, Band 3, S. 41.

155 Zit. nach M. Zimmermann: *Die Gartenlaube als Dokument ihrer Zeit*. München o. J., S. 11.

156 Vgl. W. Busch: *Humoristischer Hausschatz mit 1500 Bildern*. München 1925, S. 123f. (»Tobias Knopp«).

157 D. Sternberger: *Panorama oder Ansichten vom 19. Jahrhundert*. Hamburg 1955, S. 161ff.

158 Vgl. H. Glaser: *Sigmund Freuds Zwanzigstes Jahrhundert. Seelenbilder einer Epoche*. München 1976 (als Fischer Taschenbuch Bd. 6395), S. 76ff.

159 E. Friedell: *Kulturgeschichte der Neuzeit*. München 1931, Band 3, S. 358f.

160 W. Benjamin: *Berliner Kindheit um Neunzehnhundert*. Frankfurt am Main 1962, S. 119, 121ff.

161 Fr. v. Schiller: *Gedichte und Dramen*. Hrsg. von G. Güntter. Stuttgart o. J., S. 81f.

162 C. Julius: Alltägliche Biographien. In: *Nürnbergs Industriekultur*. Denkschrift des Schul- und Kulturreferats der Stadt Nürnberg. Nürnberg 1978, S. B 59ff.

163 H. Ibsens Werke. 3. Buch. *Meisterdramen*. Berlin o. J., S. 93f.

164 Ebda., S. 95ff.

165 J. Wettstein-Adelt: *3 ½ Monate Fabrik-Arbeiterin*. Berlin 1893, S. 1.

166 Ebda., S. 3. Die nachfolgenden Zitate auf den Seiten 6, 11, 18, 20, 23, 24f., 25, 26, 42f., 48f., 68, 68f., 101.

167 Vgl. M. L. Könneker: *Mädchenjahre. Ihre Geschichte in Bildern und Texten*. Darmstadt und Neuwied 1978, S. 103.

168 I. Weber-Kellermann: *Die Familie*. Frankfurt am Main 1976, S. 104.

169 Ebda., S. 104.

170 Th. Fontane: Der Stechlin: In: *Gesammelte Werke*. Berlin 1915, Band 5, S. 173.

171 R. Engelsing: Die Wohnungen der Dienstboten. In: *Frankfurter Hefte*, Heft 2/1976, S. 37.

172 Ebda., S. 38.

173 A. Wiesmüller: *Erinnerungen einer alten Dienerin. 1878–1965;* o. O., o. J. (Privatdruck)

174 A. v. Chamisso: *Sämtliche Werke in vier Bänden*. Leipzig o. J., Band 1, S. 26.

175 S. Freud: Die ›kulturelle‹ Sexualmoral und die moderne Nervosität. In: Ders.: *Studienausgabe*. Hrsg. von A. Mitscherlich / A. Richards / J. Strachey. Band IX. Frankfurt am Main (S. Fischer Verlag) 1974, S. 21f.

176 Ebda., S. 15.

177 A. Schnitzler: *Jugend in Wien. Eine Autobiographie*. Wien / München / Zürich 1968, S. 160f.

178 E. Bleuler (Hrsg.): *Dulden. Aus der Lebensbeschreibung einer Armen*. München 1910. Zit. nach W. Gottschalch: *Vatermutterkind. Deutsches Familienleben zwischen Kulturromantik und sozialer Revolution*. Berlin 1979, S. 84.

179 St. Zweig: *Die Welt von Gestern. Erinnerungen eines Europäers*; a. a. O., S. 72f.

180 R. Michels: *Die Grenzen der Geschlechtsmoral*. München / Leipzig 1911. Zit. nach W. Gottschalch: *Vatermutterkind*; a. a. O., S. 87f.

181 F. Wedekind: *Frühlings Erwachen. Eine Kindertragödie*. München / Leipzig 1914, S. 21.

182 Th. Castner: Frühlings Erwachen. In: H. Glaser/W. Ruppert/N. Neudekker: *Industriekultur in Nürnberg*; a. a. O., S. 272ff.

183 F. Schleiermacher: Versuch einer Theorie des geselligen Betragens. In: *Schleiermachers Werke*. 2 Bände. Hrsg. von O. Braun. Leipzig 1927, S. 1ff.

184 Vgl. hierzu U. Achten: *Illustrierte Geschichte des 1. Mai*. Oberhausen 1979.

185 Zit. nach: *Sozialdemokrat Magazin* Nr. 3/4 1979, S. 23.

186 Zit. nach W. Schivelbusch: *Das Paradies, der Geschmack und die Vernunft. Eine Geschichte der Genußmittel*. München/Wien 1980, S. 161.

187 Vgl. hierzu D. Hofmann/D. Pokorny/A. Werner: Arbeiterjugendbewegung in Frankfurt 1904–1945. Material zu einer verschütteten Kulturgeschichte. In: *100 Jahre Historisches Museum Frankfurt am Main 1878–1978. Drei Ausstellungen zum Jubiläum*. Frankfurt 1978.

188 A. Stauder: *Über Gartenkolonien*. Nürnberg 1909, S. 23.

189 Zit. nach P. v. Rüden/K. Koszyk (Hrsg.): *Dokumente und Materialien zur Kulturgeschichte der deutschen Arbeiterbewegung. 1848–1918*. Frankfurt am Main/Wien/Zürich 1979, S. 19.

190 Zit. nach P. v. Rüden (Hrsg.): *Beiträge zur Kulturgeschichte der deutschen Arbeiterbewegung. 1848–1918*. Frankfurt am Main/Wien/Zürich 1979, S. 21.

191 Ebda.

192 Vgl. hierzu R. Lindner/H. Th. Breuer: *»Sind doch nicht alles Beckenbauers«. Zur Sozialgeschichte des Fußballs im Ruhrgebiet*. Frankfurt am Main 1978.

193 K. Stieler: Städtisches Landleben. In K. Stieler/H. v. Schmid: *Wanderungen*; a. a. O., S. 183.

194 G. Beier: Arbeiterbildung als Bildungsarbeit. In: P. v. Rüden (Hrsg.): *Beiträge zur Kulturgeschichte der deutschen Arbeiterbewegung*; a. a. O., S. 46.

195 Vgl. W. Gottschalch/F. Karrenberg/F. J. Stegmann: *Geschichte der sozialen Ideen in Deutschland*. Hrsg. von H. Grebing. München/Wien 1969, S. 8f.

196 Zit. nach U. Schulz (Hrsg.): *Die deutsche Arbeiterbewegung 1848–1919 in Augenzeugenberichten*. München 1976, S. 24.

197 Vgl. B. Jostock: Gibt es noch ein Proletariat? In M. Feuersenger (Hrsg.): *Gibt es noch ein Proletariat?* Frankfurt am Main 1962, S. 12.

198 F. J. Stegmann: Geschichte der sozialen Ideen im deutschen Katholizismus. In W. Gottschalch u. a.: *Geschichte der sozialen Ideen*; a. a. O., S. 333.

199 Ebda., S. 334.

200 Zit. nach ebda., S. 335.

201 Ebda., S. 408.

202 Ebda., S. 408.

203 F. Karrenberg: Geschichte der sozialen Ideen im deutschen Protestantismus des 19. Jahrhunderts; in W. Gottschalch u. a.: *Geschichte der sozialen Ideen*; a. a. O., S. 577.

204 Ebda., S. 579.

205 Ebda., S. 584f.

206 Zit. nach J. Hohlfeld: *Dokumente der Deutschen Politik und Geschichte von 1848 bis zur Gegenwart*. 1. Band: Die Reichsgründung und das Zeitalter Bismarcks 1848–1890. Berlin/München o. J., S. 22.

207 U. Schulz (Hrsg.): *Die deutsche Arbeiterbewegung 1848–1919*; a. a. O.

208 Zit. nach St. Hermlin: *Deutsches Lesebuch. Von Luther bis Liebknecht*. München 1976, S. 394f.

209 H. Heine: *Werke und Briefe in zehn Bänden*; Band 2, a. a. O., S. 343f.

210 Zit. nach U. Schulz (Hrsg.): *Die deutsche Arbeiterbewegung 1848–1919*; a. a. O., S. 32.

211 F. Lassalle: *Arbeiterprogramm*. Stuttgart 1973, S. 44, 42.

212 Zit. nach P. Bleuel: *Ferdinand Lassalle oder der Kampf wider die verdammte Bedürfnislosigkeit. Eine Biographie*. München 1979, S. 46f.

213 H. Heine: *Werke und Briefe in zehn Bänden*; Band 9: Briefe 1839–1856, a. a. O., S. 216.

214 U. Schulz (Hrsg.): *Die deutsche Arbeiterbewegung*; a. a. O., S. 139.

215 Zit. nach K. O. Conrady (Hrsg.): *Das große deutsche Gedichtbuch*; a. a. O., S. 509.

216 In: *Vorwärts*, 14. August 1913, S. 1.

217 Zit. nach K. Sauer/G. Weerth: *Lorbeer und Palme. Patriotismus in deutschen Festspielen*. München 1971, S. 138.

218 Ebda., S. 139f.

219 H. Marcuse: Über den affirmativen Charakter der Kultur. In: *Kultur und Gesellschaft I*. Frankfurt am Main 1965, S. 66.

220 F. Nietzsche: *Werke*. Hrsg. von K. Schlechta. Frankfurt am Main/Berlin/Wien 1976, Band 3, S. 706.

221 W. Hartmann: *Der historische Festzug. Eine Entstehung und Entwicklung im 19. und 20. Jahrhundert*. München 1976, S. 7f.

222 W. Hardtwig: Traditionsbruch und Erinnerung. Zur Entstehung des Historismusbegriffs. In: M. Brix/M. Steinhauser (Hrsg.): *»Geschichte allein ist zeitgemäß«. Historismus in Deutschland*. Lahn-Gießen 1978, S. 25.

223 Zit. nach M. Schulte: Rettiche, Ochsen und Ludwigs schönster Tag. Die Bavaria zu München. In H. J. Hoch (Hrsg.): *Wallfahrtsstätten der Nation. Vom Völkerdenkmal zur Bavaria*. Frankfurt am Main 1971, S. 29.

224 F. Heyl: Des Deutschen Volkes Ehrentag. Eröffnung des Niederwalddenkmals. In: *Die Gartenlaube*, Jg. 1883, S. 551f.

225 Zit. nach H. Mayer (Hrsg.): *Meisterwerke deutscher Literaturkritik*. Berlin 1954ff., Band 2, S. 637f.

226 F. Nietzsche: *Werke*. Hrsg. von K. Schlechta. München 1954ff., Band II (1955), S. 991.

227 Zit. nach: *Friedrich Schiller. Leben, Werk und Wirkung. Eine Ausstellung zum Gedächtnis der 200. Wiederkehr seines Geburtstages*. Schillermuseum Marbach am Neckar 1959, S. 222f.

228 F. Schiller: Über die ästhetische Erziehung des Menschen (1793). In: *Schillers Werke*. Frankfurt am Main 1966, Band 4, S. 195.

229 Vgl. hierzu W. Hofmann: *Das irdische Paradies. Kunst im 19. Jahrhundert*. München 1960. P. Vogt: *Was sie liebten. Salonmalerei im 19. Jahrhundert*. Köln 1969.

230 W. Ross: Ekstasen unserer Großeltern. Die Literatur der Jugendstilzeit. In: *Die Zeit*, 16. August 1968.

231 Vgl. hierzu J. Frecot/F. Geist/D. Kerbs: *Fidus, 1868–1948. Zur ästhetischen Praxis bürgerlicher Fluchtbewegungen*. München 1972. Ferner Akademie der Künste Berlin: *Monte verità. Berg der Wahrheit. Lokale Anthropologie als Beitrag zur Wiederentdeckung einer neuzeitlichen sakralen Topographie*. Berlin 1979.

232 Zit. nach J. Frecot u. a.: *Fidus*; a. a. O., S. 290.

233 R. M. Rilke: Die Aufzeichnungen des Malte Laurids Brigge. In: *Sämtliche Werke*. Frankfurt am Main 1966, Band 6, S. 710.

234 A. Hauser: *Sozialgeschichte der Kunst und Literatur*. München 1953, Band 2, S. 481 ff.

235 Ebda., S. 496.

236 Ebda., S. 497.

237 Vgl. W. Benjamin: *Das Kunstwerk im Zeitalter seiner technischen Reproduzierbarkeit*. Frankfurt am Main 1963.

238 S. Kracauer: *Das Ornament der Masse. Essays*. Frankfurt am Main 1963, S. 279.

239 Zit. nach Museen der Stadt Köln: *›In unnachahmlicher Treue‹. Photographie im 19. Jahrhundert – ihre Geschichte in den deutschsprachigen Ländern*. Köln 1979, S. 28.

240 U. Peters: Die beginnende Photographie und ihr Verhältnis zur Malerei. In: *›In unnachahmlicher Treue‹*; a. a. O., S. 66.

241 Hierzu A. Barret: *Die ersten Photoreporter. 1848–1914*. Frankfurt am Main (S. Fischer Verlag) 1978, S. 5 ff.

242 Ebda., S. 8.

243 Zit. nach S. Freud: Die ›kulturelle‹ Sexualmoral und die moderne Nervosität. In ders.: *Studienausgabe*, Bd. 9, a. a. O., S. 15.

244 S. Freud: Das Unbehagen in der Kultur. In ders.: *Studienausgabe*. Band 9, a. a. O., S. 218 f.

245 Vgl. G. A. Ritter/J. Kocka: *Deutsche Sozialgeschichte*, a. a. O., S. 93.

246 M. Sperr: *Das große Schlager-Buch. Deutsche Schlager 1800 – heute*. München 1978, S. 29.

247 W. Sombart: *Die deutsche Volkswirtschaft im 19. und im Anfang des 20. Jahrhunderts*; o. O. 1919, S. 1 ff.

248 Zit. nach M. J. B. Rauck/G. Volke/F. P. Paturi: *Mit dem Rad durch zwei Jahrhunderte. Das Fahrrad und seine Geschichte*. Stuttgart 1979, S. 18.

249 C. Rabis/C. Seidl: *Radlerei!* Wien o. J., S. 3.

250 W. Kempowski: *Aus großer Zeit*. Hamburg 1978, S. 92.

251 M. J. Rauck u. a.: *Mit dem Rad durch zwei Jahrhunderte*; a. a. O., S. 42.

252 In: *Jugend*, Nr. 35/1896.

253 Hierzu und für das Folgende R. Rübberdt: *Geschichte der Industrialisierung;* a. a. O., S. 117 ff.

254 H. Hesse: *Der Steppenwolf*. München 1963, S. 20 f.

255 Ebda., S. 150 f.

256 S. Freud: Zeitgemäßes über Krieg und Tod. In ders.: *Studienausgabe*. Bd. 9, a. a. O., S. 37.

257 Ebda., S. 38.

258 E. Jünger: *Der Kampf als inneres Erlebnis*. Berlin 1929, S. 33.

259 J. van Hoddis: *Gesammelte Dichtungen*. Hrsg. von P. Pörtner. Zürich 1958, S. 28.

260 E. Canetti: *Die gerettete Zunge. Geschichte einer Jugend*. München 1977, S. 70 f.

261 H. M. Enzensberger: *Der Untergang der Titanic. Eine Komödie*. Frankfurt am Main 1978, S. 9.

262 Bericht von E. Meister, Nürnberg.

263 O. M. Graf: *Wir sind Gefangene. Ein Bekenntnis*. Mit einem Nachwort von W. Jens. München o. J., S. 518.

264 Ebda., S. 463.

265 Ebda., S. 500.

266 A. Döblin: *Berlin Alexanderplatz. Die Geschichte von Franz Biberkopf*. Berlin 1929, S. 204.

267 Ebda., S. 82.

268 Centrum Industriekultur Nürnberg: *Lebensgeschichten. Zur deutschen Sozialgschichte 1850–1950*. Ausstellungskatalog Nürnberg 1980, S. 156f.

269 H. Fallada: *Kleiner Mann – was nun?* Hamburg 1950, S. 289f.

270 Zit. nach S. Kracauer: *Die Angestellten*. Frankfurt am Main 1971, S. 36.

271 Zit. nach W. Laqueur: *Weimar. Die Kultur der Republik*. Frankfurt am Main/Berlin 1976, S. 351f. Vgl. auch H. Glaser: *Literatur des 20. Jahrhunderts in Motiven*, Band II: 1918–1933. München 1979. Ders.: *Sigmund Freuds Zwanzigstes Jahrhundert*; a. a. O.

272 K. Pinthus (Hrsg.): *Menschheitsdämmerung. Ein Dokument des Expressionismus*. Hamburg 1959, S. 22ff.

273 Ebda., S. 23.

274 H. Hesse: *Der Steppenwolf*. Berlin 1952, S. 59f.

275 O. Spengler: *Der Untergang des Abendlandes. Umrisse einer Morphologie der Weltgeschichte*. München 1923, Band 1, S. 56.

276 Für das Nachfolgende H. Glaser: *Sigmund Freuds Zwanzigstes Jahrhundert*; a. a. O., S. 262ff. Zitat nach H. P. Schwarz: *Der konservative Anarchist. Politik und Zeitkritik Ernst Jüngers*. Freiburg im Breisgau 1962, S. 68.

277 Zit. ebda., S. 69.

278 E. Jünger: *Das Wäldchen 125. Eine Chronik aus den Grabenkämpfen 1918*. Berlin 1925, S. 19.

279 E. Jünger: *Der Arbeiter. Herrschaft und Gewalt*. Hamburg 1932.

280 Zit. nach H. P. Schwarz: *Der konservative Anarchist*; a. a. O., S. 74.

281 O. Spengler: *Preußentum und Sozialismus*. München 1921.

282 Zit. nach H. P. Schwarz: *Der konservative Anarchist*; a. a. O., S. 77.

283 E. Jünger: *Der Arbeiter*; a. a. O., S. 65.

284 So etwa Klaus Mann 1930; vgl. M. Reich-Ranicki: Schwermut und Schminke. Zum Fall Klaus Mann aus Anlaß der zweibändigen Ausgabe seiner Briefe. In: *Frankfurter Allgemeine Zeitung*, 13. März 1976.

285 K. Sontheimer: *Antidemokratisches Denken in der Weimarer Republik. Die politischen Ideen des deutschen Nationalismus zwischen 1918 und 1933*. München 1962, S. 23.

286 Vgl. ebda., S. 306ff.

287 Ebda., S. 308.

288 J. Lesser: *Von deutscher Jugend*. Berlin 1932, S. 132.

289 Vgl. hierzu die Rolle, die der Staatsrechtler Carl Schmitt spielte. K. Sontheimer: *Antidemokratisches Denken*; a. a. O., S. 197.

290 Ebda., S. 331.

291 Vgl. H. Grimm: *Volk ohne Raum*. München 1928.

292 K. Sontheimer: *Antidemokratisches Denken*; a. a. O., S. 336.

293 Ebda., S. 338.

294 Ebda., S. 339f.

295 Moeller van den Bruck: *Das Dritte Reich*. Hamburg 1932, S. 229f.

296 Vgl. Sebastian Haffner u. a.: *Der Vertrag von Versailles*. München 1978.

297 H. Kesten: *Dichter im Café*. München/Wien/Basel 1965, S. 340.

298 K. Tucholsky: *Panter, Tiger & Co. Eine neue Auswahl aus seinen Schriften und Gedichten*. Hrsg. von M. Gerold-Tucholsky. Hamburg 1954, S. 13.

299 Vgl. A. Hitler: *Mein Kampf*. München 1934, S. 311f., 44, 316f., 324, 267, 314, 351, 70.

300 A. Rosenberg: *Blut und Ehre. Ein Kampf für die deutsche Wiedergeburt. Reden und Aufsätze 1919–1933*. München 1934, S. 221ff.

301 Vgl. hierzu H. Pross: *Die Zerstörung der deutschen Politik. Dokumente 1871–1933*. Frankfurt am Main 1959.

302 M. Kaléko: *Das lyrische Stenogrammheft*; o. O. 1956, S. 21.

303 Vgl. hierzu R. Rübberdt: *Geschichte der Industrialisierung*; a. a. O., S. 104f.

304 Zit. nach F. W. Hymmen: Überschätzt und unterschätzt: Hans Bredow. In: *Frankfurter Allgemeine Zeitung*, 23. November 1979.

305 *Berliner Illustrirte Zeitung*, 6. Januar 1924.

306 R. Arnheim: *Rundfunk als Hörkunst*. München/Wien 1979, S. 14f.

307 Zit. nach P. Dahl: *Arbeitersender und Volksempfänger. Proletarische Radio-Bewegung und bürgerlicher Rundfunk bis 1945*. Frankfurt am Main 1978, S. 13.

308 Zit. ebda., S. 15.

309 Zit. ebda., S. 20.

310 Zit. ebda., S. 24.

311 Zit. ebda., S. 39.

312 Zit. ebda., S. 95.

313 Zit. ebda., S. 108.

314 Zit. nach R. Binion: *»... daß ihr mich gefunden habt«. Hitler und die Deutschen: Eine Psychohistorie*. Stuttgart 1978, S. 15.

315 Zit. ebda., S. 78.

316 W. Sofsky; Die Perfektion der Vernichtung. Zur Gesellschaftsgeschichte des Konzentrationslagers. In: *Neue Rundschau*, Heft 1/1993.

317 G. Salus: *Niemand, nichts – ein Jude. Theresienstadt, Auschwitz, Oederan*. Darmstadt 1981, S. 8ff.

318 S. Freud: Zeitgemäßes über Krieg und Tod. In: Sigmund Freud. *Studienausgabe*. Hrsg. von A. Mitscherlich/A. Richards/J. Strachey. Band I–X. Frankfurt am Main 1969ff. Band IX, S. 38ff.

319 Th. W. Adorno: *Negative Dialektik*. Frankfurt am Main 1990, S. 358f.

320 B. Brecht: Auf einem Meilenstein der Autostraßen. In: *Gesammelte Werke*. Band 9. Frankfurt am Main 1967, S. 736.

321 W. Kempowski: *Haben Sie Hitler gesehen? Deutsche Antworten*. Reinbek bei Hamburg 1979, S. 73, 79.

322 H. Dachs: Der Dieselmotor. In: *Die Dame. Ein deutsches Journal für den verwöhnten Geschmack 1912–1943*. Zusammengestellt und hrsg. von Christian Ferber. Frankfurt am Main/Berlin/Wien 1980, S. 309.

323 Wolfgang Sachs: *Die Liebe zum Automobil. Ein Rückblick auf die Geschichte unserer Wünsche*. Reinbek bei Hamburg 1984, S. 64.

324 A. Mechtel: *Wir sind arm. Wir sind reich*. Stuttgart 1977, S. 109.

325 E. Kuby: *Rosemarie. Des deutschen Wunders liebstes Kind*. Stuttgart 1958, S. 117.

326 Zit. H. Glaser: *Das Automobil. Eine Kulturgeschichte in Bildern*. München 1986, S. 184.

327 H. W. Richter: Unterhaltungen am Schienenstrang, In: *Der Ruf*, Nr. 1. 10. 1946, S. 6ff.

328 W. Borchert: *Das Gesamtwerk*, mit einem biographischen Nachwort von B. Meyer-Marwitz. Reinbek bei Hamburg 1949, S. 61f.

329 Zit. nach D. Hoeghes: *Alles veloziferisch. Die Eisenbahn – vom schönen Ungeheuer zur Ästhetik der Geschwindigkeit*. Rheinbach-Merzbach 1985, S. 9.

330 Vgl. H. J. Braun/W. Kaiser: *Energiewirtschaft, Automatisierung, Information. Seit 1914*. Propyläen Technikgeschichte, Band 5. Berlin 1992, S. 132f.

331 G. d'Annunzio: *Vielleicht, vielleicht auch nicht*. Roman. München 1989, S. 87.

332 F. Kafka: *Die Aeroplane in Brescia*. Frankfurt am Main 1977, S. 17ff.

333 H. J. Braun/W. Kaiser: Propyläen Technikgeschichte; a. a. O., S. 139.

334 W. König: Propyläen Technikgeschichte; a. a. O., Einführung des Herausgebers. S. 5.

335 Vgl. N. Postman: *Das Verschwinden der Kindheit*. Frankfurt am Main 1983. Ferner N. Postman: *Wir amüsieren uns zu Tode*. Frankfurt am Main 1985.

336 Günter Anders: *Die Antiquiertheit des Menschen*. München 1980.

337 H. J. Braun/W. Kaiser: Propyläen Technikgeschichte; a. a. O., S. 283ff.

338 Vgl. auch J. Habermas: *Der philosophische Diskurs der Moderne*. Frankfurt am Main 1985.

339 Thomas Nipperdey: Geschichte als Aufklärung. In: *Die Zeit*, 22. 2. 1980.

340 H. M. Enzensberger: Über die Schwierigkeiten der Umerziehung. In: *Gedichte 1955–1970*. Frankfurt am Main 1971, S. 128f.

341 A. A. Guha: Das Notwendige wird utopisch. In: *Frankfurter Rundschau*, 9. 8. 1980.

342 D. Meadows: *Die Grenzen des Wachstums. Bericht des Club of Rome zur Lage der Menschheit*. Stuttgart 1974, S. 164.

343 R. Schneider: Die Grünen – ein Unglück. In: *Der Spiegel*, Heft 13/1980, S. 38f.

344 Th. Leuenberger/R. Schilling: *Die Ohnmacht des Bürgers. Plädoyer für eine nachmoderne Gesellschaft*. Frankfurt am Main 1977, S. 224ff.

345 G. Grass: *Aus dem Tagebuch einer Schnecke*. Neuwied/Darmstadt 1972, S. 368.

Auswahlbibliographie

Akademie der Künste (Hrsg.): Puppe, Fibel, Schießgewehr. Das Kind im kaiserlichen Deutschland; o. O. (Berlin) o. J.

Akademie der Künste (Hrsg.): Aspekte der Gründerzeit. 1870–1890; o. O. (Berlin) 1974.

Akademie der Künste Berlin (Hrsg.): Monte Verità. Berg der Wahrheit. Berlin 1979.

Andritzky, M. (Hrsg.): Oikos. Von der Feuerstelle zur Mikrowelle. Haushalt und Wohnen im Wandel. Gießen o. J.

Asmus, G. (Hrsg.): Hinterhof, Keller und Mansarde. Einblicke in Berliner Wohnungselend 1901–1920. Reinbek bei Hamburg 1982.

Aust, S./Lemke, St.: Abenteuer Zeppelin. Ravensburg 1988.

Bänsch, D. (Hrsg.): Die fünfziger Jahre. Beiträge zu Politik und Kultur. Tübingen 1985.

Ballhaus, E.: Abschied vom alten Dorf. Eine Dorfentwicklung von 1900 bis heute im Spiegel der Photographie und in den Aussagen der Bewohner. Wiesbaden 1986.

Barret, A. (Hrsg.): Die große Zeit der Eisenbahnen. 1832–1914. Frankfurt am Main 1979.

Bauer, R./Gerstenberg, G./Peschel, W. (Hrsg.): Im Dunst aus Bier, Rauch und Volk. Arbeit und Leben in München von 1840–1945. Ein Lesebuch. München 1989.

Beier, R.: Frauenarbeit und Frauenalltag im Deutschen Kaiserreich. Heimarbeiterinnen in der Berliner Bekleidungsindustrie 1880–1914. Frankfurt am Main 1983.

Benevolo, L.: Die Geschichte der Stadt. Frankfurt am Main 1984.

Benker, G.: Bürgerliches Wohnen. Städtische Wohnkultur in Mitteleuropa von der Gotik bis zum Jugendstil. München 1984.

Berckenhagen, E.: Schiffe, Häfen, Kontinente. Eine Kulturgeschichte der Seefahrt. Berlin 1983.

Bitsch, I./Ehlert, T./Ertzdorff, X. v.: Essen und Trinken in Mittelalter und Neuzeit. Sigmaringen 1987.

Blumenschein, U.: Luxusliner. Glanz und Elend der großen Passagierschiffe des Atlantiks. Oldenburg/Hamburg 1975.

Braun, R./Fischer, W./Großkreutz, H./Volkmann, H. (Hrsg.): Industrielle Revolution. Wirtschaftliche Aspekte. Köln 1976.

Brennecke, J.: Geschichte der Schiffahrt. Künzelsau 1981.

Brix, M./Steinhauser, M. (Hrsg.): Geschichte allein ist zeitgemäß. Historismus in Deutschland. Lahn-Gießen 1978.

Brüggemann, B./Riehle, R.: Das Dorf. Über die Modernisierung einer Idylle. Frankfurt am Main 1986.

Budde, G.-F. (Hrsg.): In Träumen war ich immer wach. Das Leben des Dienstmädchens Sophia von ihr selbst erzählt. Bonn 1989.

Buddensieg, T. (Hrsg.): Industriekultur. Peter Behrens und die AEG 1907–1914. Berlin 1979.

Buddensieg, T./Rogge, H. (Hrsg.): Die Nützlichen Künste. Gestaltende Technik und Bildende Kunst seit der Industriellen Revolution. Berlin 1981.

Busse, M.: Die Auto-Dämmerung. Sachzwänge für eine neue Verkehrspolitik. Frankfurt am Main 1980.

Calogeras, R. C.: Die Krupp-Dynastie und die Wurzeln des deutschen Nationalcharakters. Eine psychoanalytische Kulturstudie. München 1989.

Cardorff, P.: Was gibt's denn da zu feiern? Linke Festlichkeiten von den Anfängen der Arbeiterbewegung bis heute. Wien 1983.

Cipolla, C. M./Borchardt, K. (Hrsg.): Europäische Wirtschaftsgeschichte. 5 Bände. Stuttgart 1986.

Clausberg, K.: Zeppelin. Die Geschichte eines unwahrscheinlichen Erfolges. München 1979.

Conti, Chr.: Abschied vom Bürgertum. Alternative Bewegungen in Deutschland von 1890 bis heute. Reinbek bei Hamburg 1984.

Corti, E. C.: Geschichte des Rauchens. Die trockene Trunkenheit. Frankfurt am Main 1986.

Dahl, P.: Arbeitersender und Volksempfänger. Proletarische Radio-Bewegung und bürgerlicher Rundfunk bis 1945. Frankfurt am Main 1978.

Dahl, P.: Radio. Sozialgeschichte des Rundfunks für Sender und Empfänger. Reinbek bei Hamburg 1983.

Debeir, J.-C./Deléage, J.-P./Hémery, D.: Prometheus auf der Titanic. Geschichte der Energiesysteme. Frankfurt am Main 1989.

Delille, A./Grohn, A.: Perlonzeit. Wie die Frauen ihr Wirtschaftswunder erlebten. Berlin 1985.

Deppe, W.: Drei Generationen Arbeiterleben. Eine soziobiographische Darstellung. Frankfurt am Main 1982.

Dietz, G. (Hrsg.): Die wilden Zwanziger. Weimar und die Welt 1919–1923. Berlin 1985.

Dietz, G. (Hrsg.): Klamm, Heimlich & Freude. Die Siebziger Jahre. Berlin 1987.

Dohrn van Rossum, G.: Die Geschichte der Stunde. Uhren und moderne Zeitordnungen. München 1992.

Dröge, F./Krämer-Badoni, Th.: Die Kneipe. Zur Soziologie einer Kulturform. Frankfurt am Main 1986.

Eckermann, E.: vom Dampfwagen zum Auto. Motorisierung des Verkehrs. Reinbek bei Hamburg 1981.

Eggebrecht, A./Flemming J. u. a. (Hrsg.): Geschichte der Arbeit. Vom Alten Ägypten bis zur Gegenwart. Köln 1980.

Emig, B.: Die Veredelung des Arbeiters. Sozialdemokratie als Kulturbewegung. Frankfurt am Main/New York 1980.

Emmerich, W. (Hrsg.): Proletarische Lebensläufe. Autobiographische Dokumente zur Entstehung der Zweiten Kultur in Deutschland. 2 Bände. Reinbek bei Hamburg 1976.

Engelsing, R.: Zur Sozialgeschichte deutscher Mittel- und Unterschichten. Göttingen 1978.

Enzensberger, H. M./Nitsche, R. (Hrsg.): Klassenbuch 1, 2, 3. Ein Lesebuch zu den Klassenkämpfen in Deutschland 1756–1850, 1850–1919, 1920–1971. Darmstadt/Neuwied 1972.

Eurich, C.: Dreißig Jahre Fernsehalltag. Wie das Fernsehen unser Leben verändert hat. Reinbek bei Hamburg 1983.
Frankenberg, R. v./Matteucci, M.: Geschichte des Automobils. Künzelsau 1973 und Turin 1970.
Fuchs, E.: Illustrierte Sittengeschichte. 6 Bände. Frankfurt am Main 1985.
Fülberth, G./Dietz, G. (Hrsg.): Fin de siècle. Hundert Jahre Jahrhundertwende. Berlin 1988.
Gay, P.: Erziehung der Sinne. Sexualität im bürgerlichen Zeitalter. München 1986.
Gay, P.: Die zarte Leidenschaft. Liebe im bürgerlichen Zeitalter. München 1987.
Gehlen, A.: Die Seele im technischen Zeitalter. Sozialpsychologische Probleme in der industriellen Gesellschaft. Hamburg 1957.
Geist, J. F./Kürvers, K.: Das Berliner Mietshaus. 3 Bände. München 1980ff.
Genth, R./Hoppe, J.: Telephon. Der Draht an dem wir hängen. Berlin 1986.
Giedion, S.: Die Herrschaft der Mechanisierung. Ein Beitrag zur anonymen Geschichte. Frankfurt am Main 1987.
Glaser, H./Ruppert, W./Neudecker, N. (Hrsg.): Industriekultur in Nürnberg. Eine deutsche Stadt im Maschinenzeitalter. München 1980.
Glaser, H./Pützstück, W.: Ein deutsches Bilderbuch. 1870–1918. Die Gesellschaft einer Epoche in alten Photographien. München 1982.
Glaser, H.: Von der Kultur der Leute. Ein Lesebuch. Frankfurt am Main/Berlin/Wien 1983.
Glaser, H./Neudecker, N.: Die deutsche Eisenbahn. Bilder aus ihrer Geschichte. München 1984.
Glaser, Hermann: Die Kultur der Wilhelminischen Zeit. Topographie einer Epoche. Frankfurt am Main 1984.
Glaser, H.: Das Automobil. Eine Kulturgeschichte in Bildern. München 1986.
Glaser, H./Werner, Th.: Die Post in ihrer Zeit. Eine Kulturgeschichte menschlicher Kommunikation. Heidelberg 1990.
Gottschalch, W.: Vatermutterkind. Deutsches Familienleben zwischen Kulturrevolution und sozialer Romantik. Berlin 1979.
Grebing, H. (Hrsg.): Geschichte der sozialen Ideen in Deutschland. München 1969.
Grebing, H.: Geschichte der deutschen Arbeiterbewegung. Ein Überblick. München 1970.
Greverus, I.-M. (Hrsg.): Kultur und Alltagswelt. Eine Einführung in Fragen der Kulturanthropologie. München 1978.
Greverus, I.-M.: Auf der Suche nach Heimat. München 1979.
Grote, L. (Hrsg.): Die deutsche Stadt im 19. Jahrhundert. München 1974.
Grube, F./Richter G. (Hrsg.): Das große Buch der Eisenbahn. Hamburg 1979.
Grunwald, G./Merz, F. (Hrsg.): Vorwärts 1876–1976. Ein Querschnitt in Faksimiles. Berlin/Bonn-Bad Godesberg 1976.
Hagemann, K.: Frauenalltag und Männerpolitik. Alltagsleben und gesellschaftliches Handeln von Arbeiterfrauen in der Weimarer Republik. Berlin/Bonn 1990.
Hardach-Pinke, I./Hardach, G. (Hrsg.): Deutsche Kindheiten. Autobiographische Zeugnisse 1700–1900. Kronberg 1978.

Hartenstein, L. (Hrsg.): Facsimile. Querschnitt durch den Kladderadatsch. München/Bern/Wien 1965.
Hartmann, K.: Deutsche Gartenstadtbewegung. Kulturpolitik und Gesellschaftsreform. München 1976.
Hartmann, W.: Der historische Festzug. Seine Entstehung und Entwicklung im 19. und 20. Jahrhundert. München 1976.
Hausen K./Rürup, R. (Hrsg.): Moderne Technikgeschichte. Köln 1975.
Hauser, A.: Sozialgeschichte der Kunst und Literatur. 2 Bände. München 1953.
Heimrath, U. (Hrsg.): Deutsche Literatur im Wilhelminischen Zeitalter. Kunsttheoretische Schriften und literarische Beispiele. Frankfurt am Main/Berlin/München 1978.
Heise, U.: Kaffee und Kaffeehaus. Eine Kulturgeschichte. Hildesheim 1987.
Hermand, J./Trommler, F. (Hrsg.): Die Kultur der Weimarer Republik. München 1978.
Herzig, A./Trautmann, G. (Hrsg.): »Der kühnen Bahn nur folgen wir...« Ursprünge, Erfolge und Grenzen der Arbeiterbewegung. 2 Bände. Hamburg 1990.
Hirschfelder, H. U./Nieke, G. (Hrsg.): Kopf oder Zahl. Ein Lesebuch vom Geld. Frankfurt am Main 1990.
Hobsbawm, E. J.: Die Blütezeit des Kapitals. Eine Kulturgeschichte der Jahre 1848–1875. Frankfurt am Main 1980.
Hoffmann, H./Klotz, H. (Hrsg.): Die Kultur unseres Jahrhunderts: Die Sechziger. Düsseldorf 1987.
Hubmann, F.: Das deutsche Familienalbum. Die Welt von Gestern in alten Photographien. Von der Romantik zum zweiten Kaiserreich. Herrsching o. J.
Huck, G. (Hrsg.): Sozialgeschichte der Freizeit. Untersuchungen zum Wandel der Alltagskultur in Deutschland. Wuppertal 1982.
Hugger, P. (Hrsg.): Stadt und Fest. Zur Geschichte und Gegenwart europäischer Festkultur. Stuttgart 1987.
Hundert Jahre Automobil. Seine Entwicklung und Herstellung, seine Krisen und Triumphe, die großen Marken. München 1985.
Illich, I.: Selbstbegrenzung. Eine politische Kritik der Technik. Reinbek bei Hamburg 1980.
Industriegewerkschaft Metall (Hrsg.): Vorwärts und nicht vergessen. Düsseldorf 1977.
Ingold, F. P.: Literatur und Aviatik. Europäische Flugdichtung 1909–1927; o. O. 1976.
Jacobeit, S. u. W.: Illustrierte Alltagsgeschichte des deutschen Volkes. 2 Bände. Köln 1988.
Jaide, W.: Generationen eines Jahrhunderts. Zur Geschichte der Jugend in Deutschland 1871–1985. Leverkusen 1987.
Jedding-Gesterling, M. (Hrsg.): Die Frisur. Eine Kulturgeschichte der Haarmode von der Antike bis zur Gegenwart. München 1988.
Johansen, E. M.: Betrogene Kinder. Eine Sozialgeschichte der Kindheit. Frankfurt am Main 1978.
Julius, C.: Von feinen und von kleinen Leuten. Alltagsgeschichte in Lebensberichten aus den Jahren 1918–1931. Weinheim 1981.

Jungwirth, N.: Die Pubertät der Republik. Die 50er Jahre der Deutschen. Frankfurt am Main 1978.
Kidder, T.: Die Seele einer neuen Maschine. Vom Entstehen eines Computers. Reinbek bei Hamburg 1984.
Killy, W. (Hrsg.): Zeichen der Zeit. Ein deutsches Lesebuch. Band 2–4. Frankfurt am Main/Hamburg 1960.
Klingender, F. D.: Kunst und Industrielle Revolution. Frankfurt am Main 1976.
Klönne, A.: Die deutsche Arbeiterbewegung. Geschichte – Ziele – Wirkungen. Düsseldorf/Köln 1980.
Kludas, A.: Die Geschichte der deutschen Passagierschiffahrt. 5 Bände. Hamburg 1986ff.
Koch, H. J. (Hrsg.): Wallfahrtsstätten der Nation. Vom Völkerschlachtdenkmal zur Bavaria. Frankfurt am Main 1971.
Kocka, J.: Arbeitsverhältnisse und Arbeiterexistenzen. Grundlagen der Klassenbildung im 19. Jahrhundert. Herausgegeben von G. A. Ritter. Band 2. Berlin/Bonn 1990.
König, W. (Hrsg.): Propyläen Technikgeschichte. 5 Bände. Berlin 1991f.
Könneker, M.-L. (Hrsg.): Mädchenjahre. Ihre Geschichte in Bildern und Texten. Darmstadt/Neuwied 1978.
Kotowski, G./Pöls, W./Ritter, G. A. (Hrsg.): Das wilhelminische Deutschland. Stimmen der Zeitgenossen. Frankfurt am Main 1965.
Krämer-Badoni, Th./Grymer, H./Rodenstein, M.: Zur sozioökonomischen Bedeutung des Automobils. Frankfurt am Main 1971.
Kubisch, U.: Motor-Roller mobil. Vom zivilisierten Zweirad zum Fast-Automobil. Eine Geschichte der Massenmotorisierung. Berlin 1985.
Kuczynski, J.: Geschichte des Alltags des deutschen Volkes: 1600–1945. 5 Bände. Köln 1981f.
Kürbisch, F. G. (Hrsg.): Wir lebten nie wie Kinder. Ein Lesebuch. Berlin/Bonn 1979.
Kuhn, R./Kreutz, B.: Der Matrosenanzug – Kulturgeschichte eines Kleidungsstücks. Dortmund 1989.
Kunsthalle Bremen (Hrsg.): Simplicissimus. Eine satirische Zeitschrift. München 1896–1944. München 1977.
Kutsch, A. (Hrsg.): Träume brauchen nicht viel Platz. Wunschträume 1918–1948. Hamburg 1984.
Kutsch, A. (Hrsg.): Schön und klug und dann auch noch reich. Wunschträume 1950–1985. Hamburg 1985.
Lachmayer, H./Mattl-Wurm, S./Gargerle, Chr. (Hrsg.): Das Bad. Eine Geschichte der Badekultur im 19. und 20. Jahrhundert. Salzburg/Wien 1991.
Landes, D. S.: Der entfesselte Prometheus. Technologischer Wandel und industrielle Entwicklung in Westeuropa von 1750 bis zur Gegenwart. Köln 1973.
Lane, H.: Mit der Seele hören. Die Geschichte der Taubheit. München 1988.
Langewiessche, D./Schönhoven, K. (Hrsg.): Arbeiter in Deutschland. Studien zur Lebensweise der Arbeiterschaft im Zeitalter der Industrialisierung. Paderborn 1981.
Laqueur, W.: Weimar. Die Kultur der Republik. Frankfurt am Main/Berlin 1976.
Lenk, H.: Zur Sozialphilosophie der Technik. Frankfurt am Main 1982.
Leroy, B./Szafran, M.: Die große Geschichte der Zigarre; o. O. 1989.

Lipp, W.: Natur – Geschichte – Denkmal. Zur Entstehung des Denkmalbewußtseins der bürgerlichen Gesellschaft. Frankfurt am Main 1987.

Loschek, I.: Mode im 20. Jahrhundert. Eine Kulturgeschichte unserer Zeit. München 1988.

Maedel, K.-E.: Liebe alte Bimmelbahn. Eine Erinnerung an unsere deutschen Klein- und Nebenbahnen. Stuttgart 1976.

Maenz, P.: Die fünfziger Jahre. Formen eines Jahrzehnts. Stuttgart 1978.

Mahr, J.: Eisenbahnen in der deutschen Dichtung. Der Wandel eines literarischen Motivs im 19. und im beginnenden 20. Jahrhundert. München 1982.

Mennell, St.: Die Kultivierung des Appetits. Geschichte des Essens vom Mittelalter bis heute. Frankfurt am Main 1988.

Meyer, S./Schulze, E.: Von Liebe sprach damals keiner. Familienalltag in der Nachkriegszeit. München 1985.

Mittig, H.-E./Plagemann, V. (Hrsg.): Denkmäler im 19. Jahrhundert. München 1972.

Moulin, L.: Augenlust und Tafelfreuden. Eine Kulturgeschichte vom Essen und Trinken in Europa. Steinhagen 1989.

Müller, H.: Dienstbare Geister. Leben und Arbeitswelt städtischer Dienstboten. Berlin 1985.

Mumford, L.: Mythos der Maschine. Kultur, Technik und Macht. Frankfurt am Main 1981.

Murken, A. H.: Das Bild des deutschen Krankenhauses im 19. Jahrhundert. Münster 1978.

Museen der Stadt Köln (Hrsg.): In unnachahmlicher Treue. Photographie im 19. Jahrhundert – ihre Geschichte in den deutschsprachigen Ländern. Köln 1979.

Nagel, R. (Hrsg.): Abfahrt auf Gleis 11. Die schönsten Eisenbahngeschichten. München 1980.

Neue Sammlung, Staatliches Museum für angewandte Kunst (Hrsg.): Weltausstellungen im 19. Jahrhundert. München 1973.

Neue Sammlung (Hrsg.): Profitopolis oder der Mensch braucht eine andere Stadt. München 1978.

Neue Sammlung (Hrsg.): Neunzehnhundertfünfzig: Orientierung nach dem Kriege. Eine Ausstellung der Neuen Sammlung. München 1980.

Niethammer, L. (Hrsg.): Wohnen im Wandel. Beiträge zur Geschichte des Alltags in der bürgerlichen Gesellschaft. Wuppertal 1979.

Oberliesen, R.: Information, Daten und Signale. Geschichte technischer Informationsverarbeitung. Reinbek bei Hamburg 1982.

Oettermann, St.: Das Panorama. Die Geschichte eines Massenmediums. Frankfurt am Main 1980.

Ottmüller, U.: Die Dienstbotenfrage. Zur Sozialgeschichte der doppelten Ausnutzung von Dienstmädchen im deutschen Kaiserreich. Münster 1978.

Pallach, U.-Chr.: Hunger. Quellen zu einem Alltagsproblem seit dem Dreißigjährigen Krieg. München 1986.

Perrot, M. (Hrsg.): Geschichte des privaten Lebens. Band 4: Von der Revolution zum Großen Krieg. Frankfurt am Main 1992.

Peukert, D./Reulecke, J. (Hrsg.): Die Reihen fast geschlossen. Beiträge zur Geschichte des Alltags unterm Nationalsozialismus. Wuppertal 1981.

Pöls, W. (Hrsg.): Deutsche Sozialgeschichte. Dokumente und Skizzen. Band I: 1815–1870. München 1976.
Pörtner, R. (Hrsg.): Sternstunden der Technik. Forscher und Erfinder verändern die Welt. Düsseldorf 1986.
Pörtner, R. (Hrsg.): Kindheit im Kaiserreich. Erinnerungen an vergangene Zeiten. Düsseldorf 1987.
Polster, B.: Tankstellen. Die Benzingeschichte. Berlin 1982.
Pross, H. (Hrsg.): Die Zerstörung der deutschen Politik. Dokumente 1871–1933. Frankfurt am Main 1959.
Pross, H. (Hrsg.): Deutsche Politik 1803–1870. Dokumente und Materialien. Frankfurt am Main 1963.
Puls, D. (Hrsg.): Wahrnehmungsformen und Protestverhalten. Studien zur Lage der Unterschichten im 18. und 19. Jahrhundert. Frankfurt am Main 1979.
Rauck, M. J. B./Volke, G./Paturi, F. R.: Mit dem Rad durch zwei Jahrhunderte. Das Fahrrad und seine Geschichte. Aarau 1979.
Reulecke, J./Weber, W. (Hrsg.): Fabrik – Familie – Feierabend. Beiträge zur Sozialgeschichte des Alltags im Industriezeitalter. Wuppertal 1978.
Reulecke, J. (Hrsg.): Die deutsche Stadt im Industriezeitalter. Beiträge zur modernen deutschen Stadtgeschichte. Wuppertal 1980.
Rezac, K.: Rund um die großen Erfindungen. Freiburg 1986.
Richter, G. (Hrsg.): Die gute alte Zeit im Bild. Alltag im Kaiserreich 1871–1914. Gütersloh/Berlin/München/Wien 1974.
Riehl, W. H.: Die bürgerliche Gesellschaft. Frankfurt am Main/Berlin/Wien 1976.
Ritter, G. A./Kocka, J. (Hrsg.): Deutsche Sozialgeschichte. Dokumente und Skizzen. Band II: 1870–1914. München 1977.
Rosenbaum, H.: Formen der Familie. Frankfurt am Main 1982.
Rosenberg, H.: Große Depression und Bismarckzeit. Wirtschaftsablauf, Gesellschaft und Politik in Mitteleuropa. Berlin 1967.
Rossberg, R. R. (Hrsg.): Vom Reiz der Eisenbahn. Künzelsau/Thalwil/Straßburg/Salzburg 1979.
Rübberdt, R.: Geschichte der Industrialisierung. Wirtschaft und Gesellschaft auf dem Weg in unsere Zeit. München 1972.
Rüden, O. v. (Hrsg.): Beiträge zur Kulturgeschichte der deutschen Arbeiterbewegung 1848–1918. Frankfurt am Main/Wien/Zürich 1979.
Rühle, O.: Illustrierte Kultur- und Sittengeschichte des Proletariats. 2 Bände. Frankfurt am Main 1971 ff.
Ruppert, W.: Die Fabrik. Die Geschichte von Arbeit und Industrialisierung in Deutschland. München 1983.
Ruppert, W.: Die Arbeiter. Lebensform, Alltag und Kultur. München 1986.
Rutschky, K. (Hrsg.): Schwarze Pädagogik. Quellen zur Naturgeschichte der bürgerlichen Erziehung. Frankfurt am Main/Berlin/Wien 1977.
Sachs, W.: Die Liebe zum Automobil. Ein Rückblick auf die Geschichte unserer Wünsche. Reinbek bei Hamburg 1984.
Sachße, Chr./Tennstedt, F. (Hrsg.): Bettler, Gauner und Proleten. Armut und Armenfürsorge in der deutschen Geschichte. Reinbek bei Hamburg 1983.
Sack, M.: Das deutsche Wohnzimmer. Frankfurt am Main/Luzern 1980.

Saint-Laurent, C.: Drunter. Eine Kultur- und Phantasie-Geschichte der weiblichen Dessous. Wien 1988.

Salmen, W.: Das Konzert. Eine Kulturgeschichte. München 1988.

Sauer, K./Werth, G.: Lorbeer und Palme. Patriotismus in deutschen Festspielen. München 1971.

Saul, K. (Hrsg.): Arbeiterfamilien im Kaiserreich. Materialien zur Sozialgeschichte in Deutschland 1871–1914. Düsseldorf 1982.

Schadendorf, W.: Das Jahrhundert der Eisenbahn. München 1965.

Schafer, M.: Klang und Krach. Eine Kulturgeschichte des Hörens. Herausgegeben von H. Boehncke. Frankfurt am Main 1988.

Schenda, R.: Die Lesestoffe der Kleinen Leute. Studien zur populären Literatur im 19. und 20. Jahrhundert. München 1976.

Schivelbusch, W.: Geschichte der Eisenbahnreise. Zur Industrialisierung von Raum und Zeit im 19. Jahrhundert. München/Wien 1977.

Schivelbusch, W.: Das Paradies, der Geschmack und die Vernunft. Eine Geschichte der Genußmittel. München/Wien 1980.

Schivelbusch, W.: Lichtblicke. Zur Geschichte der künstlichen Helligkeit im 19. Jahrhundert. München/Wien 1983.

Schmied, G.: Sterben und Trauern in der modernen Gesellschaft. Leverkusen 1985.

Schöfer, E. (Hrsg.): Der rote Großvater erzählt. Berichte und Erzählungen von Veteranen der Arbeiterbewegung aus der Zeit von 1914 bis 1945. Frankfurt am Main 1974.

Schönbaum, D.: Die braune Revolution. Eine Sozialgeschichte des Dritten Reiches. München 1980.

Schütz, H. J. (Hrsg.): Der wahre Jacob. Ein halbes Jahrhundert in Faksimiles. Berlin/Bonn-Bad Godesberg 1977.

Schulte, R.: Sperrbezirke. Tugendhaftigkeit und Prostitution in der bürgerlichen Welt. Frankfurt am Main 1979.

Schultz, U. (Hrsg.): Das Fest. Eine Kulturgeschichte von der Antike bis zur Gegenwart. München 1988.

Schulz, U. (Hrsg.): Die Deutsche Arbeiterbewegung 1848–1919 in Augenzeugenberichten. München 1976.

Sedillot, R.: Muscheln, Münzen und Papier. Geschichte des Geldes. Frankfurt am Main 1992.

Selle, G.: Die Geschichte des Design in Deutschland von 1870 bis heute. Entwicklung der industriellen Produktkultur. Köln 1978.

Siepmann, E. (Hrsg.): Kalter Krieg und Capri-Sonne. Die fünfziger Jahre. Politik – Alltag – Opposition. Berlin 1981.

Siepmann, E. (Hrsg.): Heiß und kalt. Die Jahre 1945–1969. Berlin 1986.

Sölch, W.: Orient-Express. Glanzzeit und Niedergang eines Luxuszuges. Reinbek bei Hamburg 1980.

Sperr, M. (Hrsg.): Das große Schlager-Buch. Deutscher Schlager 1800–heute; o. O. o. J.

Spode, H.: Die Macht des Alkohols. Kultur- und Sozialgeschichte des Alkohols in Deutschland. Leverkusen 1992.

Steinbach, L.: Ein Volk, ein Reich, ein Glaube? Ehemalige Nationalsozialisten und Zeitzeugen berichten über ihr Leben im Dritten Reich. Berlin/Bonn 1983.

Sternberger, D.: Panorama oder Ansichten vom 19. Jahrhundert. Hamburg 1955.
Sternberger, D.: Gerechtigkeit für das neunzehnte Jahrhundert. Zehn historische Studien. Frankfurt am Main 1975.
Strohmeyer, K.: Warenhäuser. Geschichte, Blüte und Untergang im Warenmeer. Berlin 1980.
Teuteberg, H. J. / Wiegelmann, G.: Der Wandel der Nahrungsgewohnheiten unter dem Einfluß der Industrialisierung. Göttingen 1972.
Toeplitz, J.: Geschichte des Films 1895–1928. München o. J.
Toland, J.: Die große Zeit der Luftschiffe. Bergisch-Gladbach 1978.
Treue, W. (Hrsg.): Deutschland in der Weltwirtschaftskrise in Augenzeugenberichten. München 1976.
Vasold, M.: Pest, Not und schwere Plagen. Seuchen und Epidemien vom Mittelalter bis heute. München 1991.
Vigarello, P.: Wasser und Seife, Puder und Parfüm. Geschichte der Körperhygiene seit dem Mittelalter. Frankfurt am Main 1988.
Vogt, P. (Hrsg.): Was sie liebten... Salonmalerei im 19. Jahrhundert. Köln 1969.
Wachtel, J. (Hrsg.): Facsimile. Querschnitt durch frühe Automobilzeitschriften. München/Bern/Wien 1970.
Walz, U.: Eselsarbeit für Zeisigfutter. Die Geschichte des Lehrers. Frankfurt am Main 1988.
Walz, W.: Die Geschichte der Bahn. Stuttgart 1977.
Walz, W.: Wo das Auto anfing. Geschichte einer Weltmarke. Konstanz 1981.
Weber-Kellermann, I.: Die Kindheit. Kleidung und Wohnen. Arbeit und Spiel. Eine Kulturgeschichte. Frankfurt am Main 1979.
Weber-Kellermann, I.: Die Familie. Geschichte, Geschichten und Bilder. Frankfurt am Main 1984.
Weber-Kellermann, I.: Die deutsche Familie. Versuch einer Sozialgeschichte. Frankfurt am Main 1987.
Weber-Kellermann, I.: Landleben im 19. Jahrhundert. München 1988.
Weber-Kellermann, I.: Frauenleben im 19. Jahrhundert. München 1988.
Wierling, D.: Mädchen für alles. Arbeitsalltag und Lebensgeschichte städtischer Dienstmädchen um die Jahrhundertwende. Bonn 1987.
Wildermuth, R. (Hrsg.): Aus 100 Jahren Jugend 1887–1987. Baden-Baden 1987.
Will, W. v. d.: Arbeiterkulturbewegung in der Weimarer Republik. 2 Bände, Berlin 1982.
Wittkop, J. F.: Europa im Gaslicht. Die hohe Zeit des Bürgertums 1848–1914. Zürich 1979.
Wolter, G.: Die Verpackung des männlichen Geschlechts. Eine illustrierte Kulturgeschichte der Hose. Marburg 1988.
Wulf, H. A.: »Maschinenstürmer sind wir keine«. Technischer Fortschritt und sozialdemokratische Arbeiterbewegung. Frankfurt am Main 1987.
Yergin, D.: Der Preis. Die Jagd nach Öl, Geld und Macht. Frankfurt am Main 1991.
Zahn, E. (Hrsg.): Facsimile. Querschnitt durch die Fliegenden Blätter. München/Bern/Wien 1966.
Zahn, E. (Hrsg.): Facsimile. Querschnitt durch die Jugend. München/Berlin/Wien 1966.

Bildnachweis

Archiv für Kunst und Geschichte, Berlin: 20
Berlinische Galerie: 40
Bildarchiv Hermann Glaser, Roßbach: 1, 7, 9, 10, 11, 12, 13, 19, 21, 24, 26, 29, 31, 34, 35, 36, 44, 46
Bildarchiv Preußischer Kulturbesitz: 42
Bundesbahndirektion Nürnberg: 4
Deutsche Gesellschaft für Eisenbahngeschichte, Witten-Herbede: 5
Käthe Drexler, Weiden/Oberpfalz: 14
Prof. Peter Freese, Wuppertal: 47
Germanisches Nationalmuseum, Nürnberg: 2
Stiftung Walther Groz, Meßstetten: 32
Alfred Hascher, Aystetten: 28
Hauptamt für Hochbauwesen, Nürnberg: 16, 18, 22
Dr. Wolfgang Henze und Ingeborg Henze-Ketterer, Wichtrach/Bern: 30
Thea Hoff, Düsseldorf: 23
Kulturgeschichtliches Museum Osnabrück: 41
Luise Radtke, Bremerhaven: 27
Rheinisches Landesmuseum Bonn: 45
Christina Scherer, Egmating: 25
Staatliche Kunsthalle, Karlsruhe: 8
Staatliche Museen zu Berlin/Nationalgalerie: 38
Stadtgeschichtliche Museen, Nürnberg: 3, 15
Ullstein Bilderdienst, Berlin: 33, 37, 39, 43
VG Bild-Kunst, Bonn: 6, 17

Personenregister